【第2次改訂版】

改正民法
対応

自治体のための
債権回収

Q&A

現場からの質問

【著】　　　【監修】
青田悟朗　前川拓郎(弁護士)

第一法規

は　し　が　き

　地方財政が厳しさを増す中、また、公正・公平な住民負担の実現を果たすためには、自治体が正当に有する債権を確実に回収し、適正で厳格な債権管理を行う必要があります。このような自治体における債権管理・回収については、近年、多くの自治体において債権管理条例が制定されるなどの動きもあって、急速に関心が高まっています。

　自治体においては、税務、保険等、従来から通達や質疑応答、あるいは参考となる文献が多い分野では、実務上の手法や手続などがある程度蓄積され、整備されてきましたので、実務が多少難解であっても、担当者はあまり迷うことなく仕事を行うことができました。

　ところが、自治体の債権管理・回収については、地方自治法、地方自治法施行令をはじめ関係法令が分かりにくく、また、判例はおろか、行政実例や質疑応答、参考となる文献にも乏しく、実務担当者が、債権の発生から収束に至るまでの債権管理の一連の手続を理解して、仕事ができているとはいい難い状況です。

　自治体職員は、行政法が密接に関連する分野については、日頃からの実務を通してある程度の知識を持ち合わせてはおりますが、民事法的な知識も必要となる債権管理・回収の分野については、その知識、理論、手法には案外疎いようです。

　また、弁護士は、民事法分野には詳しいが、行政法についてまで詳しい方はまれなようですし、大学においても、自治体の債権管理について研究されている方はおそらくまれでしょう。

　まさに、自治体の債権管理は行政法と民事法が交錯する分野といえます。

　このたび、長年勤務する芦屋市において債権管理の実務を整備していく中で、自治体の債権管理に関する問題点をあらゆる角度から抽出し、私なりに研究もしてまいりましたが、各自治体から研修講師として招かれる度に、さまざまなご質問をいただきました。

　本書は、今までに各自治体の現場から寄せられた質問に対して、私が一つひとつお答えしたものを、Ｑ＆Ａ形式にまとめ、一冊の単行本として発

刊するものです。

　本書の編集に際しては、行政実例であっても、判例により支持されず合わなくなったものは、Ｑ＆Ａとして取り上げませんでした。また、最近、自治体の債権管理に関する文献が出始めていますが、本書には、これらの文献の答とは異なり、私なりの意見を加えている箇所もあります。

　本書のできばえについて、著者として満足するものでは決してありませんが、本書が、自治体において債権管理の実務に当たる職員の皆さんが、多少とも疑問を解くための糸口となり、もって債権管理・回収の実務の迅速な処理のための一助となれば、著者としてこれ以上の喜びはありません。

　本書が日の目を見るまでには、ご質問をいただいた方々はもとより、福岡市特別滞納整理課の方々をはじめ、浦幌町、宮崎市、下関市、茅野市の方々、また、全国市町村国際文化研修所（ＪＩＡＭ）の方々には大変お世話になりました。

　特に、大阪弁護士会の阪口徳雄、前川拓郎の両弁護士からはいろいろとご指導をいただきました。また、第一法規編集第二部の梅牧文彦さん、石塚三夏さんには、分かりにくい原稿を丁寧に校正いただきました。この場をお借りしてお礼を申し上げます。

　Ｑの部分はさておき、Ａの部分に関しましては、極力、私見を排して、判例、行政実例、種々の文献等に当たりながら、妥当な答えをお示ししたつもりですが、それでも決して充分とはいえないと思いますし、行政分野別の項目の分類が整理されていないところもあります。

　今後、読者の皆様からのご意見、ご指摘をいただきながら、内容を高めていけたらと、切に願っております。

　　平成24年３月

　　　　　　　　　　　　　　　　　　青田　悟朗

改訂版発刊にあたって

　自治体債権管理は収入増の面だけでなく、公金の管理だけに住民の方々から「怠る事実」とされないよう、適正な管理に努めなければなりません。しかし、自治体職員にとっては手続的にも十分に説明されたものとはいえないところから、何から始めてよいか分からないのが実情です。

　さらに、管理を難しくしているのは、地方自治法、同法施行令での手続において十分に説明されていないことに加え、法令が多岐にわたっており、実際には個別債権の法律はもとより民法をはじめ民事訴訟法、民事執行法などの理解が必要になります。

　近年では全国的にも債権管理の適正化のために債権管理条例を制定する自治体も増えてきました。

　本書は平成24年３月に発刊以来、幸いなことに多くの自治体職員から受け入れていただきました。

　この間、全国市町村国際文化研修所（ＪＩＡＭ）はじめ、各自治体の研修会にお招きいただく度に多くの受講者からご質問をいただきました。

　研修会での質問は当方が想定しない事項も多く、回答を導き出すことに多くの時間を費やすこととなりましたが、本Ｑ＆Ａは各研修会の事前質問にお答えしたものを修正し、加筆したものです。

　研修会はもとより、日ごろからご質問のメールをいただき、回答を積み重ねているうちに、初版のＱ＆Ａでは、新たな質問だけでなく、誤りの箇所、説明の足りないところを補う必要が出てきました。

　この間、東京弁護士会、大阪弁護士会等の類書が発刊されましたが、類書がある中であえて本書を出す意義は、自治体職員の視点から、実務の上で判断に迷う箇所、考え方として整理すべきところを短くＱ＆Ａ形式にまとめたところにあると思います。

　また、類書の中では同じ問題であっても一致した見解にならない箇所もあり、自治体職員として判断に迷うところがあり、口幅ったいところですが実務上の視点から意見を添えました。

　自治体職員にとって債権管理に関する文献は、難解な表現も多く、法令

の理解に努めることはいたずらに時間を要するものと思われますので、本書では理解しにくい個所をできるだけ平易に説明するよう心掛けました。

　同じような表現が何回となく出てきますが、読みやすさを念頭に置いたものですので、ご寛容いただければと思います。

　類書の効用は十分に理解しておりますが、本書の役目としては債権管理に携わる方のみならず、自治体職員の理解すべき入門書として活用していただくよう、Ｑ＆Ａの順序も工夫し、索引も充実させています。

　さらには、引用文献、判例をＱ＆Ａ毎に詳しく記しましたので、できるだけ、原文に当たっていただくことにより、一層の理解に資するものと思います。本書の一層の活用を願う次第です。

　今回も前川拓郎弁護士には新たに追加したＱ＆Ａを含め、監修していただき、色々と示唆に富む回答をいただき、感謝いたします。

　平成27年 4 月

青田　悟朗

第2次改訂版発刊にあたって

　本書を発刊してから7年経ちますが、この間、自治体職員の皆さんには類書が発刊されているにもかかわらず、思いのほかご支持いただき感謝に堪えません。

　現在に至るまで多くの研修の機会をいただきましたが、毎回、事前に質問を受けて研修の一週間前に資料とともに質疑応答としてお返ししています。

　事前質問の回答には、論点を整理して、まず、類似の裁判例がないかどうか探し、次に、該当する問題に対する文献を探します。

　最後に私の意見も踏まえ、参照条文を付けて回答させていただいています。

　研修の度、このようなスタイルをとることは時間的にもタイトになりますが、一方で、自身の勉強の足りないところを補っていただくことにもつながります。

　この度の第2次改訂版に当たっては、このような質疑応答から、今までの説明で誤り、足りなかったところ、民法改正により時効、保証が大きく変わったところを改め、また、裁判例の追加をしています。

　また、研修のアンケートでは、「専門的な用語が多く、理解しにくい」というご意見をいただき、今回の第2次改訂版に用語集として、できるだけ、分かりやすい、裁判例、文献を集め、簡潔にまとめています。

　さらに、公債権と私債権の管理・回収の違いを付けていますので、該当Ｑ＆Ａを参照すれば、より理解に資することができるものと思います。

　自治体の債権管理は徴収率を向上させるだけではありません。

　税以外の徴収、特にサービスの利用の対価となる各種使用料等における未納は、管理、運営を維持するためには、ともすれば税を投入することにもなりかねません。

　その意味では適正な回収、管理方法を確立しなければなりません。

　また、民事の回収手続を勉強することにより、税等公課における法令の理解に資することも多いのです。

例えば、民法の時効は債務者からの時効の援用か、時効の利益を放棄して支払うことができるとされていますが、税においては時効が完成すると債権は消滅し、時効の援用は不要で、時効利益を放棄することもできません。

　民法の時効の利益を享受するかしないかは任意とされていますが、税等公課における時効は、早期に収束させるため、このような民法の考え方を特別の規定で補っていることになります。

　特別に規定された税等公課から民法の考え方を理解するのは難しいものです。

　また、債権管理を勉強することは民事法の絶好の勉強機会になります。

　読者の皆様のご意見によりQ＆Aを使いやすいものとするよう充実させ、自治体の債権管理についてさらに深めていきたいと思います。

　さらなるご意見をお待ちしております。

令和元年10月

　　　　　　　　　　　　　　　青田　悟朗

【第2次改訂版】

改正民法対応

自治体のための
債権回収 Q&A 現場からの質問

目次

はしがき

解が示され、多くの自治体が給食費を私債権として扱っているようですが、学校給食費を分担金として扱っている自治体もあり、解釈が分かれるのでしょうか。

日が施行日前の場合は、支給日から5年、施行日後の場合は、返還決定日から5年で分けて管理するという解釈でよいのでしょうか。

保育所保育料について、口座引落し分と納付書による納付の重複が判明しましたが、過誤納金につき時効5年（法で定められた時効）を超えて還付ができるのでしょうか。

公の施設の使用料に該当する債権は条例で定めていれば、督促手数料及び延滞金を徴収することができるのでしょうか。

放置違反金の催告をしたところ認知症であることが判明しましたが、判明前の督促、送達、差押えは有効でしょうか。また、差押えについて、成年後見人の指定が必要であれば、指定されるまで待つ必要があるでしょうか。

自治法施行令171条（督促）から171条の7（免除）までの7条は、①強制徴収ができる公法上の債権、②強制徴収ができない公法上の債権、③私法上の債権のうち、どの債権に適用されるでしょうか。

国庫1/2、県費1/2を財源とする補助金の返還請求権の時効は、自治法236条1項が適用されると考えますがいかがでしょうか。

離婚前に滞納している夫名義の保育所保育料について、当時の妻との分割納付誓約書に基づき離婚後も元妻が支払っていましたが、生活が苦しいため、残額は元夫へ請求して欲しいとの申出がありました。
離婚前に妻の名義で分割納付誓約を行い、離婚後も元妻が支払いを続けていました。
(1) 生活困窮により妻が支払えないことを理由に、元夫へ請求できますか。
(2) 離婚前の妻名義の分割納付誓約は、承認として時効中断すると考えますが、元夫の債務は時効中断するのでしょうか。

督促・催告

督促しなければならない。」とありますが、同法には督促手数料の規定がなく、本市の都市計画下水道事業受益者負担に関する条例には督促手数料の規定はありません。下水道事業受益者負担金に係る督促手数料は徴収できるでしょうか。

延滞金

でしょうか。それとも、上・下水道局だけでの決定が可能でしょうか。下水道事業受益者負担金についても同様でしょうか。

支払督促・法的手続

か。

地方税の例・国税滞納処分の例

でしょうか。

> 時効

ば5年に分割していますが、全額決定しているので繰上請求できると
いう意見があり、例えば、支払期2年目で差押えして、残りの納期分
は繰上徴収することは可能でしょうか。

介護保険法22条3項の返還請求権は民法704条の不当利得の特則であ
り、時効は金銭の給付を目的とする普通地方公共団体の権利であるこ
とから、自治法236条1項により、直近5年間分に限り返還請求でき
るのでしょうか。返還請求の遡及については、民法724条に基づく不
法行為による損害賠償請求として、損害及び加害者（介護サービス事
業者）を知ったときから3年又は不法行為の時から20年であることか
ら、最大20年遡って請求できるものと考えますが、いかがでしょうか。

催告の後、訴えを提起したときは、時効中断（更新）しますが、時効
はいつから起算するのでしょうか。

貸付金の種別によって、貸付額、償還期間を設定し、償還は月賦方式
（分割払い）により納付することとしていますが、以下の場合の消滅
時効はどのように考えるのでしょうか（督促による時効中断は考慮しま
せん）。
(1)　契約書（申請書）に期限の利益の喪失条項がない場合
　　　貸付金の消滅時効は、個々の月賦払いの期限からそれぞれ10年と
するのではなく、債権の単位は、貸付金全体で一つの債権とみて、
償還期間終了時から、10年としてよいのでしょうか。
(2)　契約書（申請書）に期限の利益の喪失条項がある場合
　　　消滅時効は一括請求で定めた期限から10年としてよいのでしょう
か。

時効の援用は口頭でもできるのでしょうか。また、債務者のどのよう
な発言を捉えて、時効の援用があったとすることができるのでしょう
か。

給水契約については、電話による申込みが多く開栓日を契約日とみなしていますが、改正民法の施行日以前の開栓日及び施行日以後の開栓日より生じた債権の時効期間は、それぞれ異なるのでしょうか。水道料金の請求については、現在2か月に1回の検針に基づき、年6期の調定・請求を行っていますが、各期調定・請求により、施行日以前及び施行日以降より生じた債権の時効期間は、それぞれ異なるのでしょうか。

奨学金貸付金の時効は10年とされています。民法改正に伴い、時効期間は主観的時効5年が追加されたため、返済日が改正法施行日前の場合は時効10年、返済日が施行日後の場合は時効5年に分けて管理するということになるのでしょうか。

民法改正における協議による完成猶予は猶予期間を経過する前に再度の合意があれば、1年間の時効停止が再度生じると考えてよいのでしょうか。電磁的記録とはどのようなものを指すのでしょうか（料金徴収システム等の記録）。

債権放棄・不納欠損

履行延期の特約は、自治法、自治法施行令に定められた様式等はありませんが、自治体の任意の様式でよいのでしょうか。分割納付の誓約書の中で履行延期の特約を適用するという取扱いはできるのでしょうか。
自治法施行令と矛盾する自治体の債権管理条例による債権放棄の規定は有効でしょうか。

災害援護資金貸付金は、災害弔慰金の支給等に関する法律14条により償還免除の要件が定められていますが、債権管理条例での債権放棄の規定との関係はどのように整理すべきでしょうか。

る事実」に問われるおそれはないのでしょうか。

翌年度に滞納繰越調定額として計上するのでしょうか。

財産調査

国税徴収法が適用される債権は、住民票や戸籍、納税状況、登記簿照会等の調査ができますが、国税徴収法が適用されない公債権は、どの範囲まで調査できるのでしょうか。

非強制徴収公債権や私債権の場合などは、債権債務関係があることが確実である勤務先に給与支払い状況等を照会することができないのでしょうか。

転出した滞納者について調査をしていますが、転出先の市町村に照会しても「地方税法22条により回答できません」という場合があります。回答を求めることはできますか。

私債権の調査の方法について、債権発生前、事後での具体例を教えてください。

情報の共有化

債務者から私債権の分割納付の誓約書をとるときに、各種財産調査に対する「同意書」の提出を求めることにより、履行遅延が発生した場合、各種照会に対する回答が得られやすくなると考えています。当初の契約時点で「同意書」の提出を求めておけば、事務が効率的に進むと考えています。この「同意書」に有効期限（期間）があるのでしょうか。

私債権の情報共有、情報照会について、滞納額、住所、氏名、家族構成などの情報だけを収集する部局を設け、他の部局の求めがあれば情報の照会に応じるという条例を制定することができるのでしょうか。

公債権の調査権により取得した情報を私債権の徴収に利用すること

は、守秘義務違反になると考えますが、滞納整理、滞納処分は同一の
係でできるのでしょうか。

その他

で破産した場合、明渡しをどのように考えるべきでしょうか。

税等公課は、破産免責決定を受けても免責されませんが、他の債権は破産免責決定された場合は不納欠損ができると聞いていますがいかがでしょうか。

凡例

1　法令名の略称

地方自治法……自治法

地方自治法施行令……自治法施行令

2　判例集未登載の書誌情報について

判例情報データベース「D1-Law.com 判例体系」（有料）

（https://www.d1-law.com）に収録されているものは判例IDを掲載した。

装丁デザイン──篠　隆二

公債権・私債権 Q&A

Q 公債権と私債権はどのように判断するのでしょうか。

A 公債権、私債権といっても定義が難しく、公債権と私債権は、個別法令、判例、行為形式、債権の性質などを勘案して判断します。

理由

公債権と私債権は次のような基準により整理するとよいでしょう。

(1) **個別法令**

個別法令に滞納処分、時効、督促・延滞金の規定のある例

ア　保育所保育料：滞納処分のみ児童福祉法56条 7 項及び 8 項で規定され、時効は一般法である自治法236条 1 項により、督促・延滞金の手続については、児童福祉法に規定がないため、自治法231条の 3 第 2 項の規定によります。

イ　介護保険料：滞納処分は介護保険法144条、時効は介護保険法200条 1 項で規定されていますが、督促・延滞金の手続については、介護保険法に規定がないため、自治法231条の 3 第 2 項の規定によります。

ウ　道路占用料：滞納処分は道路法73条 3 項、時効は道路法73条 5 項で規定されていますが、督促・延滞金の手続については、道路法73条 1 項、 2 項により、督促による時効の中断は道路法に規定がないため、自治法236条 4 項の規定によります。

エ　自治法附則 6 条によるもの：下水道使用料ほか自治法231条の 3 第 3 項により滞納処分ができます。

督促・延滞金の手続は下水道法に規定がないため、自治法231条の3第2項の規定によります。

(2) **判例**

ア　水道料金：改正前民法173条1号により時効2年（最決平15・10・10判例ID28100340、東京高判平13・5・22判例ID28100339、大阪高判昭44・9・29民集25巻7号978頁）

イ　公立病院診療債権：改正前民法170条1号により時効3年（最判平17・11・21民集59巻9号2611頁）

ウ　公営住宅使用料：改正前民法169条により時効5年（最判昭59・12・13民集38巻12号1411頁）

公営住宅使用料の時効が争われたケースではありませんが、入居後の使用関係は民間賃貸借関係と変わりないとされました。

エ　損害賠償請求権：民法145条の時効の援用が必要（最判昭46・11・30民集25巻8号1389頁）

オ　生活保護費返還金（仙台地判平17・6・30判例ID28131527）

費用の徴収に裁量があり、被保護者の困窮状態や不正の程度等の事情により徴収額をその費用の一部に限る余地がある場合を考慮した規定と解され、不当利得に基づく返還請求権又は損害賠償請求権とは別に法が特別に認めた公法上の債権としました。

不正な手段により返還を求めるものは、平成26年7月1日以降の支給分から滞納処分できる債権として規定されています（生活保護法78④）。

(3) **訴訟手続**

ア　公債権…行政事件訴訟法の適用を受けます（行政不服審査法の適用を受ける債権）。

公債権の成立を争うには不服申立てを経て取消訴訟によります。

イ　私債権…民事訴訟法の適用を受けます。

(4) **行為形式**

ア　賦課方式か契約方式か

条例に基づいた補助金であっても、所得要件を定め、不服申立てが可能であれば、債権の性質は賦課決定に近く、処分性を有し、公

債権として扱われます。

　条例による乳幼児医療の助成については、条例に基づき制定できるものであっても処分性が認められました（名古屋地判平16・9・9判タ1196号50頁）。

　給付行政の分野では、私法上の申込み、承諾の契約関係に類することが多いのですが、補助支給を受ける権利を与えるとともに、行政側の一方的な支給決定という形式をとり行政処分として構成される場合があります。上記名古屋地裁の判例では、行政処分としては、その根拠となる法令の目的、要件、手続、効果を検討し、行政側の優越的意思の発動として私人に対して受忍すべき一般的拘束を有しているか、このような意思の発動を適法とするための要件を定めているかどうかを判断して決定すべきであるとしています。また、改正前の労災就学援助費の支給につき、「支給又は不支給の決定は、法を根拠とする優越的地位に基づいて一方的に行う公権力の行使であり、（中略）権利に直接影響を及ぼす法的効果を有するものであるから、行政処分に当たる（最判平15・9・4裁判集民210号385頁）」としました。

イ　不服申立てが可能かどうか

　上記アと関連し、賦課決定方式で成立する債権は、個別法律に規定していなくても一般法である行政不服審査法により不服申立てができますが、申込み、承諾で成立する債権では不服申立てはできません。

ウ　負担金的なものかどうか

　福祉関係の負担金に多いのですが、保育所保育料では、まず、保育の目的（児童福祉法39、旧法は措置規定）があり、市町村が代わりに支弁し（児童福祉法51）、その後一部を扶養義務者から負担金として徴収します（児童福祉法56②）。

　老人福祉法にみられる負担金は、保育所保育料と同様の形式（措置（老人福祉法10の4、11）→市町村の支弁（老人福祉法21）→費用の徴収（老人福祉法28））で規定されていますが、滞納処分は規定されていません。

　したがって、老人福祉法による負担金は、保育所保育料と同様に、時効については一般法である自治法236条１項により、督促・延滞金については自治法231条の３第２項によることができると考えます。ただし、徴収方法は滞納処分規定がないため、裁判所を通じた扱いになります。

　督促手数料及び延滞金は性質上、賦課決定、処分による公債権に適用され、サービス・利用の対価とされる債権には督促手数料及び延滞金は適用されず、遅延損害金が適用されるものと考えます。

(5)　債権の性質

　公の施設の使用料というだけでは公債権とはいい切れません。

　水道料金、公立病院診療費、住宅使用料の判決にみられるように、民間で行うものと同様の性質の債権は民事法が適用されます。

　債権の性質を考えることも公債権と私債権を分ける判断基準の一つです。

　例えば、廃棄物処理手数料は改正前民法174条２号の役務の提供として時効１年として扱うこともできます。

　行政実例では、公立の幼稚園の授業料については、公の施設の使用料として自治法236条により時効５年とされていますが、一方で、改正前民法173条３号の「学芸又は技能の教育を行う者が生徒の教育、衣食又は寄宿の代価について有する債権」として時効２年に位置付けることも可能です。

　自治体の有する債権を公債権と私債権に分類する意義があるのかという点については、次のように論じられています。

　「これらの最高裁判例（最判昭59・12・13公営住宅判決、最決平15・10・10水道料金）とも併せみると、最高裁は、公法上の債権と私法上の債権とに分類しているのではなく、個々の場面ごとに、私法が適用されるのかどうかを判断しているようにも考えられ、そうするとある場面において私法が適用されるのかどうかについて、地方公共団体があらかじめ規則や要綱で定めておくことはほとんど不可能であ（る）」（羽根一成「判例に学ぶ地方自治の知識」季刊　自治体法務研究、ぎょうせい、2009年春号、P114〜116）

裁判所としては、水道料金の時効という場面において、民法が適用されるのか、自治法が適用されるのか判断しているということです。

　問題を分かりやすくするため、公債権、私債権という表現を使っていますが、個々の債権にどの法律が適用されるのかを見極める必要があります。

　また、自治法236条の規定の適用については、次のような指摘があります。

　「自治法236条（会計法30条も同じ。）は伝統的な通説で説かれているような公法上の金銭債権に関する一般規定ではなく、むしろ地方公共団体に対する債権のうち、時効に関し、他に適切な適用法条がないものに適用される補足的性質の規定にすぎないと解すべきである。」（吉野夏己『紛争類型別行政救済法』成文堂、2009年、Ｐ289）

　自治法の適用は、個別の規定がない場合に総則的に適用されるといってよいでしょう。

小笠原春夫・園部逸夫・河野正一『地方自治法講座 8 財務(2)』（ぎょうせい、2003年）
『地方財務実務提要』（ぎょうせい、加除式）

② 公債権と私債権の違い

公債権と私債権では、時効や債権放棄の手続が異なりますが、区分はどのように違うのでしょうか。水道料金、下水道使用料はどのように扱うのでしょうか。

公債権と私債権では次のような違いがあります。

解説

(1) 公債権と私債権の区分について

公債権と私債権ではおおむね次のような特徴があります。

区分	債権の成立	強制徴収、強制執行	債権の消滅
公債権	賦課決定（不服申立て可）法律による行政側の処分行為	行政限りの強制徴収（滞納処分）又は裁判所による強制執行	時効完成により消滅する。時効の援用は要しない。時効の利益は放棄して支払うことはできない。
私債権	契約（合意）行為	裁判所による強制執行	時効完成しても債務者からの時効援用を要する。時効の利益を放棄して支払うことができる。債権者からは債権放棄して消滅させることができる。

(2) 水道料金と下水道使用料の違い

水道料金と下水道使用料は法的根拠が違い、時効、徴収方法が違います。

水道料金は、給水の申込みにより債権が成立し、徴収に関し、行政限りでできる滞納処分の規定はありません。

判例では改正前民法173条1号により「産物又は商品の代価に係る債権」として時効2年とされました。

したがって、水道料金の督促は自治法施行令171条により行い、督促

手数料及び延滞金は徴収できません。ただし、延滞金ではなく遅延損害金として徴収することはできます（大阪高判平16・5・11裁判所ウェブサイト）。

自治法施行令171条の督促においては自治法231条の3第1項の債権を除くとされ、自治法231条の3第1項は公債権に適用されると解されていますので、自ずと自治法施行令171条の督促は私債権、つまり水道料金の督促に適用されます。

「延滞金は分担金、使用料、加入金、過料と類似の公法的要素の強い普通公共団体の歳入に限られています。」（『図解　地方自治の要点』第一法規、加除式、P 3609）

下水道の排水区域内の土地所有者は排水設備の設置義務があり、下水道管理者は下水道使用者から下水道使用料を徴収することができます（下水道法10、20）。

判例では下水道使用関係は公道に近いものとしています。

「下水道事業と水道事業とはひとしく地方公共団体が事業主体としてこれを行う場合ではあつても、その法的性格を全く異にするものであり、下水道の法的性格はあたかも一般交通の用に供することを目的とした公道に近いものというべき」（東京地裁八王子支部決昭50・12・8判時803号18頁）

下水道使用料は一般的に排出量として水道の使用水量と同じものとみなして算定され、自治法附則6条3号により同法「231条の3第3項に規定する法律で定める使用料」とされ、徴収の手続は「地方税の滞納処分の例により」滞納処分ができます。

下水道使用料の時効は自治法236条1項により5年であり、督促・延滞金の手続は自治法231条の3第2項の規定により条例で定めることになります。

水道料金と下水道使用料は2か月ごとに併せて徴収する例が多いようですが、未納になれば徴収方法が全く違うため、次のような徴収方法になり、また、時効による消滅のあり方が違うので債権管理のあり方も違うことになります。

ア　水道料金

督促（自治法施行令171）→ 債務名義の取得 → 裁判所による強制執行

時効２年経過後 → 時効援用又は権利放棄 → 債権の消滅 → 不納欠損

イ　下水道使用料

督促（自治法231の3 ①）→ （不服申立て）→

滞納処分（自治法231の3 ③）→ （不服申立て）

時効５年経過後 → 債権の消滅（自治法236①）→ 不納欠損

　民法改正により時効は改められましたが、債権管理の考え方として変わるものではありません。

③ 農業集落排水処理施設使用料

農業集落排水処理施設使用料は、下水道使用料と同様に滞納処分ができるのでしょうか。また、時効期間は下水道使用料と同様に扱ってよいでしょうか。

農業集落排水処理施設使用料は法律に定めがないため滞納処分ができません。また、債権の成立及び性質から時効は自治法236条が適用されるものと考えます。

理由

　農業集落排水事業及び合併処理浄化槽は浄化槽法（昭和58年法律43号）を、地域し尿処理事業は廃棄物の処理及び清掃に関する法律（昭和45年法律137号）を根拠としています。

　下水道事業は、「公共下水道の管理主体を市町村又は都道府県に限定し、下水道事業を地方公共団体の独占事業としていること（下水道法３条）、公

9

共下水道の供用開始により排水区域内の土地所有者等に排水設備の設置を義務付けていること（同法10条）、更に公共下水道管理者の監督処分等（同法38条）、その他各種の強制規定を設けていることに見られるように、水道事業とは異なりその使用関係は、私法上の契約に基づいて生じるものではなく、公共下水道の供用開始により排水区域内の住民に対してその使用を強制する公権力の行使である」⑴とされています。

　処理の仕方として「下水道はすべて集合処理であるが、合併処理浄化槽には集合処理のものも個別処理のものもあるので、単純に、「下水道＝集合処理」と「合併処理浄化槽＝個別処理」という形での比較で、下水道と合併処理浄化槽の比較を行うことは意味がなく、地域の特性を考慮して、集合処理又は個別処理のいずれかを採用するかを決定すればよい」⑵ことであり、地域特性と規模の違いはありますが性質は下水道事業と同様と考えられます。

　一方で、生活排水を排出する者は、公共用水域の水質に対する生活排水による汚濁の負荷の低減に資する設備の整備に努めなければならない（水質汚濁防止法14の7）とされています。

　農業集落排水処理事業は下水道事業のような強制規定はないものの、事実上、指定された地域は同施設を使用せざるを得ません。

　農業集落排水処理施設使用料については、次のようにまとめることができます。

　ア　農業集落排水処理施設は浄化槽法を根拠とした国庫補助事業であること。

　イ　浄化槽法は設置許可等の規定はあるものの、使用料の徴収は直接の根拠ではないこと。

　ウ　農業集落排水処理施設は、申請があり、許可し、使用量に応じて料金徴収していること、また、許可取消しを規定しており、契約による債権とはいいがたく、また、事業として下水道事業と変わりなく、他に同様の代替措置はとりにくいものであること。

　自治体の債権に自治法が適用されるかどうかについては、「当事者間の基本的な法律関係が対等な関係なのか、それとも法令等が行政庁に優越的な地位を認めているかどうか」⑶を見極めることが一つの判断基準になる

とする見解があります。

　以上から、当該債権の時効の扱いは自治法236条１項を適用することが適切と考えます。

(1) 『水道関係判例集』（日本水道協会、1990年）、P 93

(2) 亀本和彦「下水道事業に係るいくつかの課題」レファレンス 2005. 7、P 25

(3) 東京弁護士会弁護士業務改革委員会自治体債務管理問題検討チーム編『自治体のための債権管理マニュアル』（ぎょうせい、2008年）、P 259

4　特定地域生活排水処理施設（個別浄化槽）使用料

 農業集落排水処理施設使用料は、非強制徴収公債権、時効５年、自治法225条の公の施設の使用料と位置付けていますが、特定地域生活排水処理施設（個別浄化槽）使用料についても同様に解してよいでしょうか。同事業では公営企業会計は適用しておらず、農業集落排水特別会計で実施しています。

 特定地域生活排水処理施設（個別浄化槽）使用料は、事実上、使用を義務付けられるところから自治法上の債権（非強制徴収公債権）として扱ってよいと考えます。

理由

　特定地域生活排水処理事業は下水道の未整備地区について行いますが、下水道事業については、「水道事業とは異なりその使用関係は、私法上の契約に基づいて生じるものではなく、公共下水道の供用開始により排水区

11

域内の住民に対してその使用を強制する公権力の行使である」(1)とされています。

特定地域生活排水処理事業については、廃棄物の処理及び清掃に関する法律6条1項により生活排水処理基本計画を定め、市町村が設置主体となって戸別の合併処理浄化槽を特定の地域を単位として整備し、し尿と雑排水を併せて処理することにより、生活環境の保全及び公衆衛生の向上に寄与することを目的としているものです。

一方で、生活排水を排出する者は、公共用水域の水質に対する生活排水による汚濁の負荷の低減に資する設備の整備に努めなければならない（水質汚濁防止法14の7）とされています。

同事業は下水道事業のような強制規定はないものの、事実上、指定された地域は合併処理浄化槽を使用せざるを得ません。

特定地域生活排水処理施設（個別浄化槽）使用料は、問3の農業集落排水処理施設使用料と同様の性質を持ち、浄化槽を通じて雑排水処理とすることを義務付けられ、契約的な性質にはなじまず、行政目的から「法令等が行政庁に優越的な地位を認めている」(2)ものですから、「時効に関し他の法律に定めがあるものを除くほか」とされている自治法236条の適用を受けるものと考えます。

農業集落排水処理使用料、特定地域生活排水処理施設（個別浄化槽）使用料と類似するものに廃棄物手数料がありますが、同手数料は、単なる役務の提供であって、市町村と住民の委任契約であって民法の適用を受ける（改正前民法167①の10年又は改正前民法174Ⅲの運送賃として1年）とする見解(3)もあります。

「公の施設の使用料」ですから時効は自治法236条が適用されるとする論理は、水道料金、公立病院診療費の判例では採用されませんでした。

また、下水道事業を企業会計化しても下水道使用料の根拠が変わるものではないため、企業会計の適用の有無は、時効の適用に影響はないと考えます。

(1) 『水道関係判例集』（日本水道協会、1990年）、P93
(2) 東京弁護士会弁護士業務改革委員会自治体債権管理検討チー

　　ム編『自治体のための債権管理マニュアル』（ぎょうせい、
　　2008年）、P 259
　(3)　前掲『自治体のための債権管理マニュアル』（ぎょうせい、
　　2008年）、P 276

---

5 | 学校給食費の性質

給食費の法的性質について、行政実例（昭33・4・9文部省管理局長回答、昭39・7・16文部省体育局長回答、昭55・9・20文部省体育局学校給食課長回答）からすると、給食費の時効は改正前民法173条3号によるとする見解が示され、多くの自治体が給食費を私債権として扱っているようですが、学校給食費を分担金として扱っている自治体もあり、解釈が分かれるのでしょうか。

学校給食費は教育に対する代価に該当し、特定の地域に受益をもたらす自治法224条の分担金として位置付けることはできません。

理由

　時効に関する裁判につき、水道料金（東京高判平13・5・22判例ID28100339、最決平15・10・10判例ID28100340）、公立病院診療費（最判平17・11・21民集59巻9号2611頁）は、債権の性質を考慮しながら、問題となる場面ごとに法律の適用を判断しています。

　時効に関する裁判例を基にしますと、学校給食は授業の一環として実施され、性質的には教育代価に該当することから時効は改正前民法173条3号が適用されると考えてよいでしょう。

　今後も判例の立場は変わりそうになく、例えば、公立幼稚園保育料は「公

の施設の使用料」に該当しますが、債権の性質としては学芸、技能、教育の代価であり、改正により時効期間は統一されましたが民法の適用があるものと考えます。

滞納処分は法律で規定されていなければならず、分担金（自治法224）は条例で定めることより加入金、過料とともに滞納処分ができます（自治法228、231の3③）。

分担金は特定の事業の経費に充てるために課され、本来、その経費は税で賄うものですが、特定の地域に受益をもたらす特定の農業土木等の事業に関して税と同様に負担を求めることになります（横浜地判昭56・12・23行裁例集32巻12号2256頁）。

公共下水道の整備手法としては受益者負担金、分担金があり、いずれも、事業費の一部を利益者に負担させるものですが、受益者負担金は都市計画法75条により市街化区域及び用途地域を対象とし、分担金は自治法224条により市街化調整区域及び用途地域区分の定めがなく、かつ、用途地域が定められていない地域を対象とします。

一方で、学校給食費を徴収条例に分担金として位置付け、滞納処分ができるとする見解があります。

「今後のあるべき姿としては昭和42年の文部省の通達が認めている『地方公共団体の長が教育委員会の意見を聞いて』学校給食費の額を決定するという方式をとり、なおかつ、同通達においては、ただちに徴収条例を制定する必要はないとされていますが、〔筆者注：学校給食に関する〕徴収条例を定めれば、地方自治法224条に規定する分担金としての位置づけも可能となり、その徴収についても同法231条の3第3項の規定により地方税法の例による滞納処分も可能となります（財団法人地方自治研究機構「自治体法務研究2009年増刊号自治体法務実例・判例集」ぎょうせい、308頁）。」

分担金条例の制定範囲について裁判例はありませんが、行政実例は「学校教育のような一般的受益の性質を有するものについては、第217条〔筆者注：現行自治法224〕の分担金は徴収できないから、かかる条例を制定することはできない（昭23・4・5自治課長通知）」とされ、サービス、利用の対価とされる債権は分担金に位置付けできないものと考えます。

「施設やサービスの利用者について資格要件が定められていたり、承諾

を得なければ利用できないとされている結果、<u>当該施設やサービスの性質からみて、それが一般に解放〔ママ〕されている場合には、その利用の対価としての使用料を徴収することは別として、分担金を徴収することはできない。</u>(橋本勇「自治体財務の実務と理論—違法・不当といわれないために」ぎょうせい、2015年、260頁、下線は筆者記す)。」

　学校給食費のような一般的受益の対価とされる債権は自治法上の分担金になじみません。

---

⑥ 墓地維持管理手数料

 墓地維持管理手数料は公債権でしょうか、それとも私債権でしょうか。

 時効は民法が適用されるものと考えます。

理由

　墓地維持管理手数料は、「使用者は、使用料を払った後にも、所定の管理料を支払うものとされる。これは、地方公共団体が公営型墓地全体の管理を行う対価としての性格を有するものと解される。あくまで管理の対価であり、墓地使用の対価ではないので、賃貸借でいえば、共益費に類似するもの（茨城県弁護士会編集『墓地の法律と実務』ぎょうせい、1997年、P198)」であり、民法が適用されるものと考えます（改正前民法169）。

　公営であっても墓地利用の対価という債権の性質からすると、時効は民法が適用されるものと考えます。

　民法改正により、権利を行使することができることを知った時から5年、権利を行使することができる時から10年のどちらか早い方で時効完成

すると改められましたが（改正民法166）、契約によって生じた債権は履行期限を知っていることから5年で完成になり、実質的に変わりないものと考えます。

7 延長保育料

 延長保育料は保育所保育料とは別の債権でしょうか。また、督促はどのように扱うのでしょうか。

 延長保育料は滞納処分の規定のない自治法上の債権（非強制徴収公債権）扱いとするのか、申込みと承諾で成立する私債権の扱いとするのか、考え方が分かれます。

理由

　保育所保育料は、児童福祉法24条により保護者が申込みを行い、同法51条4号により保育所における費用に対して市町村が代わりに支弁し、同法56条1、2項により扶養義務者から所得に応じ費用を徴収し、未納の場合は同法56条7項により滞納処分できることとされています。

　一方、延長保育の実施は、児童福祉法による市町村の義務的な実施とは考えにくく、保育所保育料とは別の債権と考えます。

　延長保育については、各自治体において要綱により実施されていることが多いようです。

　要綱の内容の多くは、保護者からの申込みがあり、市町村の福祉事務所長が内容を審査し、延長保育の必要性があるかどうか判断しており、要綱によるとはいえ、申請に伴い決定し、不服申立ても認められる形をとっています。

　延長保育は申込みがあればすべて契約として成立する債権とせず、行政

側の取消しが留保された滞納処分の規定のない自治法上の債権（非強制徴収公債権）として扱うこともできますが、児童福祉法24条に基づく「保育の実施」ではないとする見解もあります。[1][2]

　しかし、義務的な実施と捉えるのでなく、サービス・利用の対価として保護者からの申込みと行政側の承諾で成立する債権であるとするなら、改正前民法173条3号の「学芸又は技能の教育を行う者が生徒の教育、衣食又は寄宿の代価について有する債権」に該当するものといえます。

　同様に、保育所という公の施設の利用を伴うとしても、自主事業としてサービスを提供することが債権の中核であることから、私法上の利用関係と変わらないとする見解があります。[3]

　督促については、自治法施行令171条において自治法231条の3第1項に基づく債権が除かれ、自治法231条の3第1項が公債権に適用されると解されているところから非強制徴収公債権とするなら自治法231条の3第1項により行い、私債権とするなら自治法施行令171条に基づき行うことになります。

　督促手数料は、自治法231条の3第2項により条例で定めていれば徴収できますが、自治法施行令171条に基づく督促では督促手数料は徴収できません。

　なお、自治法231条の3第1項、自治法施行令171条に基づくいずれの督促によっても時効は中断（更新）します（自治法236④）。

---

(1)　大阪弁護士会自治体債権管理研究会編集『地方公務員のための債権管理・回収実務マニュアル』（第一法規、2010年）P 146

(2)　『自治体職員のための事例解説　債権管理・回収の手引き』（第一法規）P 1108、1411

(3)　「『コンシェルジュデスク』自治体のための債権管理・回収実務Web」（第一法規）学童クラブ育成料・保育料の時効期間

滞納処分と裁判所の強制執行

 滞納処分できる債権は、裁判所により徴収できないのでしょうか。

 滞納処分できる債権は、裁判所による民事訴訟上の強制執行はできません。

理由

　滞納処分できる債権は行政限りで強制徴収を行うものですから、裁判所による強制執行はできません。

　「法律上特にかような独自の強制徴収〔筆者注：滞納処分〕の手段を与えられながら、この手段によることなく、一般私法上の債権と同様、訴えを提起し、民訴法上の強制執行の手段によつてこれら債権の実現を図ることは、〔中略〕許されない。」（最判昭41・2・23民集20巻2号320頁）

　滞納処分できる債権は私債権の管理のあり方と違って時効による債権の消滅（自治法236①）、執行停止による免除（地方税法15の7）、公示送達（地方税法20の2）等、行政の便宜を図り、早期に回収、収束させるように規定されています。

　上記判決については、公法上の債権という観点だけでなく、滞納処分と裁判所による徴収手段としてのあり方について次のような指摘があります。

　滞納処分が必ずしも行政にとって使いやすいものではないとする指摘です。

　「最高裁は、法律上独自の強制徴収の手段が与えられている場合に、この手段によることなく、一般の金銭債権と同様に民事訴訟（以下『民訴法』という）上の強制執行の手段によって債権の実現を図ることは、立法趣旨

に反し許されないという判断を示している（最判昭和41年2月23日民集20巻
2号271頁）。この判決は、行政的執行というバイパス道路をわざわざ作っ
た以上、一般道ではなくバイパスをわたるべきであるという考え方を示し
たものとして、バイパス理論といわれる。この判決に賛成する見解もある
が、バイパスがあるからといって、これを通らなければならないいわれは
ないとして、民事上の強制執行手段は排除されないという見解も有力に主
張されてきた。

　41年判決のロジックは、行政上の強制徴収のほうが便利で早くて確実で
あり、私人には認められない『特権』であるという前提があってはじめて
成り立っている。しかし、現在、行政上の強制徴収制度が深刻な機能不全
に陥っている一方で、私法領域における債権回収制度は格段の進歩をみせ
ている。私法上の債権であれば、その回収につき地方公共団体は民事訴訟
を提起することになるが、少額訴訟として簡易裁判所を利用すれば、非常
に簡便な形で利用料金を回収できる途が開かれる（民訴法368条）。この制
度は使い勝手がいいため、サラ金による『活用』を警戒して利用回数が制
限されているほどである。バイパス（行政上の強制徴収）の方が便利だと
安穏としているうちに、いつの間に旧道（民事訴訟法）が改修されて最新・
最速のルートになってしまったというわけである。何やら情けないことで
あるが、こうした現状を踏まえるとき、下水道法もいっそ強制徴収の規定
をはずし、料金徴収について民事訴訟が利用可能となるよう対策をとる必
要があるのではないだろうか。」（櫻井敬子『行政法講座』第一法規、2010年、
P134〜136、ただし、下線は筆者記す）

　通常、滞納処分できる債権は、徴収方法として裁判上の手段は使えませ
んが、差押えの対象となるべき財産がない場合、裁判上の請求をするしか
時効中断の方法がないときは、訴えの利益を有すると認められた事例があ
ります（岡山地判昭41・5・19行裁例集17巻5号549頁）。

⑨ 公営住宅使用料の性質

 Q 公営住宅使用料は、公債権か私債権か考え方が分かれている ようですが、どちらでしょうか。また、どのような違いが生 じますか。

 A 公営住宅は民間賃貸借と比べて入居の決定、賃貸借権の相続な どの違いはありますが、使用関係は民間賃貸借と変わりなく、 時効は民法が適用されるものとして扱う方が適切です。

理由

(1) 公債権と私債権の違い

　公営住宅の使用関係については、従来から、公法上の使用関係か私法 上の賃貸借関係か問題とされています。

　公営住宅使用料の性質を公債権とするか、私債権とするかによって次 のような違いが生じます。

　まず、公債権、私債権のどちらとしても、時効は5年になりますが（自 治法236又は改正前民法169、改正民法166）、公債権とすると、時効を経過 することにより消滅しますが、私債権とすると、時効の援用（民法145） があってはじめて消滅します。

　また、督促についても、私債権に位置付ければ、自治法231条の3第 1項は適用されず、自治法施行令171条に基づく督促となり、督促手数 料及び延滞金は徴収できないことになります。

(2) 判例の考え方

　昭和59年12月13日の最高裁第一小法廷判決では、東京都が公営住宅の 使用許可を取り消し、明渡しを求めた事案で、「公の営造物の利用関係 として公法的な一面があることは否定しえない」としながらも「事業主 体と入居者との間の法律関係は、基本的には私人間の家屋賃貸借関係と

異なるところはなく、〔中略〕公営住宅の使用関係については、〔中略〕法及び条例に特別の定めがない限り、原則として一般法である民法及び借家法の適用があり、その契約関係を規律するについては、信頼関係の法理がある」としています。

昭和34年9月8日の大阪地裁判決（下級民集10巻9号1916頁）では「公営住宅利用の法律関係は私法上の賃貸借関係にほかならない」とされ、昭和45年1月29日の大阪高裁判決（判タ249号157頁）でも同様の考え方をとっています。

公営住宅使用料の時効について直接触れた裁判例はありませんが、このような判例の考え方からすると、時効は民法が適用されるものと考えます。

部分的に自治法の適用もありますが、公営住宅法が適用されないところは民法、借地・借家法が適用されることになります。

10 公営住宅の敷金

 公営住宅の敷金の返還の時効は、自治法236条により「他の法律に定めがないもの」として扱うべきでしょうか。

 公営住宅の敷金（入居保証金）の返還金の時効は、民法が適用されることになります。

理由

自治法236条1項は「金銭の給付を目的とする普通地方公共団体の権利は、時効に関し他の法律に定めがあるものを除くほか、5年間これを行なわないときは、時効により消滅する」と規定していますが、「他の法律に

定めがあるもの」に民法も含まれます（最判昭46・11・30民集25巻8号1389頁）。

　しかし、敷金返還請求権は入居者にとっての権利であり、公営住宅の使用料ではなく、契約保証金に近い性格のものです。したがって、公営住宅の入居保証金は、民法が適用されることになると考えられます。

　民法改正に伴い時効は「権利を行使することができることを知った時から5年、権利を行使できる時から10年」に改められましたが、改正法の適用関係は、契約が優先され、施行日（令和2年4月1日）前の入居に係る敷金の時効は旧法が適用され、施行日以後に発生した敷金は新法が適用されます。

　なお、敷金は返還前に未納分に充てることができますが、担保として減少し、減少した分を補充する義務まではありませんので返還時での充当が適切でしょう。

11 下水道関係の債権

 下水道関係の債権は、すべて滞納処分ができるのでしょうか。

 下水道関係の債権では、次の(1)から(3)までの債権について滞納処分ができます。

理由

　下水道の利用は義務付けられ、利用の可否を相手方の意思により決められるものではありません。この点から下水道関係の債権は決定、処分による債権がほとんどです。

　下水道使用料の仕組みについて判例では次のように述べています。「下水道法及び下水道条例は、ある区域に公共下水道の供用が開始されれば、

その区域に土地所有権等を有する者に対し、その下水道を使用する義務を負わせて、その使用のため遅滞なくその土地の下水を公共下水道に流入させるために必要な排水設備を設置する義務を負わせ、右排水設備が設置されれば、その土地等からの排水は当然公共下水道に流入してその土地所有者等は公共下水道の使用者となるので、水道水による汚水を排除して公共下水道を使用する者については、水道の使用量をもつて、それ以外の水による汚水を排除してこれを使用する者については、管理者が認定した使用水量をもつて、それぞれ汚水の排出量とみなすという法技術を採用し、そのみなした排水量をもつて使用料を算出して、使用者からこれを徴収するという仕組みをとつている（東京地判平4・10・9判例自治107号60頁）」

　　下水道事業受益者分担金は、自治法231条の3第3項に規定する分担金と解されることから、同項に基づき地方税の滞納処分の例により処分することができます。

（2）　**下水道事業受益者負担金**

　　下水道事業受益者負担金は、下水道事業受益者分担金と違って都市計画法上に根拠を持つ債権であり、国税滞納処分の例により処分することができます（都市計画法75⑤）。

（3）　**下水道使用料その他公共下水道関係**

　　自治法附則6条3号では、「下水道法〔中略〕18条から20条まで〔中略〕の規定により徴収すべき損傷負担金、汚濁原因者負担金、工事負担金及び使用料」が掲げられ、自治法231条の3第3項に基づき地方税の滞納処分の例により処分することができます。

　　なお、水道料金については、水道法では強制徴収に関する規定がなく、最高裁決定により改正前民法173条1号に規定する債権とされましたので、他の貸付金などの私債権と同様に裁判所を通じた強制執行（自治法施行令171の2）により徴収することになります。

12 放課後児童育成料の徴収

Q 保育所保育料は、児童福祉法56条6項により滞納処分が規定されていますが、放課後児童育成料については滞納処分ができるのでしょうか。また、時効は自治法が適用されるのでしょうか。

A 放課後児童育成料は、強制徴収の根拠を欠くことから滞納処分はできず、回収は民事訴訟によることになり、時効は民法が適用されるものと考えます。

理由

保育料という名称であっても債権の法的根拠が違います。債権の違いは次のとおり整理できます。

(1) 保育所保育料

児童福祉法56条2項では、同法51条に規定する保育費用を支弁した市町村の長は、本人又はその扶養義務者から、当該保育費用をこれらの者から徴収した場合における家計に与える影響を考慮して保育の実施に係る児童の年齢等に応じて定める額を徴収することができるとされ、同法56条6項では、56条2項に規定する費用は地方税の滞納処分の例により処分することができるとされています。

なお、保育所保育料については、「児童福祉法56条1項〔著者注：現2項〕の規定によって徴収する費用は、同条に直接根拠をもつ負担金ですので、市町村長限りでこれを定めて徴収しうる」（昭33・12・27自丁行発205号行政課長回答・昭44・3・13自治行30号行政課長回答）とされていることから、条例によりその額及び徴収方法を定める必要はないものと解されています（『地方財務実務提要』ぎょうせい、加除式、P2609、2610）。

(2)　放課後児童育成料

　　放課後児童育成事業は、(1)で述べた児童福祉法39条2項に定める保育ではなく、児童福祉法6条の3第2項に基づく放課後児童健全育成事業であり、放課後児童育成料は法令による強制徴収の根拠も欠くことから、滞納処分の例により処分することはできませんし、債権の性質を考えると、改正前民法173条3号の「学芸又は技能の教育を行う者が生徒の教育、衣食又は寄宿の代価について有する債権」に該当するものと解されます。

(3)　幼稚園保育料

　　学校教育法1条で、「この法律で、学校とは、幼稚園、小学校、中学校、義務教育学校、高等学校、〔中略〕及び高等専門学校とする」とされており、同法6条では「学校においては、授業料を徴収することができる。ただし、国立又は公立の小学校及び中学校、〔中略〕における義務教育については、これを徴収することができない」とされています。

　　公立の幼稚園の授業料については、公の施設の使用料として構成され、学校教育法では強制徴収により徴収することができる旨の規定がなく、地方税の例による滞納処分はできません。(1)

　　なお、幼稚園保育料は学童保育料と同様に改正前民法173条3号の債権と解釈できます。

参考
文献
(1)　市立高等学校授業料について『地方財務実務提要』（ぎょうせい、加除式）、P 2928
　　・「北海道町村会法務相談事例集」（北海道町村会法務支援室HP）

| 児童手当返戻金

 誤って支給した児童手当返戻金の時効は自治法が適用される
のか、それとも民法が適用されるのでしょうか。

A 児童手当返戻金の時効は、自治法236条1項が適用されるもの
と考えます。

理由

　児童手当は、支給に当たっては自治体の資格審査を経て決定されますの
で、申込みと承諾で成立する債権とはいえません。

　不正に受給した場合は、「偽りその他不正の手段により児童手当の支給
を受けた者があるときは、市町村長は、地方税の滞納処分の例により、受
給額に相当する金額の全部又は一部をその者から徴収することができる。」
とされています（児童手当法14）。

　一方、誤った支給を行った場合、例えば、所得制限などにより本来支給
すべきものでない者に認定した場合などは、返還を求めることになります。

　このような返還請求権は、法律上の原因のない給付金であるため、直接
の規定はなく民法703条の不当利得に該当し、改正前民法167条では時効は
10年になります。ところが、児童手当の請求権及び徴収権の時効は2年で
す（児童手当法23条）。

　児童手当の性格からすると、取消しの後に返還を求めることになること
から「時効に関し他の法律に定めがあるものを除くほか」とする自治法
236条1項を適用する方が適切であると考えます。

　このような考え方は「公法上の不当利得」と説明されることも多いよう
ですが、特に「公法上の不当利得」と説明しなくても、個々の法律をどの
ように適用するのかによっても説明できます。

単に誤支給の場合は、「法律上原因のない」利得になりますから取消しを経る必要がなく、時効は民法の不当利得が適用されるものと考えます。

　返還を求めるとしても取消しが必要か、単なる誤支給によるのかで法律の適用が違うものと考えます。

　判例においても、公法、私法の議論により時効を導くより、債権の性質により適切な法の適用を判断しています。

　本書Ｑ＆Ａでは分かりやすくするため、ある程度、公債権、私債権という概念を用いていますが、厳密に定義できない以上、個々の場面でどの法律を適用するのか判断すべきと考えます。

14 | 不当利得返還請求権

 生活保護費返還金の時効は民法の不当利得返還請求権として扱うのでしょうか。

民法改正に伴い、時効期間は主観的起算点から５年が追加されましたが、生活保護費の不正受給による返還金の時効の起算点は、返還決定日が施行日前の場合は、支給日から５年、施行日後の場合は、返還決定日から５年で分けて管理するという解釈でよいのでしょうか。

 生活保護法63条及び78条の返還金請求権はいずれも取消処分によって成立することから、時効は自治法236条が適用され、支給日から５年ということになり、民法改正の影響は受けません。

　誤支給の場合は、取消しを経るものではありませんので民法の不当利得が適用されるものと考えます。

　民法改正前の不当利得返還請求権の時効は権利を行使することができる時から、つまり、支給日から10年だけでしたが、改

正法は権利を行使することができることを知った時から5年という規定が追加されたことにより、どちらか早い方により時効完成することになります。

理由

(1) 生活保護による返還金

生活保護による返還金は、生活保護法63条、同法78条によるもの、民法703条による不当利得返還請求の3つが考えられます。

生活保護法63条、同法78条に基づく返還請求権の時効は、受給関係として生活保護法による決定、取消処分により、生活保護法に規定がなければ自治法236条が適用され、いずれも5年と解します。

生活保護法63条は、「被保護者が、資力があるにもかかわらず急迫の事由があってこれを利用することができないために一時的に保護を受けた場合や、被保護者が、最低限度の生活の需要を満たすに十分な資産等を有しこれを利用し得るにもかかわらず保護を受けた場合」とされています（大阪地判平30・4・20判例自治445号62頁）。

自治法236条の時効による消滅は元々客観的時効のみですので、民法改正による影響は受けず、時効完成すれば債権は消滅しますが、問題となるのは民法703条による不当利得返還請求権です。

単なる誤支給であれば、取消処分を経るまでもなく、「法律上原因なく利益を得た」ことになり、国保資格喪失後の国保給付の返還を求めるものと同様、支給日から起算して時効完成していない10年間請求できることになります。

「〔筆者注：国民健康保険の〕受給資格を失った場合、上記公法上に関係が消滅しているのであり、公法上の関係が消滅した後の保険給付は、法律上の原因のない利得であって、民法703条の不当利得の問題となる。取消処分等の行政処分によって返還請求権が発生する場合には、公法上の関係から発生する不当利得返還請求権であるとして、時効期間は5年であるが（本書2104頁参照。自治法236条1項）、本返還請求権は、保険に相当する給付を受けることによって当然に発生するものと解される（債

権管理・回収研究会編「自治体職員のための事例解説債権管理・回収の手引き」第一法規、加除式、1159頁)。」

　民法改正前の不当利得返還請求権の時効は10年であり、時効の起算点は「権利を行使することができる時から（改正前民法166条１項）」として支給日から10年でした。

　改正民法の時効は時効期間と時効の起算点を一緒に定め、「権利を行使することができる時から（客観的起算点）」10年を残し、「権利を行使することができることを知った時から（主観的起算点）」５年を加え、どちらか早い方により時効完成するとしました。

　通常は、契約により権利行使できる日すなわち支払期限を債権者、債務者両方が知っており、出発点は同じになりますので主観的起算点の５年が早く完成することから時効期間は短縮化されます。

　民法改正後における単なる誤支給の場合は、支給日の翌日から10年と新たに不当利得を知った日、返還決定（この決定は処分性のあるものではなく、単に返還請求することです）の日から５年が加わることになり、どちらか早い日により時効完成になります。

　施行日以後に誤支給を知った場合はどう考えるかですが、元の債権の発生は施行日前になされているから旧法を適用するという考え方があります。

　「過払い金返還請求権（不当利得返還請求権）の発生原因である弁済が施行日前になされている場合は、現行法が適用されると解釈されるのではないか。弁済が施行日後になされている場合は、債権の発生原因が施行日後に生じている以上、改正民法を適用するという考え方と、金銭消費貸借契約が施行日前に締結されている場合には、原因である法律行為（金銭消費貸借契約）が施行日前になされたもの又はそれに準ずるものとして、現行法を適用するという考え方がありうる（「民法改正論点の検討」平27・10・26、弁護士法人ほくと総合法律事務所平岡弘次、井田大輔、10頁）。」

　改正法における知った時とは、民法724条の不法行為による損害賠償請求権の期間の制限が参考になり、この場合、損失、損害を知った時としています。

　「民法724条にいう「加害者ヲ知リタル時」とは、同条で時効の起算点

に関する特則を設けた趣旨に鑑みれば、加害者に対する賠償請求が事実上可能な状況のもとに、その可能な程度にこれを知つた時を意味するものと解する（最判昭48・11・16民集27巻10号1374頁、同趣旨として最判平14・1・29民集56巻1号218頁）」としており、さらには、「権利行使が現実に期待できないような特段の事情が存したものというべきであり、その間は、消滅時効は進行しない（最判平15・12・11民集57巻11号2196頁）」とし、不当利得においても、現実に損失である法律上原因のない利得を知った時といえます。

(2) 受益的処分の取消しによる返還の範囲

　　福祉関係の返還金は行政が誤った場合、どこまで返還を求め得るのか問題になります。

　　不正受給の場合、督促手数料及び延滞金を含めて全額の返還請求は問題ありませんが、受益的処分の取消しは制限され、取消しによって相手方の信頼を害し、不利益を及ぼすことから慎重に判断すべきとする考え方があります。一方で、民法703条の「法律上原因のない」利得であるため返還を求め得る範囲が問題になります。

　　「受益的処分の取消し・撤回は相手方の信頼を害し、事実上不利益を及ぼすことになるので、その許否については、慎重に判断すべきである。基本的には、当該処分の取消し・撤回によって相手方が受ける不利益を上回るだけの必要性が認められる場合に、取消し・撤回が認められる。ただ、虚偽の申告に基づいて生活保護決定がなされた等、本人に帰責性が認められる場合には、取消し・撤回が制限されるいわれはない。その際、取消しの効果を遡及させるとして、既払いの生活保護費の返還範囲を現存利益にとどめるか、悪意の受益者として利息まで付して返還させるか（民法703条・704条参照）といった点についても、本人の帰責性の程度等を含めて総合的に判断することになる（櫻井敬子、橋本博之「行政法［第3版］」弘文堂、2011年、105頁〔下線は筆者記す〕。」

　　また、このような取消しの制限は線引きが困難であるとの指摘があります。

　　「抽象的に言えば、法律による行政の原理と私人の信頼保護という2つの利益が衝突し、ここに取消権の制限が必要となってくるが、具体的

場合においてどのような線を引くかは困難な問題がある（吉野夏己「紛争類型別行政救済法」成文堂、2009年、191頁脚注）。」

　生活保護の返還金は、生活保護の趣旨が最低限の生活の維持を図ることを目的としており、その返還金は債務者の生活状況を考慮して返還を求めることから徴収に関して緩和できるものと理解できますが、児童手当の場合は寄附（児童手当法20）、学校給食費との相殺（同法21）、保育料との相殺（同法22）も規定されていることから生活保護費の返還金と同様に制限的な考えには立たないと考えます。

　一方で、児童扶養手当は一人親に対する支給であり、児童手当と違って、寄附、学校給食費との相殺、保育料との相殺規定はなく、児童手当よりは受益的処分の取消し制限は働くものと考えます。

　障害年金の不当利得返還の場合、受益的処分の取消しは制限されるが、相手方権利利益の保護を比較考量することなく取消しを放置することは許されず、民法703条の現存する利益は本来得られる年金ではない受給により生活費の支出をしなくて済んだから現存する利益はあるとされた例があります（東京高判平16・9・7判時1905号68頁）。

　「本来過払金は一括返還をするのが原則であるにもかかわらず、内払調整という分割返済の方法による返還を求めるに止めていることは、返還請求を受ける被控訴人の不利益、生活への影響に配慮したものということができ、被控訴人が前裁定の取消しによって受ける不利益を緩和する措置の一つであるということができる。〔中略〕民法703条の「利益の存する」場合とは、単に利益が有形的に現存する場合だけでなく、その利益が利得者のために有益に費消された結果、減少すべき財産がその減少を免れたような場合も含むと解すべきである。〔下線は筆者記す〕」

　同判決では内払い調整の規定については再裁定による減額分も調整として認められるとしています。

　「同条〔筆者注：厚生年金保険法39条、内払い調整〕の趣旨からすると、同条2項後段にいう『年金を減額して改定すべき事由』に、算定の基礎とされていなかった被保険期間が存在することが判明し、再裁定処分によって年金額が減額されるべきであったという事由も含まれるものというべきである。」

民法703条は「その利益の存する限度において」返還する義務を負う
とされていますが、このような事例を踏まえて債権管理をしなければな
りません。

(3) 時効起算の原則

では、返還金の遡及についてどのように考えるべきでしょうか。

時効の進行は、権利を行使することができる時から進行するとされま
す（改正前民法166①）。

「具体的には、期限や停止条件付の債権の場合、期限が到来し、ある
いは条件が成就したときから進行を開始する。また、時効期間の計算に
は、〔筆者注：民法〕140条の初日不算入の原則が適用される（内田貴「民
法Ⅰ〔第2版〕補訂版総則・物権総論」東京大学出版会、2000年、307頁、下
線は筆者記す）。」

また、自治法が適用される債権であっても、自治法236条3項では「消
滅時効の中断、停止その他の事項（前項に規定する事項を除く。）に関し、
適用すべき法律の規定がないときは、民法（明治29年法律第89号）の規
定を準用する」とあるので時効の起算日は民法によることになります。

「消滅時効の起算点に関しては、自治法236条3項により民法の規定が
準用され、公債権と私債権のいずれも、『権利を行使することができる時』
（民法166条1項）が消滅時効の起算点になります（大阪弁護士会編「Q＆
A自治体の私債権管理・回収マニュアル」ぎょうせい、2012年、80頁）。」

返還金はいつ発生するのか特定できないので、この場合、時効起算を
いつとするのか問題になり、支給の翌日から時効が進行する考え方と取
消しあるいは解除の日からとする考え方があります。

生活保護法63条による返還金の場合、資力発生の事実があったとき以
降であれば、いつでもその返還請求権を行使することができ、生活保護
費の支給日の翌日が消滅時効の起算点となり（改正前民法166①）（「生活
保護手帳別冊問答集2012」410頁）、生活保護法78条による返還金の場合も
同様に、不正の申請その他不正な手段により保護費の支給をした以降、
いつでも徴収することができるので、やはり支給日の翌日が消滅時効の
起算点となります。

時効の起算日は支給の翌日とするのに対し、取消通知がなされた翌日

からとする見解があります。

「公債権である補助金返還請求権の場合は、交付決定の取消しをした
ときが、『権利を行使することができる時』であるから、交付決定の取
消しをした翌日である。私債権である補助金返還請求権の場合において
は、契約解除として交付決定を取り消して初めて不当利得返還請求権が
生じるから、やはり、交付決定の取り消しをした翌日である（債権管理・
回収研究会編「債権管理・回収の手引き」第一法規、加除式、2104頁、下線
は筆者記す）。」

　一方で、同書では執筆者が違うことからか、起算日は支給日の翌日と
しています。

「手当の各支給日において不当利得が発生し、その時点で不当利得返
還請求権を行使することができるから、時効の起算点は、手当の各支給
日の翌日からとなる（前掲「債権管理・回収の手引き」、1188頁）

　この記述は一見すると矛盾するようですが、不当利得といえども支給
日から時効は進行し、返還を求めることが分かった時点で時効完成して
いるかどうかを判断するということになるものと考えます。

　債務の不存在を知らない非債弁済の場合にも、不当利得返還請求権の
消滅時効は改正前民法166条の規定どおり、権利の発生と同時に進行を
開始するとされ（大判昭12・9・17大民集16巻1435頁）、改正前民法166条の
時効の起算点は権利者の知・不知とは特別の規定（改正前民法426、
724、884等）がある以外は無関係であるところから、改正後も起算点は
変わらないものと考えます。

　また、取消し、解除を必要とするなら、取消し、解除の時点により時
効の起算日を変えることができることになり、不合理なものとなります。

　民法改正により客観的時効10年に、主観的時効5年が追加され、支給
日から10年と不当利得を知ってから5年のどちらか早い方で時効完成に
なることから、この問題は解決されることになります。

15 | 公債権の還付

保育所保育料について、口座引落し分と納付書による納付の重複が判明しましたが、過誤納金につき時効5年（法で定められた時効）を超えて還付ができるのでしょうか。

保育所保育料の口座引落し分と納付書による重複納付は、自治法上、時効5年を超えて還付できないという見解もありますが、取消処分を経て成立した返還請求権ではなく、「法律上原因のない」利得であり、民法の不当利得により10年間の還付請求権があるものと考えます。

理由

(1) **過誤納について**

過誤納については過納と誤納に分けられます。

ア 過納とは

納付納入時には適法と考えられた債権が、更正、決定又は賦課決定の誤りにより減額の更正、決定、賦課決定の処分があって還付請求権が発生するものです。

イ 誤納とは

納付納入のときから生じたものであり、決定等何らの処分を要せず、当初から還付請求権が発生するものです。

(2) **賦課決定の誤りによる請求権の時効**

賦課決定の誤りにより発生する請求権の時効は次のとおりです。

ア 自治法236条1項により時効5年

イ 国家賠償に基づく請求権（民法724）

債務者が損害及び加害者を知ったときより3年、不法行為のときより20年を経過したとき消滅します。

ウ 民法上の不当利得

　　不当利得返還請求権は、一般債権と同じ知った時から5年、権利を行使することができる時から10年（改正民法166）になります。

(3) **違法な決定による還付の扱い**

　　地方税の賦課による誤り、固定資産税の場合の住宅用地の認定誤り、評価対象の誤りなどにより5年以上の還付を認めた例があります。

　ア 国家賠償法による賠償

　　まず、過失があるかどうか認定が難しいところですが、判例では、地方税法349条の3の2に定める住宅用地の特例に該当する土地であるにもかかわらず、非住宅用地として認定し、認定誤りにより固定資産税を取りすぎていたことは、同条に違反した違法な加害行為というべきとされた例があります（浦和地判平4・2・24判時1429号105頁）。

　　さらに、違法な固定資産税の賦課決定は、地方税法に基づく審査申出及び取消訴訟の手続を経ることなく、国家賠償請求ができるとされました（最判平22・6・3民集64巻4号1010頁）。

　イ 自治法232条の2（寄附又は補助）

　　「公益上必要がある」かどうかの認定が難しいところですが、寄附又は補助として位置付けている例（横浜市の固定資産税還付）があります。

　ウ 民法上の不当利得による返還

　　「過納金の還付に関する地方税法の規定は民法上の不当利得との関係ではその特則というべきものであり、これについて、さらに民法の不当利得規定が適用になることはない（広島地判昭56・6・9行裁例集32巻6号889頁）」とされており、この規定は地方税法特有のものとして地方税以外の他の債権には適用されないものと考えます。

(4) **質問の扱い**

　　地方税法18条の3第1項の還付請求権の時効の規定は、民法上の不当利得返還請求権の時効の特則を定めたものと理解されますが、ご質問の場合は取消決定を経て成立する返還請求権ではなく、民法上の不当利得

返還請求権として位置付けられます。

　民法改正前は権利を行使することができる時から10年の客観的時効だけでしたが、改正後は権利を行使することができることを知った時から５年の主観的時効を加えることにより、施行後は旧法が適用される債権と新法が適用される債権を分けて管理することになります。

16　公の施設の使用料と督促手数料、延滞金の関係

公の施設の使用料に該当する債権は条例で定めていれば、督促手数料及び延滞金を徴収することができるのでしょうか。

公の施設の使用料として位置付けるとすれば、督促手数料及び延滞金は、自治法231条の３第２項に基づき督促・延滞金の条例を定めることにより徴収することができるとする考えがあります。利用の対価である私債権として位置付ければ督促手数料、延滞金は徴収できませんが遅延損害金は徴収できます。
判例は時効に関して公の施設の使用料であるから自治法が適用されるという考えをとっていませんので、公の施設の使用料ということでは督促手数料及び延滞金の徴収はできないと考えます。

理由

　公立幼稚園の保育料は、学校教育法６条に基づく授業料であり、公の施設の使用料とすれば、自治法236条が適用され、督促手数料及び延滞金は自治法231条の３第２項により条例で定めていれば徴収できます。

　また、同債権を改正前民法173条３号の学芸・技能教育債権と位置付け

れば督促手数料は徴収できず、延滞金は徴収できませんが、遅延損害金として5％（民法改正後は3％を基準）の割合で徴収できます。

　判例では、債権の性質によって法律の適用を判断している傾向があり、幼稚園の保育料と入園料は改正前民法173条3号の「学芸又は技能の教育を行う者が生徒の教育、衣食又は寄宿の代価について有する債権」といえなくもありません。例えば、国立大学と私立大学の在学関係は同じもの（名古屋地判平19・3・23判時1986号111頁）であり、授業料は同じ性質の債権であるといえます。

　公営住宅使用料、水道使用料、公立病院の診療債権に関しての判例で、公の施設の使用料であるから自治法が適用されるとする理由は採用されず、民間の債権と変わりないと判断されたことを考慮すれば、どちらかといえば、利用の対価として時効期間については民法が適用されると考えるべきでしょう。

　私債権として位置付けるなら、時効完成しても債権の消滅、時効の援用がなければ債権は消滅しないことはいうまでもありません。当該債権の時効が民法に位置付けられるなら、私債権の督促は自治法231条の3第2項による督促ではなく、自治法施行令171条により発付することから督促手数料は徴収できず、また、水道料金の判決（東京高判平13・5・22判例ID28100339）で商事利息6％（改正前商法514）が認められたことを踏まえますと、延滞金ではなく遅延損害金を徴収することになると考えます。

17 | 認知症の債務者に対する差押え

 Q 放置違反金の催告をしたところ認知症であることが判明しましたが、判明前の督促、送達、差押えは有効でしょうか。
また、差押えについて、成年後見人の指定が必要であれば、指定されるまで待つ必要があるでしょうか。

A 意思表示として無効にならないよう、できるだけ、後見人又は法定代理人宛に通知することになります。

 理由

　認知症等で意思能力の完全でない者は、民法上は無能力者であり、行為能力の点で日常生活上必要な契約はできますが、このような通知は日常生活に関する行為を超えたものになり、後見人又は法定代理人に対して行います。

　行政処分に対して民法98条の2（意思表示の受領能力、改正後も同様です）が適用されるかどうか争いがありますが、行政処分の意思表示の受領についても相手方に理解するだけの事理弁識能力が必要とされると考えます。

　被保佐人に対する更正通知書及び過少申告加算税賦課決定通知書を保佐人宅の郵便受けに差置送達したことについて、当該送達について民事訴訟法102条（訴訟無能力者等に対する送達）は適用されず、保佐人に対して効力を生じないとされた事例（広島地判平23・8・31税務訴訟資料261号154頁）もありますので注意が必要です。

18 自治法施行令等の適用区分

 自治法施行令171条（督促）から171条の7（免除）までの7条は、①強制徴収ができる公法上の債権、②強制徴収ができない公法上の債権、③私法上の債権のうち、どの債権に適用されるでしょうか。

 自治法施行令等の適用区分については次の表のとおりです。

各債権の適用区分

区分	強制徴収公債権	非強制徴収公債権	私債権
督促	法231の3①	法231の3①	法施行令171
強制執行等	地方税法373ほか	法施行令171の2	法施行令171の2
履行繰上げ	法施行令171の3	法施行令171の3	法施行令171の3
債権申出	法施行令171の4	法施行令171の4	法施行令171の4
停止	地方税法15の7	法施行令171の5	法施行令171の5
猶予、履行延期	地方税法15ほか	法施行令171の6	法施行令171の6
免除(執行停止による)	地方税法15の7	法施行令171の7	法施行令171の7

法…地方自治法　法施行令…地方自治法施行令

＊　東京弁護士会弁護士業務改革委員会自治体債権管理検討チーム編
『自治体のための債権管理マニュアル』（ぎょうせい、2008年）、P 8 を
参考に筆者が加筆したもの

なお、地方税法13条の2の繰上徴収は滞納処分手続に含まれるかどうかですが、「自治法施行令171条の3は、〔中略〕『強制徴収により徴収する債権を除く。』とされていないので、全ての債権に適用されるのであるが、地税法は、滞納処分に関する手続の一環として繰上徴収についての規定（13

条の２）をおいているので、結果として、強制徴収により徴収する債権に
ついてはその規定によることになる。」⁽¹⁾とする見解もあります。

　しかし、この場合、税と同様に督促手続を不要とする裁判例、文献は見
当たりませんので税以外の公課については督促を発しておく必要があると
考えます。

 (1)　債権管理・回収研究会編『債権管理・回収の手引き』（第一
　　法規、加除式）、P 658

 ## 19 補助金の返還請求

Q
国庫1/2、県費1/2を財源とする補助金の返還請求権の時効
は、自治法236条１項が適用されると考えますがいかがで
しょうか。

A
補助金の支給に伴う返還債権については、処分性が認められる
なら自治法が適用され、贈与契約に反したものとすれば民法の
不当利得が適用されると考えます。補助金の支給については、
行政の裁量の度合いにより処分性が認められ、時効の適用は自
治法か、民法か分かれるものと考えます。

理由

　補助金の返還については、国においては「補助金等に係る予算の執行の
適正化に関する法律」で行政処分として認められ、返還金については滞納
処分が認められます（同法21）が、同法は自治体への適用はありません（同
法33）。

　そこで、自治体の補助金の性質をどう見るのか、行政処分として扱うの
か、贈与契約として扱うのか債権のあり方によって違い、説としても定まっ

たものではありません。

　補助金によっては所得要件などが決められて裁量の余地がないものがあり、処分性があると判断された例があります（条例による乳幼児医療費の助成の処分性について　名古屋地判平16・9・9判タ1196号50頁）。

　上記の名古屋地裁では、「給付行政の分野における補助金や助成金等の支給関係は、本来の権力的作用を伴わないことから、その根拠法令（要綱等の内部的準則が根拠となっている場合には、上記のような公権力性を有しないことはいうまでもない。）が国民からの申請とこれに対応する行政庁の給付という手続形式を採っているとしても、支給を求める者の申込みとこれに対する行政庁の承諾によって成立する契約関係と実質的に類似することが多く、その意味で、私法上の法律関係になじみやすいことは否定できない。もっとも、このような給付行政の分野においても、<u>立法政策として、一定の者に補助金等の支給を受ける権利を与えるとともに、行政庁による一方的な支給（ないし不支給）決定という形式を採ることによって、当該行為を行政処分として構成する場合がある。</u>このように、どのような行為を行政処分とするかは、個別的な立法政策によって定まる問題であるから、<u>行政庁の当該行為が処分性を有するか否かは、その根拠となる法令の目的、要件、手続、効果などを個別具体的に検討し、当該行為を行政庁の優越的な意思の発動として行わせ、私人に対してその結果を受忍すべき一般的拘束を課することとしているか否か、またこのような意思の発動を適法とするための要件を定めて行政庁がこの要件の充足の有無を判断して行動すべきことを要求しているか否かを総合的に判断して決すべきもの</u>」（下線は筆者による）としています。

　返還金は処分性を有すれば、自治法236条1項が適用されますが、贈与契約とすれば民法の不当利得になります。

　事例の場合は、上記判例とは違って、個人の権利として保障されるものではなく、ある程度裁量が認められるなら、贈与契約に位置付けてよいと考えます。

20 | 離婚前に滞納している保育所保育料の請求

 離婚前に滞納している夫名義の保育所保育料について、当時の妻との分割納付誓約書に基づき離婚後も元妻が支払っていましたが、生活が苦しいため、残額は元夫へ請求して欲しいとの申出がありました。離婚前に妻の名義で分割納付誓約を行い、離婚後も元妻が支払いを続けていました。

(1) 生活困窮により妻が支払えないことを理由に、元夫へ請求できますか。

(2) 離婚前の妻名義の分割納付誓約は、承認として時効中断すると考えますが、元夫の債務は時効中断するのでしょうか。

(3) 妻の生活困窮を事由として離婚前の滞納分について、滞納額を免除できるのでしょうか。

 保育所保育料は夫婦の扶養義務から不可分債務と考えれば(1)は夫婦どちらの債務であっても他方の配偶者への請求は認められ、(2)は不可分債務として時効中断は改正前民法では絶対的効力がありますので他の債務者に及びます（改正民法では相対効とされたので及びません。）(3)は免除について改正前民法では絶対効ですが他の債務者に及びます（改正民法では相対効とされたので及びません。）。

理由

　夫婦は子の養育に関して扶養義務があります（民法818③）。

　保育所保育料は夫婦の不可分債務とするなら夫も妻も納付義務があります。

(1) 夫を納付義務者として決定しても、その後未納になれば妻に改めて全額が請求できることになります。

(2) 不可分債務とすると承認は時効中断になりますが、他の債務者に対して絶対的効力を有しますので、時効中断が及ぶことになります（改正民法では相対的効力とされましたので及びません。改正民法441、458）。

(3) 不可分債務における免除は絶対的効力を有しますので他の債務者に及ぶことになります（改正民法は(2)と同様です。改正民法441、458）。

　保育所保育料を日常家事債務とする見解もありますが、債権の性質として扶養義務から不可分債務とする方が適切と考えます。

　改正民法では連帯債務につき性質上可分な給付を法令又は当事者の意思によって可分としない場合とされており（改正民法436）、性質上不可分なものを不可分債務としています（改正民法430）。

21 老人保健施設利用料

 老人保健施設利用料は、公債権、私債権のどちらとして扱うべきでしょうか。

 根拠法である老人福祉法から時効を含めて自治法が適用される債権として扱ってよいと考えます。

理由

　老人保健施設利用料の徴収根拠は老人福祉法に求められます。

　同債権は、老人福祉法10条の4、11条で措置又は施設利用を定め、同法21条で市町村が費用を支弁することを定め、同法28条で市町村はその費用の全部又は一部を扶養義務者から徴収することを定めています。

　このような法律のあり方からすると、申込み、承諾で成立する契約上の

債権とはいいがたく、老人福祉法は費用請求権の時効に関する規定がありませんので、自治法が適用される債権として、扱って差し支えないと考えます。

　保育所保育料は児童福祉法により老人保健施設利用料と同様の法律構成として費用負担を定めていますが、滞納処分ができる債権です。

　「老人福祉法28条の徴収金は、市町村が居宅介護や老人ホームへの入所措置を行った措置の対象者又は扶養義務者から、その負担能力に応じて、徴収するものであり、市町村と措置の対象者又は扶養義務者との関係は一般私法とは異なる公法上の関係である。」(1)

(1)　債権管理・回収研究会編『債権管理・回収の手引き』（第一
　　　法規、加除式）、P 1169

督促・催告 Q&A

22 | 督促及び催告の時効中断（更新）

 自治体の債権の催告（督促の後）は、時効中断（更新）する ということになるのでしょうか。

 自治体の債権は、督促による時効中断（更新）は認められます が、催告だけでは時効中断（更新）せず、催告後６か月以内に 時効中断（更新）の事由が必要とされます。

理由

　時効中断とは、既に経過した時効の効力が失われることをいいます。それまで経過した期間は振り出しに戻ります。時効中断（更新）の事由が終了すると、その日の翌日から新たに時効が進行することになります（改正前民法157①、改正民法147②）。

　地方税の時効中断（更新）の事由には、地方税法と民法による中断事由があります。

　地方税以外は、それぞれの法律の中に、時効中断（更新）の事由が規定され、特に、自治体の債権は公債権、私債権にかかわらず、督促により時効が中断するとされています（自治法236④）。

　督促による時効の中断は１回限りで認められ、２回目以降の督促は催告とみなされます（行政実例昭44・2・6自治行12号）。

　督促により時効を中断した後、さらに、民法153条（改正民法150条）により催告のみを行っても時効の中断は生じません（大判大8・6・30民録25輯1200頁、最判平25・6・6民集67巻5号1208頁）。ただし、催告の後6か月以内に差押え、訴えの提起、承認があると催告の時点で再び時効が中断（更新）しその後、裁判が確定すると新たな時効の進行となります。

　強制徴収における催告の扱いについては、「旧国税徴収法が徴収手続に

おいて督促を定めたのは、未納税額につき強制徴収に移るにあたり、突如強制的手段に出でることなく、一応さらに納期限を定めて催告するのを相当とし、督促をもつて滞納処分開始の要件としたからであつて（同法〔筆者注：旧国税徴収法〕10条）、徴税機関が督促以外の方法によつて納付を催告慫慂することを許さないものではないし、それが徴収手続上では格別な法的意味をもたないものにしても、その催告のあつた事実に納付要求の意義を認めて法が時効中断の効力を付与できないものでもない。また国税徴収権が自力執行を可能とするからといつて、時効中断について一般私法上の債権よりも課税主体にとつて不利益に取り扱わなければならない理由もない」（最判昭43・6・27民集22巻6号1379頁）とされ、原審（大阪高判昭39・7・7最判民集22巻6号1395頁）では督促が行われる限り民法153条は排除されるとしていましたが、最高裁では国税においても督促後の催告による時効中断の効果を認めています。

督促における時効中断後の催告の効力は認めないとする見解もありますが（松本英昭「新版逐条地方自治法（第5次改訂版）」学陽書房、2009年、852頁）、督促は税等公課の滞納処分の前提であり、督促以外に催告を許さないことではなく、催告6か月の猶予を否定する理由がなく、督促後の催告6か月内に提起した租税債務確認の訴えにより時効中断が認められた例もあり（山口地判昭41・12・12行裁例集17巻12号1377頁）、税等公課についても督促後の催告の効力を認めて差し支えないものと考えます。

時効完成直前に催告を送り、6か月以内に一部納付があった場合は、民法153条に「承認」が含まれていないので時効の中断は認められるかどうか争いのあるところであり、判例は「承認」を裁判上の請求等と区別せず、民法153条に含まれるとしています（大阪高判平18・5・30判タ1229号264頁）。(1)

改正前の催告は6か月の猶予の間に訴訟等何もしなかった場合は、本来の時効期間として完成していましたが（暫定的猶予）、改正後の催告は本来の時効完成前の催告の時点に6か月加算されることになります（確定的猶予）。

(1) 酒井廣幸『〔新版〕時効の管理』（新日本法規、2007年）、P246

23 | # 私債権の督促の効果

Q 私債権の督促は、時効中断（更新）の効果を有するのでしょうか。

A 自治体の有する私債権は、督促により時効中断（更新）します。

理由

　自治法施行令171条では自治法231条の3第1項の債権を除くとされ、自治法231条の3第1項は公債権に適用されるところから自ずと自治体の私債権の督促は自治法施行令171条により行うことになります。

　一般的に、私債権において督促だけで時効中断（更新）するという法的効果は認められず、催告をして6か月以内に訴訟行為等に及んで、はじめて催告に時効が中断することが認められます。

　水道料金など私債権の督促は、自治法236条4項において、「法令の規定により普通地方公共団体がする納入の通知及び督促は、民法第153条（前項において準用する場合を含む。）の規定にかかわらず、時効中断の効力を有する」ものとして自治体の債権に特別に認められたものということができます（行政実例昭39・3・3自治行25号）。

　「会計法32条の規定は、国がその私法上の債権につき法令の規定によって納入の告知をした場合にも適用され〔中略〕、国のする納入の告知について民法153条の規定の適用を排除する特則が設けられたゆえんは、納入の告知が、〔中略〕関係法令の定めに基づく形式と手続に従ってされるものであるため、権利行使についての国の意図が常に明確に顕現されている（最判昭53・3・17民集32巻2号240頁）」ことから納入告知に時効中断を認

め、会計法32条は督促による中断は規定されていないものの、自治法236条4項と同様の規定であるから自治体債権の督促にも同様の理由が該当するものと考えます。

　例えば、水道料金の時効は、判決により民法の適用があると判断されましたので、督促は自治法施行令171条に基づいて行い、督促状が到達した日に時効が中断することになります。

　督促は、催告と違って自治体の債権に時効の中断が特に認められたものですから、最初のものに限り認められます（行政実例昭44・2・6自治行12号、福岡高判昭32・7・31訟月3巻7号43頁）。

　なお、滞納処分できる債権の督促は延滞金、滞納処分の前提とされるものですが、私債権の督促は遅延損害金、強制執行の前提ではありません。

24 ｜ 時期に遅れた督促の効力

学校授業料の徴収について、各債権の督促等の統一的なマニュアルがなく、督促方法に違いがあります。
督促しなければならない時期があるのでしょうか。また、督促が遅れた場合は無効となるのでしょうか。

各学校で督促を統一的に扱い、督促状をはじめ催告等の様式を整え、手続を合わせる必要があります。督促による時効中断の効果は時期に遅れて発付しても認められています。

理由

　督促は各期に発し、督促の効果として時効中断する時期もそれぞれ違うことになります。

　各自治体の税外収入金の督促手数料及び延滞金条例では、税と同様に、「税外収入金を納期限までに完納しない者がある場合は、長は、納期限後

20日以内に督促状を発しなければならない」として条例、規則に規定している例が多いようですが、学校授業料についても各学校で確認して督促の統一的な扱いとして督促状、催告、債務承認、分割納付誓約書、債権の申出などの様式を整える必要があります。

　何らかの事情で督促状の発付が遅れた場合は、至急発付すべきです。

　督促は、税の場合ですが、納期限後20日以内に発する規定にもかかわらず、判例によれば、時効期間満了の間際でも督促による時効の中断の効力は認められています（徳島地判昭30・12・27行裁例集6巻12号2887頁）。

　督促の発付時期は遅れても中断は認められ、税の督促時期に関する規定は職員に対する訓示規定と解されていますが、時効完成間際の督促は権利の濫用とされるおそれはあります。

　民法改正において時効中断は更新に改められましたが、考え方としては変わりません。

25　下水道事業受益者負担金の督促

　下水道事業受益者負担金の督促は、都市計画法75条3項の規定に基づき、条例により各納期後に督促状を発付しています。

(1)　自治法236条4項では督促状により、最初のものに限り時効が中断すると解されています。ここでいう「最初のもの」とは最初に発付する第1期目に係る督促状を指すのでしょうか。それとも、全20期をそれぞれ独立した債権と考え、1期から20期までに係る督促状のすべてを指し、時効成立日が納期ごとに異なることになるのでしょうか。

(2)　さらには、20期目に係る督促状を指し、時効はその発付から5年ということになるのでしょうか。

(3)　また、国民健康保険料も地方税と同様に法定納期限の取扱いができるのでしょうか。

督促により各期で時効が中断し、法定納期限は、地方税法特有の規定ですから他の債権には適用されないと考えます。

理由

(1) 督促による時効中断

　各期に督促状を発することにより、各期において時効中断することになります。

　ご質問の督促の「最初のもの」が時効中断するというのは、各期の督促において1回目の督促のみ時効中断として認められることになり、2回目以降の督促は催告として認められることになります。また、時効は各期において中断します。

　各期において時効中断することについては、次の行政実例は税の場合ですが、参考になります。[1]

問　当市では各期毎（4、7、12、2月の4期）に固定資産税の納付書（1期分のみ納税通知書）を発行しているが、次の場合の時効の起算日はいつか。

記

　1期分、2期分はともに納付済みですが3期、4期分が未納です。督促状は3期分を1月20日に、4期分を3月20日に発付した。

　1　時効の起算日は法定納期限（4月30日）の翌日とする。

　2　時効の起算日は3期分、4期分ともそれぞれ督促状発付の日から起算して10日を経過した日の翌日とする。

答　地方税の徴収金に関する消滅時効は地方税法18条の規定によって、納期限（設例のように納期を分けているものの第2期以降の分については、その第1期分の納期限が法定納期限となります。）の翌日から進行するが、もちろん、督促状の発付は時効中断の効力を有する。したがって、いったん中断されたのちの時効の進行については、2お見込みのとおり。

(2) 督促状の効力の時期

　督促状の到達後の翌日から時効は新たに進行します。

地方税法18条の2第1項2号によれば、時効は督促状を発した日から起算して10日を経過した日まで中断（更新）するとされ、各期に督促状を発していれば、各期に時効の中断（更新）を生じます。

しかし、地方税法は督促後10日を経過して納付がないときは差し押えなければならないとする規定（地方税法331など）がありますが、都市計画法及び自治法にはこのような規定がありませんので、督促状の到達後に時効中断し、翌日から再び時効が進行すると考えます。

なお、督促状を発した日とありますが、督促状は意思の通知であり、相手方に到達した日に効力を生じるとされています。

なお、時効期間の応答日が民法142条に当たる場合、取引をしない日の翌日とする説と当日とする説がありますが、時効期間は時の経過が要件ですので当日をもって期間満了とすればよいものと考えます（大阪地判昭48・9・4判時724号85頁）。

(3) 法定納期限による時効

法定納期限は地方税特有の規定であり、国民健康保険料は地方税の例によることはできないと考えます。

地方税法11条の4では、法定納期限は納期を分けているものは1期分の納期限をいいます。

法定納期限が定められている理由としては、単に時効の判断のみならず、賦課漏れの場合、5年間遡って賦課することができますが、1期納期限の翌日から起算して5年を経過すると賦課できません。また、抵当権との優劣を付ける場面では、法定納期限の日と抵当権の日をもって優劣を付けることになります。このような意味においても法定納期限が必要とされます。

ご質問の法定納期限の定義は、地方税法11条の4において「地方税で納期を分けているものの第2期以降の分については、その第1期分の納期限」とされており、1期納期限の翌日から時効を起算することになります。ただし、各納期限後に督促状を発しますので、督促状により時効が中断します。

督促状を発しなければ時効は中断せず、時効の起算日は1期納期限の翌日になります。

固定資産税のように、年度ごとに４期に分けて通知しているのであれ
ば、１期の納期限により徴収権の時効を判断することになります。

(1)　『市町村事務要覧　税務編(1)総則』（ぎょうせい、加除式）、
　　P 2297、2298

26 督促の発付方法

Q 固定資産税又は市民税の督促状は各期に発付しますが、督促
状が返戻になって再送付する場合、督促状は各期に（１期か
ら４期までの未納の場合４枚の督促状を）発付するのでしょう
か。まとめて一枚の督促状に１期から４期までを連記して
発付することができるのでしょうか。

A 督促状は各期に発付すべきで、各期の督促状において不服申立
てができることから、まとめて発付することは不適切です。未
納分の納付書をまとめて送付することは差し支えありません。

理由

　地方税法での督促は「納税者が納期限までに○○税に係る地方団体の徴
収金を完納しない場合においては、市町村の徴税吏員は、納期限後20日以
内に、督促状を発しなければならない（地方税法329条ほか)」という規定
です。

　納期限を分けていれば、納期限の度に督促状を発付しなければなりませ
ん。

　地方税の督促状の様式は、地方税法施行規則２条１項５号で４号様式が
定められ、同様式では第○期（月）分とされており、各期に発付すること
になります。

各納期限があることは、それぞれの期限後に督促（請求）の意思表示をすることになります。

　督促は法律上、各納期限を過ぎて納付されなかったことに対して請求の意思表示として発する処分であって、各期において不服申立期間があり、○期から○期までのように督促をまとめて行うと不服申立期間も同じ期間に行わなければならないことになり、不適切な扱いになります。

　なお、督促状に未納の各期分の納付書をまとめて送付することは、便宜上、差し支えありません。

27 ┃ 督促と催告

督促と催告の違い、効果について教えてください。

督促と催告の違いですが、一般に民事債権では督促という請求行為のみで時効中断（更新）は認められず、自治体の債権はすべて督促により時効中断（更新）します（自治法236条④）。督促、催告ともに履行の請求ということになりますが、督促は履行の請求に指定期限が必要であり、督促は滞納処分及び延滞金の徴収の前提になります。次表に督促と催告の違いをまとめています。

督促と催告の違い

区分	督促	催告
要件	履行の請求＋指定期限	履行の請求
公債権、私債権の適用	公債権、私債権を問わず発付できる。	公債権、私債権を問わず発付できる。

区分	督促	催告
	公債権は個別法律の規定又は自治法231条の3第1項による。 私債権は自治法施行令171条による。	
滞納処分などとの関連	強制徴収公債権では滞納処分の前提である。 非強制徴収債権では強制執行の前提ではない。	滞納処分の前提ではなく、単なる納期限後の請求でしかない。ただし、期限の定めのない債務を遅滞にさせる効果はある（民法412）。
時効の中断（更新）	督促により時効中断（更新）が生じる。自治体の私債権は、督促により時効中断（更新）が認められている（自治法236④）。 督促による時効中断（更新）は最初のものに限り認められ、2回目以降の督促は催告として扱われる。	催告後6箇月以内に差押え、承認（解釈上）などがなければ時効は中断しない（改正前民法153）。 改正後の催告は6か月の完成猶予が与えられる（改正民法150①）。
手数料	公債権は条例の規定により督促手数料が徴収できる（自治法231の3②）。	催告による手数料の徴収はできない。
延滞金、遅延損害金	督促しなければ延滞金は徴収できない。 各債権の個別法律又は自治法231条の3第2項を受けた条例で定める率による延滞金が徴収できる。	催告の有無にかかわらず、契約書の確定期限があれば期限から、期限の定めがなければ原則として請求時から年5％の遅延損害金が徴収できる（民法404、412、419（改正後は3％を基準））。 支払期限の定めがなければ催告により、遅延損害金の発生が生じる。商事利息は6％（改正前商法514）。民法改正により改正前商法514条は削除され全て3％を基準とする扱い。

区分	督促	催告
発付時期	通常は条例により当初の納期限後20日以内とする。ただし、納期限後20日以後に督促しても時効中断（更新）の効力はある。督促の発付時期の規定は訓示規定である。	納期限後に随時に催告書を発付できる。
不服申立て	不服申立てができる。自治法による督促の場合は、3月以内に不服申立てができ、議会に諮問が必要（自治法231の3⑥、⑦）。	不服申立てはできない。

　なお、地方税以外の自治体債権の督促状の様式はなく、「期限を定めて支払いを求める書面は督促（状）であるとされる可能性が高い」（債権管理・回収研究会編『債権管理・回収の手引き』第一法規、加除式、652頁）ことに注意すべきです。

28 | 督促状の納期限の設定

督促状の納付期限ですが、本市の税外徴収金の督促手数料及び延滞金の徴収に関する条例3条2項では「督促状に指定すべき納付の期限は、その発付の日から15日以内とする」と規定していますが、「発付の日から」とあるのは納期限を設定する場合、いつから起算するのでしょうか。

督促の翌日から起算して15日以内に土、日、祝日を含んで納期限を設定することになります。

理由

　起算日について、民法140条では「日、週、月又は年によって期間を定めたときは、期間の初日は、算入しない。ただし、その期間が午前零時から始まるときは、この限りでない。」とあります。

　期間が午前零時から始まるとき以外は、初日を算入しません。

　したがって、「〜の日から」と規定された場合は初日を算入しません。ただし、「〜の日から起算して」という規定がされている場合はその日を含むことになります。

　納期限の設定は、督促状の到達後に納期限を過ぎていれば無効になります。

　期限設定の具体例

区分	事例	満了日	期限経過日
①日	10月22日から5日以内	10月29日	10月30日
②週	10月22日から2週間以内	11月5日	11月6日
③月	10月22日から3月以内	1月22日	1月23日
④年	令和1年10月22日から2年以内	令和3年10月22日	令和3年10月23日

　※　いずれも令和1年10月23日を起算日とします。ただし、期間の末日がない場合は前日になります（民法143②ただし書）。例：8月31日から1月の場合、期間の末日は9月31日がないため、9月30日になります。

　　　期間の末日が次に当たるときは、翌日が満了日になります（民法142）。
　(1)　土曜日、日曜日
　(2)　国民の祝日に関する法律（昭和23年法律178号）に規定する休日
　(3)　1月2日、3日、12月29日から31日までの日

督促・催告

57

29 | 公示送達と督促手数料

Q 公示送達した督促状については、督促手数料を徴収できるのでしょうか。

A 督促状を公示送達した場合、督促手数料を徴収できます。

理由

　自治法231条の3第4項では、「第1項の歳入並びに第2項の手数料及び延滞金の還付並びにこれらの徴収金の徴収又は還付に関する書類の送達及び公示送達については、地方税の例による。」とされ、送達方法の手段として行政限りの公示送達が認められていますので、督促手数料を徴収することができます。

　地方税の例ですが、次の質疑応答が参考になります。

　問　次の場合、督促手数料は徴収できるか。

　(1)　納税通知書及び督促状をともに公示送達した場合

　(2)　納税通知書は本人に到達し、督促状を公示送達した場合

　答　（地方税）法372条では「督促状を発した場合においては」督促手数料を徴収することとされ、他方督促状の送達方法には、（地方税）法20条及び20条の2の規定により郵便送達、交付送達及び公示送達の3方法が認められているので、質問のいずれの場合においても督促手数料は徴収できる。

『地方税総則実務提要』（ぎょうせい、加除式）、P 5140

30 時効完成前の催告に係る6か月の起算点

時効完成前の6か月前に催告を出し、その後6か月以内に差押えや承認があれば時効中断（更新）するとされています。催告を複数回出すと、どの催告の時点から6か月は起算されるのでしょうか。

時効完成前の最後の催告の時点から6か月を起算して計算することになると考えます。

理由

催告は何回出してもよいとされていますが、弁済の催告を繰り返しただけでは時効中断されたものとはいえません（同趣旨の判例として、大判大8・6・30民録25巻1200頁）。催告については、時効完成しても6か月以内に法的措置又は承認があれば、時効中断します。

法的措置は確定してから、承認は催告の時点で時効中断します。

では、法的措置を講じた場合又は承認した場合、いつの時点の催告を6か月の起算日とするのか、裁判例は見当たりませんが、催告は時効中断させる応急措置であるから一回限りで許されるという学説もあります。しかし、自治体の有する債権の督促は自治法236条4項によって一回限りで時効中断されますが、催告の場合は回数に制限があるとは考えられず、「催告の効力は、ある一定の期間継続して催告としての効力を存続すると説明され、最後の催告の時点から6か月の期間を計算すればよいとされている。（中略）複数回の催告の内、最後の催告から6か月を起算することに理論的な障害はない」[1]ということから時効完成前の最後の催告時点で6か月の起算日としてよいと考えます。

催告6か月の猶予は、本来の時効期間の範囲内に効力を認めても本来の

時効期間に吸収されることになり、意味はないことから、本来の時効完成前の最後の催告を指すことになります。

 (1) 酒井廣幸『〔新版〕時効の管理』（新日本法規、2007年）、P244

31 督促状としての 時効中断（更新）の効力

> **Q** 次のような内容の請求書に督促状と同じ時効中断（更新）の効力はあるのでしょうか。
> (1) ○○料納入のお願い
> (2) ○○料が○○年○○月○○日現在で未納となっていますので、再度ご連絡します。
> (3) 未納月及び金額
> (4) 期限：○○年○○月○○日までに納入ください。

A 請求書の内容として履行の請求と納付期限があれば督促の要件を満たし、最初のものに限り督促として認められると考えます。

理由

督促は民間の債権とは違って、自治体債権において時効中断（更新）を特別に認められたものです。

督促状は地方税では様式（地方税法施行規則2①、4号様式、4号の2様式）がありますが、自治法上の督促状は定まった様式がなく、要件としては履行の請求の意思表示と納付期限（指定期限）が必要になります（自治法231の3①、自治法施行令171）。

督促か催告かの判断は、期限を定めて納付を求める点では督促とみなす

ことができると考えます。しかし、このような微妙な判断を求められる書面でなく明確に長名での督促状という意思表示をすることが必要でしょう。

　ご質問の(1)の表記は、(2)から(4)までを考えれば督促状としての要件は満たしているといえます。

　督促は時効中断（更新）としての効力を持つため、最初に限り時効中断（更新）が認められます。2回目以降の督促は催告とみなされ、時効中断（更新）は督促状が到達した時点で認められます。

　「催告と督促の違いは微妙である。時効中断の効力を有するのは最初の1回だけであり（昭44・2・6自治行12号、東京都経済局長宛、行政課長回答）、期限を定めて支払いを求める書面は督促（状）であるとされる可能性が高いことを念頭におくことが必要である。督促をした後に送付する催告書には、このような心配がないので、何回出してもよく（時効中断の効力はない）、発信者名を担当課長から長へと段階的に上位の者にすることや形式を通常郵便から内容証明付き郵便とすることはしばしば行われている。」(1)

　民法改正後も督促による時効中断（更新）の効力は変わりありません。

　私債権の督促も発付の根拠が違う（自治法施行令171）だけで、時効中断します（自治法236④）。

　なお、滞納処分できる債権にあっては、督促は滞納処分の前提であり（最判平5・10・8訟月40巻8号2020頁）、また、延滞金徴収の前提でもあります。

　滞納処分、延滞金徴収は督促を要件としますが、差押えに当たり予告まで必要ないとされています（行判大15・4・6行政裁判所判決録37輯231頁）。

　また、督促状が納税者に送達される前に一部納付がされている場合においても、その残額の範囲内において督促は有効とされています（行判大11・4・29行政裁判所判決録33輯496頁）。

　滞納処分できる債権の督促で、個別法律になければ自治法231条の3による督促を行い、また、督促は「処分」に当たり、不服申立ての教示も必要になります。

　地方税における督促状の書式は滞納処分できる債権の参考になります。

(1) 債権管理・回収研究会編『債権管理・回収の手引き』（第一
法規、加除式）、P 652

32 下水道事業受益者負担金に係る督促手数料の徴収

 都市計画法75条3項では「督促状によつて納付すべき期限
を指定して督促しなければならない。」とありますが、同法
には督促手数料の規定がなく、本市の都市計画下水道事業受
益者負担に関する条例には督促手数料の規定はありません。
下水道事業受益者負担金に係る督促手数料は徴収できるで
しょうか。

 自治法231条の3第2項に基づく税外収入の督促手数料及び
延滞金条例に督促手数料が規定されていれば督促手数料は徴収
できます。

理由

都市計画法75条4項では延滞金が規定されていますが、督促手数料は規
定されていません。

同条2項の「徴収方法については、（中略）都道府県又は市町村が負担
させるものにあつては当該都道府県又は市町村の条例で定める。」とあり、
督促手数料の根拠を同条2項に求めることもできそうですが、一方、自治
法231条の3第2項は「普通地方公共団体の長は、前項の歳入について同
項の規定による督促をした場合には、条例で定めるところにより、手数料
及び延滞金を徴収することができる。」としていますので督促手数料及び
延滞金の徴収は条例に委任しています。

保育所保育料については児童福祉法56条6項により地方税の例により滞

納処分ができると規定されていても、督促手数料、延滞金に関する規定はないことから、自治法231条の３の督促手数料、延滞金が総則的に適用されると解釈されています。

　したがって、下水道受益者負担金の督促手数料の法律上の根拠は、都市計画法にはないので一般法の規定である自治法231条の３第２項になると考えます。

　還付、還付加算金は、条例に定めがなくても自治法231条の３第４項により、直接、地方税のとおりに処理できるのに対し、督促手数料は下水道事業受益者負担金条例又は税外徴収金の督促手数料及び延滞金条例で定められていなければ徴収できません。

　道路占用料の督促手数料の例ですが、下水道事業受益者負担金にも該当するものとして次の質疑応答があります。

問　道路法39条及び第37条により、督促手数料及び延滞金については条例事項とされているが、本市の道路占用料条例にはこのことが規定されていない。しかし、税外収入の督促手数料及び延滞金条例が別に制定されている場合において、

①　占用料条例中に規定されていないので、督促手数料及び延滞金は徴収できないと解すべきか。

②　行政実例（昭27・7・2）では、道路法第39条の規定による道路占用料については、自治法の適用があると解されているので、占用条例に規定がない場合にも、税外収入の督促手数料及び延滞金条例の規定により徴収できると解すべきか。

答　質問からは、税外収入の督促手数料及び延滞金条例の内容がどのような収入に適用されるか明らかではありませんが、<u>当該条例が自治法第231条の３第２項の督促手数料及び延滞金に関する条例として、使用料一般に適用されるものであれば、質問で引用されている行政実例からも明らかなように、道路占用料も自治法第225条に規定する使用料の一種ですから、当該条例により督促手数料及び延滞金を徴収できると考えられますので、②の解釈が適当でしょう。</u>[1]

問　納期内に納入がなかった保育料の督促及び督促手数料の徴収については、（中略）この保育料は、自治法231条の３第１項に規定する「分担金、

使用料、加入金、手数料及び過料その他の普通地方公共団体の歳入」に含まれないものと解すべきか。（以下省略）

答　（前略）地方公共団体の収入金に係る債権についてその徴収手続をみると納期限までに納入しない収入金については、督促を必要としますが、公法上の債権については自治法231条の3第1項の規定により督促をすることになります（私法上の債権は自治令第171条による。）。

そして、自治法第231条の3第3項（強制徴収）に規定する収入金を除く債権について自治法231条の3第1項及び自治令171条の規定に基づく督促をした後の相当の期間を経過しても履行されないときは、民事訴訟法の手続により強制履行の措置をとることになります。一方、自治法231条の3第3項は「普通地方公共団体の長は、分担金、加入金、過料、は法律で定める使用料その他の普通地方公共団体の歳入につき第1項の規定による督促を受けた者が同項の規定により指定された期限までにその納付すべき金額を納付しないときは、当該歳入並びに当該歳入に係る前項の手数料及び延滞金について、地方税の滞納処分の例により処分することができる。」と規定しています。

つまり、同項は同条第1項の督促期限までに金額を納付しないときに滞納処分ができることを規定しているのですが、この第3項の「法律で定める使用料その他の歳入」については、①強制徴収できる手続規定が他におかれているもの（総則的に自治法第231条の3の規定は適用されるものの、当該規定が適用され実際上は特例規定により処理される。）、②強制徴収規定は個別法に定められているが手続規定がないもの（自治法231条の3の適用があるが、強制徴収規定のみは当該個別の法律の規定に従って処理される。）、③「本条（法第231条の3）の法律で定める歳入は、……である。」と定めるもの、④本法に基づく使用料（あるいは歳入）は、法第231条の3第3項の規定に基づく強制徴収できる使用料（その他の歳入）とする」と定めるもの、といった態様が考えられ、いずれも、強制徴収することができ、その他に、⑤他の法律に督促手続のみを定め、強制徴収規定を欠く場合（この場合の手続は、自治令171条の2以下）、⑥自治令第171条以下の手続により裁判で確定する場合、と強制徴収の手続が定められています。このうち①、②は、自治法第231条の3第3項は、「法律で定める

歳入」であるが、個別法に手続規定があり、この限りにおいて当該規定が働くことになります。ただ、②の態様においては、自治法231条の3第1項の規定の適用の余地があり、保育料の場合は、これに該当するものと解します。つまり、<u>保育料の強制徴収については、児童福祉法第56条第9項（現第7項）の規定によることになりますが、督促手続は、自治法231条の3第1項の規定によることとなり、したがって、同条第2項の規定による条例を定めれば、延滞金、督促手数料を徴収することができるものと解されます。</u>[2]

（1）　『地方財務実務提要』（ぎょうせい、加除式）、P 2911・2、3
（2）　『地方財務実務提要』（ぎょうせい、加除式）、P 2913・1 ～ 4

③③ 私債権における督促手数料の徴収

Q 水道料金、公営住宅使用料は、自治法231条の3は適用されず、自治法施行令171条に基づく督促であるから督促手数料は徴収できないとされていますが、郵券料相当分の実費分相当について条例で規定されていても徴収することはできないということでしょうか。

A 督促手数料及び延滞金は公債権に適用され、私債権では督促手数料は徴収できず、手数料として条例ではなく、契約に実費分相当として、規定されていれば徴収できるものと考えます。

理由

　自治法施行令171条においては、自治法231条の3第1項に規定する歳入に係る債権を除くとされ、自治法231条の3第1項は公債権に適用されると解されていますので、自ずと自治法施行令171条による督促は私債権に

督促・催告

65

しか適用できないことになります。

　公営住宅使用料を公債権とする立場からは自治法231条の3第2項を受けた条例を定めて督促手数料及び延滞金は徴収できます。しかし、判例は公営住宅の使用関係は、公営住宅法及びこれに基づく条例が特別法として民法及び借家法に優先して適用されますが、入居後は民間の賃貸借と同様の関係になるとしています（最判昭59・12・13民集38巻12号1411頁）。

　公営住宅使用料については「公の施設の使用料」であるから時効の適用は自治法236条とする立場と改正前民法169条とする立場がありますが、前記判例の趣旨から公営住宅使用料の時効は、改正前民法169条の5年という立場をとる自治体が多いようです。

　督促手数料の内容は郵券相当分の費用とされていますが、特定の者のためにするもので（自治法227条）、条例に規定することで徴収できます。

　水道料金については、自治法上の債権として位置付け、督促手数料を徴収している自治体が多かったようですが、最高裁決定（平15・10・10判例ID28100340）により水道料金の時効は民法の適用があるとされ、自治法施行令171条により督促することになったため、自治法231条の3による督促手数料として徴収しなくなったものといえます。

　「督促はもっぱら地方公共団体自身の行政上の必要のためになされるものであって、『特定の者のためにするもの』とは解しがたく、督促手数料は地方自治法第227条に規定する手数料にも該当しないと解されるので、たとえ、条例ないし契約に定めをしても徴収できないものといわざるをえない。なお、督促状の発行にともなう経費は実費として徴収することは差し支えないものである。」(1)

 (1) 『コンシェルジュ デスク』「Q＆A：税外収入金の督促手数料および延滞金の徴収の可否」第一法規、令和元年度版

延滞金Q&A

34 | 公立学校授業料の延滞金

 公立学校授業料は延滞金が徴収できるのでしょうか。

 学校授業料を自治法上の債権と位置付ければ、税に準じた延滞金が徴収できますが、サービス・利用の対価の債権として位置付け、民法の遅延損害金を適用することが適切と考えます。

理由

　行政実例において、公立学校授業料は、自治法244条の公の施設の使用料として自治法236条1項が適用されるとする見解がありますが、一方で、改正前民法173条3号の「学芸又は技能の教育を行う者が生徒の教育、衣食又は寄宿の代価について有する債権」としても解釈できます。民法改正後も、時効について自治法適用か民法適用かを判断しなければなりません。

　判例の傾向からすると、民間で行うものと同様の性質をもつ債権の時効は民法が適用されることも予測されます。

　同債権を自治法上の債権として扱うなら、自治法231条の3第2項の規定を受けた督促・延滞金に関する条例により延滞金を徴収することができますが、督促手数料、延滞金だけ徴収するのは自治法の規定からは整合性がとれないものと考えます。

　この場合の延滞金は、年14.6％（当該納期限の翌日から1月を経過する日までの期間については、年7.3％）の割合で税と同様の率で徴収することが適切とされています。

　同債権を私債権として位置付けるのであれば、遅延損害金を徴収することができます（民法404。民法改正により遅延損害金は5％から3％を基準に変動制として発生時点での率が固定され、適用されることになりました）。時効

と同様、延滞金か遅延損害金についても適用される法律の判断が必要です。

　なお、水道料金の遅延損害金は、水道料金が民法173条１号の「生産者、卸売商人又は小売商人が売却した産物又は商品の代価に係る債権」とされたため、商事利息の６％（改正前商法514）の割合での徴収が認められました（東京高判平13・５・22判例ID28100339）。

35 督促手数料、延滞金の滞納処分

 督促手数料及び延滞金は、自治法231条の３第３項によれば滞納処分ができるとされていますが、公債権であれば督促手数料及び延滞金は滞納処分ができるのでしょうか。

 滞納処分ができる債権は、その債権から発生した督促手数料及び延滞金についても滞納処分ができますが、公債権であっても滞納処分ができない債権は、裁判所を通じた回収になります。

理由

　自治法231条の３第３項によれば、分担金、加入金、過料又は法律で定める使用料について滞納処分できるとされ、その債権から発生した督促手数料及び延滞金についても滞納処分ができます。

　公の施設の使用料の督促手数料及び延滞金は、自治法231条の３第２項により条例の定めるところにより徴収できますが、該当債権について法律に滞納処分できる旨の規定がなければ滞納処分はできません。

　例えば、下水道使用料は、自治法「第231条の３第３項に規定する法律で定める使用料」であり、滞納処分できる旨が法律に規定されており（自治法附則６Ⅲ）、使用料と併せて督促手数料、延滞金についても滞納処分ができます。

　なお、滞納処分ができない公債権は支払督促を受け付けない簡易裁判所

があり（裁判所法33①Ⅰ）、その場合、行政事件訴訟法における当事者訴訟の給付確認訴訟で争うことになりますが、内容としては民事訴訟と変わりません。

36 | 督促手数料及び延滞金の適用について

Q 水道料金、公営住宅使用料について督促手数料及び延滞金は適用されないのでしょうか。また、督促手数料と延滞金はどちらかが適用されるものでしょうか。

A サービス、利用の対価とする債権では、民間におけるものと同様の法律関係から督促手数料及び延滞金は適用されないものと考えます。
また、どちらかが適用されるというものではありません。

理由

　公債権・私債権のところでも督促手数料及び延滞金の適用について説明しましたが、延滞金と遅延損害金の違いも含めて、まず、督促手数料及び延滞金が適用できる場合を検討します。

⑴　自治体債権における民法の適用

　公立病院診療費の時効を争った判例では「公立病院において行われる診療は、私立病院において行われる診療と本質的な差異はなく、その診療に関する法律関係は本質上私法関係（最判平17・11・21民集59巻9号2611頁）」とし、時効は3年（改正前民法170条1号）とされました。

　一審の千葉地裁松戸支部判決（平16・8・19民集59巻9号2614頁）は、診療費等は自治法225条の「公の施設の使用料」の性質も持っており、公法上の債権として自治法236条1項により時効5年を主張しましたが、控訴審の東京高裁判決では「公の施設使用料」は診療費に含まれ、診療

行為と診療費の法律関係は民間診療の関係と変わりないとされました。

公営住宅使用料の時効は直接判断されていませんが、公営住宅の明渡要件は、民間賃貸借と同様に「信頼関係破壊の法理」が適用されるとしました（最判昭59・12・13民集38巻12号1411頁）。

水道料金の時効について「公の施設使用料」として自治法236条が適用されるという主張は斥けられ、改正前民法173条1号により時効は2年とされました（東京高判平13・5・22　判例ID28100339、最決平15・10・10判例ID2810340上告不受理）。

(2)　延滞金、遅延損害金の趣旨

延滞金は罰金的な性質であり、期限内に申告及び納付をした者との間の負担の公平を図り、期限内の納付を促すことを目的としています（最判平26・12・12訟月61巻5号1073頁）。

遅延損害金は、延滞金と違い、使用できなかった利益に対する損害の発生により根拠が求められます。

「金銭の場合、たとえ金庫に保管していても、それがあることによって一定の利益をもたらしているともいえる。つまり、『利用しなかった』と証明すること自体困難である。そこで民法は、とくに金銭の場合について規定を置き、『返還すべき金銭にはその受領の時より利息を付することを要す』るものとした（民法545条2項）。（中略）その結果、使用利益があったという証明を要せずして、当然に、使用利益に相当する利息の返還の義務を負う（内田貴「民法Ⅱ債権各論」東京大学出版会、1997年、94頁）」

督促手数料、延滞金は、地方税法、自治法等の特別規定により、民事手続にはない、早期の回収を促す仕組みにしたものといってよいでしょう。

税等公課のように法律に基づき一方的に負担を求めるのか、水道料金、病院診療費、公営住宅使用料など対等の当事者間においてサービス・利用の対価として請求するかどうかの違いにより、督促手数料及び延滞金の適用を判断する方が自然な解釈でしょう。しかし、裁判例では公法上の債権であっても、時効以外の点で民法の規定を排除していません（大阪高判平16・5・11裁判所ウェブサイト）

「国を当事者とする金銭債権について会計法は、30条ないし32条において時効に関して民法の特則を定めているにもかかわらず、時効以外の点に関しては明文の規定を設けていないが、その趣旨は、<u>公法上の金銭債権であっても、時効以外の点に関しては、その金銭債権の性質に反しない限り、原則として民法の規定を準用する法意に出たものと解する</u>（下線は筆者記す）」

　裁判所の立ち位置は、問題となる場面ごとに法律の適用を判断しているといってよいでしょう。

(3)　督促手数料及び延滞金が徴収できる場合

　督促手数料及び延滞金の徴収は公法上の歳入に限られており、公法上の債権は範囲として明確ではありませんが、督促手数料及び延滞金の適用を判断する必要があります。

　「督促については、公法上の歳入、私法上の歳入の別を問わず行うことができます（自治法第231条の3第1項、自治令第171条）が、<u>督促手数料及び延滞金を徴収できる歳入は、自治法第231条の3第1項に規定する公法上の歳入に限られています</u>（地方自治制度研究会編「地方財務提要」ぎょうせい、加除式、2911頁、下線は筆者記す）。」

　自治法施行令171条の督促は私法上の歳入に適用され、同条が自治法231の3第1項の歳入（公法上の歳入）を除くとしているのは、債権によって適用関係を分けていることを説明していることになります。

　水道料金の時効を争った東京高裁判決（東京高判平13・5・22　判例ID28100339）では、水道料金の時効は改正前民法173条1号の「生産者、卸売商人又は小売商人が売却した産物又は商品の代価に係る債権」とされたことから、延滞金を認めず、さらに、商行為性から遅延損害金は6％（改正前商法514）が認められたものと推察されます。

　「水道供給契約によって供給される水は、民法173条1号所定の「生産者、卸売商人及び小売商人が売却したる産物及び商品」に含まれるものというべきである<u>商事法定利率年6分の割合による遅延損害金の支払を求める部分は理由があり認容すべきである</u>（東京高判平13・5・22判例ID28100339、下線は筆者記す）」

　民法改正により遅延損害金は3％を基準とした変動制が採用され、商

法514条は削除されました。

　水道料金、公立病院診療費、公営住宅使用料は「公の施設使用料」であるから、自治法231条の3第2項により督促手数料及び延滞金を徴収できるとする見解があります。

　一方で、「公の施設の使用料」が対等な当事者間の契約による場合は、優越的な地位に基づくものではなく、督促手数料及び延滞金を徴収することはできないとする見解があります。

　「公の施設の使用料の支払いが対等な当事者間の合意である契約に基づくものである場合に、当該支払いが遅延したということだけで、債権者が優越的な地位を取得し、契約に定めのない不利益を債務者に及ぼすことができるというのは、利用関係の設定が契約によるものであることと矛盾する。また、私法上の債権については、弁済期の到来によって当然に法定の遅延損害金が発生する（民法404条・412条・415条・419条1項本文）のであるから、督促によって延滞金の支払い義務を発生させる債権は、私法上のものではあり得ない。したがって、このような法律効果を有する督促ができるのは、その基本となる利用関係が処分によって設定されたもの（公法上の債権）に限られる（橋本勇「自治体財務の実務と理論──違法・不当といわれないために」ぎょうせい、2015年、164頁、下線は筆者記す。）」

(4)　「公の施設の使用料」の意義

　「公の施設の使用料」の意義はどのように考えるべきでしょうか。

　使用料は自治体の提供する役務の利用に対する反対給付とされ、使用料は、反対給付であるから、一方的に賦課される租税及び分担金とはその性質を異にするとされています（成田頼明ほか「注釈地方自治法」第一法規、加除式、4211頁）。

　時効とは別に「公の施設の使用料」を認めた裁判例もありますが、これは分担金、使用料等の規制、罰則に関する自治法228条が適用されるとしたものです。

　市営ガス料金において、特別の事情がある場合に条例以外の供給条件によるとした規定は、使用料を条例で定めるとする自治法228条1項に違反しないとしています（最判昭60・7・16判時1174号58頁）。

地方公共団体が経営するガス事業であっても、不正使用等の場合は、自治法228条に基づき条例により過料を科すことができます（この場合、事業管理者ではなく、長が過料を科すことになります。自治法149条3号、地方公営企業法8条）。

　また、町営簡易水道の料金を定める行為は処分ではなく、簡易水道料は「公の施設の使用料」に当たり、合理的な理由なく差別的な取扱いをすることは自治法244条3項に反するとしています（最判平18・7・14民集60巻6号2369頁）。

　自治体債権の時効は民法が適用される場合もありますが、過料など場面によって自治法の適用を否定している訳ではなく、裁判例では公の施設使用料と債権の時効を結び付けていません。

　延滞金が徴収できる債権は、決定、行政処分により成立する債権であり、サービス、利用の対価とする債権に適用されないものと考えます。

37 　延滞金の起算日

 Q 延滞金の起算日は督促状を発した日でしょうか。また、督促状を受けた後に納付する場合、「その納期限」の翌日とありますが、「その納期限」とは当初の納期限なのか、それとも、督促状で指定した期限なのでしょうか。

 A 「その納期限」は当初の納期限であり、延滞金は、督促状が到達して、当初の納期限の翌日から徴収できることになります。

理由

　督促状は到達してはじめて効力を生じます。通常、相手方が了知することができる範囲であれば到達したものとみなされます（改正民法は意思表示は全て到達して効力を発するとしています。改正97条）。督促状の納期の設

74

定ですが、郵便物の届く日数（通常は1日から2日）を加味した日を加えて翌日から起算すればよいでしょう。

到達日数は配達地域によって若干違うため郵便会社のホームページ等で確認してください。

また、「その納期限」は督促状で指定した期限ではなく、当初の納期限であり、督促しなければ延滞金は徴収できません。

延滞金は督促をして当初の納期限の翌日から納付日までの額を徴収することになります。

通常は、延滞金の徴収は地方税と均衡を失しないよう、条例で納期の翌日から徴収する旨が定められています。次の質疑応答が参考になります（『地方自治関係実例判例集〔普及版第14次改訂版〕』ぎょうせい、2006年、P1911）。

問 自治法225条（現行法231の3）1項の規定により、分担金、使用料、加入金、手数料、過料等の収入を納額告知書等に指定した期限内に納めない者に対しては、市（町村）長が期限を指定してこれを督促した場合に、同条3項（現行法では2項）の規定により、条例の定めるところによつて、手数料及び延滞金を徴収することができるがこの場合

1 延滞金は督促をしなければ徴収できないか。

2 督促状に指定した納入の期限内に納入した場合と、それ以後との場合を条例の規定により延滞金の額に軽重の差を設けて徴収することができるか。

なお、督促状に指定した納入の期限内に納めた場合には徴収できないとの説があるがどうか。

3 延滞金算出の起点は、納額告知書等に記された納期限の翌日からと思考されるが、前2号なお書きのとおりに督促状に指定した納期限内に納めた場合に延滞金を徴収することができないとすれば、この場合の延滞金算出の起算日はいつか。

答 1 お見込みのとおり。

2 前段お見込みのとおりであるが、地方税法の規定による税の延滞金及び延滞加算金の額との均衡を失しないよう措置することが適当である。

後段前段により承知されたい。

　　3　2により承知されたい。

　督促の効力は、次の質疑応答を参考にしてください（『市町村事務要覧
税務編(1)総則』ぎょうせい、加除式、P 5134）。

問　督促手数料の徴収は徴税吏員が督促状を発した場合は条例の定める
　　ところにより、必ずこれを徴収しなければならないとなっているが、
　　督促状を郵便によって送達した場合、相手方に未着と思われる時期に
　　納入してくる場合、発信主義又は到達主義のいずれかをとるかによっ
　　て督促手数料が徴収できるか、できないか問題になる。督促手数料の
　　徴収できる時点をご教示願いたい。

答　1　条例で督促手数料の徴収を規定していれば、督促状を発した場
　　　合には、原則として督促手数料を徴収しなければならない。

　　2　督促手数料を徴収できる時点は、督促状が履行すべき債務者に
　　　到達した時点となります。

　　　しかし、税金を完納した後に到達した督促状等は「督促をした」
　　ことにはならないというべきで、このような場合は、督促状とし
　　ての効力はなく、仮に到達した後であっても、督促手数料を徴収
　　すべきではない。

38 | 延滞金の消滅時効

　国民健康保険料の時効は２年とされていますが、延滞金の
時効は何年でしょうか。

　国民健康保険料の延滞金は、保険料から発生することから２
年の時効になると考えます。

理由

　国民健康保険料及び介護保険料の時効は２年（国民健康保険法110①、介護保険法200①）です。

　時効の効力は、その起算日に遡るとされています（民法144）。

　元本が時効になり消滅すれば、返済期日に遅延損害金も消滅したことになります。

　「本来の債権（賃借物返還請求権）が時効消滅したのちにこの時効消滅した返還債務の履行不能から生じている損害賠償請求権は認められない、とした大判大８・10・29（民録25・1854）は、事案処理の当否はさておき、この意味の同一性に即して理解しうる。」（川島武宜編『注釈民法(5)』有斐閣、1967年、Ｐ312）

　本来の債務である保険料が２年の時効に定められ、保険料から発生した延滞金がそれよりも長い時効になることは保険料として短期の時効を定めた趣旨に反することになります。

　督促手数料については、督促という行為に対する手数料ですが延滞金と同様に付随する債権とも考えられます。

　督促手数料は自治法231条の３第２項に基づき条例で定めますが、その時効は国民健康保険法に規定されていませんので、自治法236条１項の「時効に関し他の法律に定めがあるものを除くほか」とする規定が適用され、既に発生した督促手数料の時効は５年とする考えもありますが、特にこのことを示した判例、行政実例などは見当たりません。

延滞金

39 | 延滞金の滞納処分

 強制徴収公債権は、地方税の滞納処分の例によるとされていますが、延滞金についても滞納処分ができるのでしょうか。地方税の滞納処分の例に含まれなければ、自治法231条の3第2項により条例で規定しなければならないのでしょうか。

 滞納処分ができる債権（強制徴収公債権）であれば、督促手数料及び延滞金についても同様に滞納処分ができます。
延滞金の滞納処分については条例に規定する必要はありませんが、延滞金の割合、手続は自治法231条の3第2項により条例で定めることが必要であり、条例で規定していなければ徴収できません。

理由

督促手数料及び延滞金の滞納処分については、次の行政実例が参考になります。

「法律の定めがない限り、普通地方公共団体の歳入に係る督促手数料及び延滞金については、自治法第231条の3第3項の規定による滞納処分はできません。」（『地方財務実務提要』ぎょうせい、加除式、P 2924）

法律で定める歳入の督促手数料及び延滞金は滞納処分ができますので、延滞金の滞納処分については条例で定める必要はありません。

督促手数料、延滞金は、各自治体において「税外収入金の督促手数料及び延滞金の徴収に関する条例」を定めており、その根拠としては自治法231条の3第2項によるものです。

条例で督促手数料及び延滞金を規定していなければ、督促状を発しても督促手数料は徴収できず、延滞金は遅延損害金として5％の割合（民法404、419、民法改正後は3％を基準とする）で徴収できることになります。

延滞金の性質は「地方税、分担金、使用料、加入金、手数料、過料等の公法上の収入又は公法的要素が濃い収入が、納期限までに納付されない場合に、その納付遅延に対する制裁として課せられる一種の制裁金を言うものである。」とされています（『図解　地方自治の要点』第一法規、加除式、Ｐ3606）。

　貴団体にあっては、速やかに当該条例を定めて延滞金を徴収できるよう検討される方がよいでしょう。

40 下水道事業受益者負担金の延滞金

 下水道事業受益者負担金の延滞金は都市計画法75条に14.5％で規定されていますが、地方税の場合と同様に14.6％に合わせることができるのでしょうか。
　下水道事業受益者負担金の延滞金も、分担金と同率の特例基準割合の計算をするのでしょうか。
　下水道事業受益者負担金において、課税初年度の決定通知書と納付書が到達しなかった場合、公示送達し、督促状も同様に公示送達をしていますが、5年で分けた第2年度から5年度までの当初の納付書について公示送達をする必要があるでしょうか。
　納入義務は、初年度に全体の額が確定しているので、第2年度から5年度までは督促状だけ公示送達行えばよいでしょうか。

 下水道事業受益者負担金の延滞金は都市計画法75条4項において条例により、年14.5％の範囲内の延滞金を徴収すること

が規定されていますので、それを超える率で徴収することはできませんし、また、その率を上回る条例も制定できないと考えます。

通知を公示送達しているのであれば、督促状のみを公示送達することで足りるものです。

都市計画法75条4項では「条例）で定めるところにより、年14.5％の割合を乗じて計算した額をこえない範囲内の延滞金を徴収することができる」とありますので、それを超える率では徴収できませんし、条例制定もできないと考えます。

ご質問の条例では「当該負担金額にその納付期日の翌日から納付の日までの日数に応じ、年14.5％の割合を乗じて計算した金額に相当する延滞金を加算して徴収するものとする」と規定されており、地方税法369条のような「当該税額に、その納期限の翌日から納付の日までの期間の日数に応じ、年14.6パーセント（当該納期限の翌日から1月を経過する日までの期間については、年7.3パーセント）の割合を乗じて計算した金額に相当する延滞金額を加算して納付しなければならない」という規定ではないため、現行の規定では自治法による分担金と同率の特例基準割合の計算をすることはできません。ただし、都市計画法75条4項が14.5％の範囲内とあるので「年14.5％（当該納期限の翌日から1月を経過する日までの期間については、年7.3％）の割合を乗じて計算した金額に相当する延滞金額を加算して納付しなければならない」という形で条例改正することはできます。

年14.6％と14.5％は元々、日歩4銭であったものが利率等の表示の年利建て移行に関する法律（昭和45年法律第13号）で特例の事情のある場合のほかは、0.25％の整数値として端数の調整が行われた経過があります。

次に、通知書は公示送達を行ったが、納付書は公示送達を行う必要がないとすることについては、自治法231条の3第4項は「第1項の歳入並びに第2項の手数料及び延滞金の還付並びにこれらの徴収金の徴収又は還付に関する書類の送達及び公示送達については、地方税の例による」とされ

ています（『市町村事務要覧　税務編(1)総則』ぎょうせい、加除式、P 1334）。

　通知を当初に公示送達しているなら、納付書を改めて公示送達により送付することは不要です。

　次の質疑応答が参考になります。

　問　納税通知書は送達され、納期通知書が（個人事業税2期分）返戻された場合はどうなるか。

　答　納税通知書の法的な性格が判然としないが、通常、第2期分の納期前に納税義務者に対し、納期の到来が近いことを告げ、その注意を喚起して納期内納入を促す等のねらいを持つものにすぎない納付書のことと理解して考えると、納付書は、（地方税）法20条1項にいう「賦課徴収に関する書類」には含まれないので、返戻された場合でも公示送達する必要はない。

延滞金

不服申立て Q&A

41 | 給付決定の不服申立て

条例に基づく給付決定は不服申立てができるのでしょうか。

条例であっても審査の上で決定するという形をとれば処分性は
認められ、不服申立ての対象になる場合があります。

理由

　私債権は債権者、債務者の合意による債権であり、法律に基づく行政の
一方的な賦課処分による税のような債権ではありません。

　不服申立てができるかどうかは、行政不服審査法1条2項に規定される
「行政庁の処分その他公権力の行使に当たる行為」かどうかも一つの判断
材料です。

　例えば、条例に基づく処分であっても目的、要件、効果、手続を検討し、
審査の上で決定するという形をとれば処分性は認められ、不服申立ての対
象になると考えられます（名古屋地判平16・9・9判タ1196号50頁）。(1)

　さらに、「労働基準監督署長の行う労災就学援助費の支給又は不支給の
決定は、法を根拠とする優越的地位に基づいて一方的に行う公権力の行使
であり、被災労働者又はその遺族の上記権利に直接影響を及ぼす法的効果
を有するものであるから、抗告訴訟の対象となる行政処分に当たる（最判
平15・9・4裁判集民210号385頁）」とされています。

　自治法231条の3の規定では同条1項により督促を行い、2項により督
促手数料、延滞金は条例で定めるところにより徴収ができ、3項により①
分担金、②加入金、③過料、④法律で定める使用料（下水道使用料など）
について2項で賦課した督促手数料、延滞金の滞納処分ができ、4項によ
り1項、2項に規定された歳入、手数料等の債権の徴収、還付、公示送達

について地方税の手続によることができるとされています。

　また、同条5項から9項までにより分担金、加入金、過料、法律で定める使用料、督促手数料及び延滞金について不服申立て（審査請求、異議申立て）ができることとなっています。

　したがって、自治法231条の3は、ほとんど公債権、特に滞納処分ができる債権について適用される規定であり、私債権は、債権の成立の流れ（申込み、承諾という債権者、債務者の合意）からすると不服申立ての対象にはなりません。公営住宅については入居決定に処分性は認められても、入居後の関係は賃貸借としています。

　税以外の公債権に係る不服申立ては、個別法律に規定がなければ、自治法229条及び231条の3が適用され、これにも該当しなければ行政不服審査法18条又は54条に規定された期間内に不服申立てを行うことになります。

（1）　東京弁護士会弁護士業務改革委員会自治体債権管理問題検討チーム編『自治体のための債権管理マニュアル』（ぎょうせい、2008年）、P258〜276

42 公営住宅使用料督促状の不服申立て

 公営住宅使用料の督促状については、不服申立てができるのでしょうか。また、教示の必要はないのでしょうか。

 公営住宅の使用関係を民間の賃貸借と同様と解すると、公営住宅使用料の督促状の不服申立てはできないため、教示も必要ありません。

理由

　公営住宅使用料と行政不服審査法の関係ですが、公営住宅の使用関係は民間の賃貸借契約と変わりなく（最判昭59・12・13民集38巻12号1411頁）、過去の判例から家賃変更、明渡請求も民事訴訟であり、家賃決定、変更、明渡請求は行政処分には該当せず、民事上の行為とされています（大阪地判昭34・9・8下級民集10巻9号1916頁）。

　公営住宅の使用関係の発生原因となる入居決定は、行政処分と解されていますが、入居決定以外の行為は行政処分には該当しません（『公営住宅整備・管理の手引Ｑ＆Ａ』ぎょうせい、加除式、Ｐ15）。

　判例の考え方からすると、住宅使用料の督促は、自治法231条の3第1項によるものではなく、滞納処分はできないため、自治法施行令171条によることになります。

　自治法231条の3第1項による督促には不服申立てが認められ、自治法施行令171条による督促は賦課決定によるものではなく処分性がないので、不服申立てが認められないことになります。

　また、教示が必要な処分に対して教示をしなったことについて、処分の違法性は問われません。「行政庁が異議決定書に記載すべき審査請求期間の教示を怠った場合に、審査請求期間の進行が妨げられるものと解すべき根拠はなく」とされています（最判昭48・6・21裁判集民109号403頁）。

　教示を行わなかった場合は速やかに教示を行うことで処分の際に行った教示と同様の効果を生じます。（教示の追完、行政不服審査法83）

43 下水道使用料の不服申立ての教示

Q 本市では、水道料金・下水道使用料を同一納付書で請求していますが、不服申立てを教示せず、催告書・差押予告の後、差押えをすることに問題ないでしょうか。

A 下水道使用料は滞納処分ができますので、滞納処分の前提としては督促が必要であり、督促は行政処分ですから、不服申立てができ、教示は必要です。
教示をしなかったことは、不服申立てができない客観的な理由ではないため、督促の違法性までは問われることはないと考えます。

不服申立て

理由

時効については、水道料金は2年、下水道使用料は5年であり、督促の根拠も違います。

水道料金は自治法施行令171条により督促を行い、下水道使用料は自治法231条の3第1項により督促を行うことになります。

下水道使用料の督促状を発付する際には不服申立ての教示が必要です。

水道料金と下水道使用料を同一納付書で請求するのであれば、下水道使用料のみに不服申立ての教示をすることになります。

不服申立ての教示ですが、教示のないことと不服申立期間とは関係のないものとして構成され、行政不服審査法14条1項〔現行法18条〕の「やむをえない理由」とは審査請求しようと思ってもできない客観的な理由を示すとされています（昭33・10・29行管理99号回答）。

したがって、教示が必要な処分に対して教示をしなかったことについて滞納処分の違法性は問われないと考えます。

教示をしなかったことの違法性については、「処分を書面でするに際し

教示を欠いたことが、当該処分について、内容的な瑕疵があることに直結するものではなく、そのことをもって当該処分の取消事由とすることはできないというべき」とされた例があります（名古屋地判平16・1・29判タ1246号150頁）。

処分の取消しには至らないとしても、行政不服審査法83条に基づき教示を行うことにより処分の際に行った教示と同様の効果が生じます。

44 下水道使用料の不服申立てに関する議会への諮問

 下水道使用料に対して不服申立てがあった場合、議会への諮問が必要でしょうか。それとも、上・下水道局だけでの決定が可能でしょうか。下水道事業受益者負担金についても同様でしょうか。

 下水道使用料について自治法229条4項により、また、督促状について、自治法231条の3第7項により不服申立てがあった場合、議会への諮問した上で裁決が必要です。

理由

下水道使用料の通知は自治法229条2項の「分担金、使用料、加入金又は手数料の徴収に関する処分」であり、不服申立てがあった場合は、同条第4項により議会への諮問が必要です。

また、下水道使用料の督促について不服申立てがあれば、自治法231条の3第7項により議会への諮問が必要です。自治法228条に基づく下水道事業受益者分担金についても同様の手続になります。

下水道事業受益者負担金は、都市計画法75条1項に基づく債権であり、自治法229条4項及び231条の3第7項は適用されませんので、不服申立て

は行政不服審査法18条又は54条が適用され、議会への諮問は不要です。

　下水道使用料については、実際に差押通知書に対して異議申立てがなされ、議会に諮問するに際し申立書に不備があったため、相手方に補正を求めた例があります（大阪地判平20・10・1判例自治322号43頁）。

　下水道事業については、自治法附則6条により、損傷負担金（下水道法18）、汚濁原因者負担金（下水道法18の2）、工事負担金（下水道法19）が滞納処分できますので、同様の扱いになります。

　なお、事業管理者を置いている場合の不服申立ての決定は長ではなく、事業管理者が行うことになります。

支払督促・法的手続 Q&A

45 | 支払督促の実施時期

Q 裁判所による支払督促等を実施すべき時期はいつが適当でしょうか。

A 支払督促の実施は、貸付金の額、分割納付後の残額、催告回数、時効期間債務者の納付意思、履行状況などにより判断すべきものと考えます。

理由

　まず、貸付金など私債権の徴収手続としては、納入通知→督促（自治法施行令171）→催告→裁判所への申立て（債務名義の取得）→執行という流れになります。

　支払督促の実施時期は、貸付金の額、分割納付後の残額、納付期限又は最終納付からの経過日数（1年程度）、催告回数などによって法的措置に移行するかどうか判断すべきものと考えます。

　また、保証人（連帯保証人かどうか）への請求、当初の契約書の期限の利益喪失条項の有無で法的措置をとる時期が変わることになります。

　契約書に期限の利益喪失条項があれば、契約に反した場合は納付期限の未到来の分まで一括して請求できることになります。

　催告を繰り返しても効果がない場合は、弁護士名での催告を実施するか、自治体の長名で内容証明を送付した後、債務者からの反応がない場合は、支払督促などの法的措置をとるべきです。

　連帯保証人であれば、連帯保証人の資力が十分である場合（一定の収入が確実に見込まれる場合）は、主債務者より先に連帯保証人に請求しても差し支えありません。ただし、民法改正により保証人から債務者の履行状況、残額等の情報につき、請求があれば情報提供しなければなりません（改

正民法458の2）。

　反対に、連帯保証人から債務者に支払いを催促する連絡があり、債務者との納付交渉を円滑に進められる場合があります。

　費用対効果も勘案しながら、債務者に資力がないことが明らかな場合は、法的措置をとるよりも納付交渉又は文書催告により少額ずつの納付を求めるか、債務の承認により時効中断(更新)の措置を図るしかありません。

46　支払督促から訴訟、和解に移行する場合の対応

 支払督促を行う段階で、異議申立てによる訴訟への移行を想定し、ある程度の準備が必要でしょうか。また、実際に訴訟に移行すればどうなるのでしょうか。
支払督促又は仮執行宣言付支払督促の送達の段階で、滞納者側から分割納付等の申出があり、受諾する場合、債務名義を確定させるのか、それとも一旦は取り下げるのでしょうか。

 支払督促に限らず訴訟であっても、準備する資料等は特に変わりありません。
裁判所からの書面を送達する前に滞納者側から分割納付等の申出があり、受諾するのであれば、一旦は取り下げますが、送達後であれば、訴訟に移行して和解するか、判決後に納付について相談することになります。

理由

　法的措置の実施に当たっては、契約書、徴収根拠を記した書面を準備し、請求金額（遅延損害金を含む）を確定することになります。

　実務上では、連帯保証人に支払督促を申し立てた場合は、債務を否認さ

れることもあり、また、配偶者が無断で申し込み、債務者本人がそもそも保証した覚えがないと主張される場合もあります。

　訴訟に移行すれば、債務者の資力によって分割払いを約束して早期に和解をするのか、判決を得た上で強制執行を選択するのか判断することになります。

　支払督促の場合は一括弁済が原則ですので、債務者との交渉により分割納付を求める機会はありません。

　債務者との交渉を求める場合は、3年を限度として猶予、分割が認められる少額訴訟ないし調停の方が向くことになります。

　債務者の資力状態が分からない場合は和解を選択する方がよいこともあります。和解といっても和解調書は債務名義の一つには変わりありません。

　支払督促又は仮執行宣言付支払督促を送達する段階で、送達される前に滞納者側から分割納付等の申出があり、自治体として受諾するのであれば、取り下げるよりほかありませんが、送達後であれば、分割の申出があっても訴訟に移行し、和解なり、判決を求める形になります。

　なお、和解についても、議会の議決が必要です（自治法96①XII）。

47 支払督促の実施基準

　未納額に対し、採算ラインなどの実施基準を設けて支払督促の申立てを行うべきでしょうか。悪質な滞納者に対しては金額に関係なく支払督促を行うべきでしょうか。

　支払督促の実施基準、採算基準は、費用対効果で判断せざるを得ませんが、債務者が遠隔地であれば裁判所の管轄も考慮して実施すべきであると考えます。

理由

　支払督促は、訴訟に移行して職員により実施するのか、弁護士に依頼するのか、費用対効果についても考える必要があります。手続に慣れれば指定代理人制度（自治法153）により実施する方がより効率的です。

　悪質な滞納者であっても費用対効果を考える必要はありますが、一つの目安として多額なもの、例えば、弁護士に依頼して着手金、成功報酬から採算に見合うような額として、およそ50万円以上は支払督促を実施すべきであると考えます。

　また、遠隔地の債務者には支払督促は向きませんので、少額訴訟か訴訟を選択する方がよいでしょう。

　支払督促の手順、様式等は最高裁のホームページに明示されていますし、不明な点は管轄裁判所に問い合わせてみるとよいでしょう。

　実施基準としては、税、保険料等の差押えでの一定額の基準があれば参考にするなど、あらかじめ決めておく方が担当者の恣意にならないものと考えます。

　住宅使用料は、３月以上の家賃滞納により明渡しを求めることができます（公営住宅法32①Ⅱ）から、明渡しと未納分の徴収を併せて行うことから最初から訴訟を選択する方がよいでしょう。

　ただし、公営住宅法の３月以上は「信頼関係の破壊」という状態で明渡しが認められますので、必ずしも３月の未納では明渡要件を満たすものではありません。

　公営住宅法の明渡しにおける要件は「少なくとも３月分の家賃を滞納するまでは、賃借人としての地位をおびやかされるおそれのないことを明らかにしたもの（大阪地判昭34・9・8下級民集10巻9号1916頁）」に留意すべきものです。

　なお、水道料金、病院診療費については、地方公営企業法上、事業管理者が債権者となり、法的措置をとる場合の議会の議決は不要です（地方公営企業法40②）。

　「地方公営企業法は、公営企業の能率的な経営を確保するため、議会制民主主義の枠組みが許す範囲内で、管理者の自主性が最大限発揮できるよ

支払督促・法的手続

うにするという考え方に立ち、公営企業に対する議会の関与を普通会計の場合に比べて極力限定する方針を採用しています。」（細谷芳朗『図解　地方公営企業法』第一法規、2004年、P 49）

48 支払督促の一括申立て

 Q 債権が複数存在し所管も分かれている場合、支払督促は一括して実施できるのでしょうか。
一括して申し立てる場合、納付や差押えにより一部徴収した場合、配当額はどのようにして決めるのでしょうか。

 A 同じ債権者として複数の債権を一括して支払督促ができますが、職務権限上、同じ部署で実施し、未納状況による措置（明渡し、資格喪失等）が債務者の生活に不利にならないよう、配分、調整を行うことも必要です。

理由

　公営企業の各債権の債権者は事業管理者になりますが、公営企業分以外は自治体の長であるため、同じ債権者として一括して支払督促ができますが、このような場合は、個人情報の保護の観点から一つの部署で実施する方が望ましいと考えます。

　徴収額の充て先の優先順位としては、法律の規定、未納による不利益の度合、時効間近かどうか考慮しながら決めて、特に公営住宅使用料は住宅の明渡し基準が３月となっているため、債務者の承認を得て優先的に充てることとします。

　一部徴収の場合は、各債権の未納額で按分して振り分けることも検討すべきでしょう。

　公営住宅使用料の未納は明渡しにつながり、債務者の生活基盤を脅かす

ことにもなり、住み替えた場合には、生活再建に時間がかかることにもなりますので、今後の納付によい結果を生み出すように考えるべきです。

　債務者がいわゆる多重債務者で保険料の未納がある場合についても、健康保険の資格喪失にもつながりますので、差押え前において徴収額の充て先で債務者からの申出があれば、できるだけ、債務者の不利益にならないよう、各債権の間で調整を図ることが必要です。

49 私債権の効果的な徴収

 私債権の徴収について、費用対効果等を含めて効果的な法的手続を教えてください。

 水道料金は未納による給水停止（水道法15③）が認められ、効果的ですが、他の私債権では未納による氏名公表及び行政サービスの制限も考えられますが、実施するには慎重な検討が必要です。法的措置はそれぞれのメリット、デメリット及び費用対効果を考えて実施することが必要です。

理由

　水道料金の徴収対策は、早めに給水停止することが一番有効です。

　通常は、未納が2期分（4か月）続くと給水を停止する自治体が多いようです。

　給水申込みの際、未納による給水停止の実施を知らせるよう、各種通知、ホームページに明記しておくことも有効です（給水契約は改正民法の定型約款に該当しますのでこの点からも明示が必要です）。しかし、給水停止には最低限の生活の維持に関わることから、生活保護受給者、資力のない者は慎重に行うことが求められます。

費用対効果で考えると、給与差押えは効果がありますが、少額訴訟は60万円以下（遅延損害金は含みません）で年10回という制限もあり、未収額が高額なもの、おおよそ50万以上を目安に考えれば支払督促が一番有効です。

　通常訴訟、支払督促は原則一括弁済を求め、裁判の中では納付交渉はできません。少額訴訟では、債務名義である判決が直ちに得られ、一回の期日で終わることができ、裁判の中で債務者の資力、その他の事情を考慮して、判決言渡しの日から3年を超えない範囲において支払いの猶予、分割払いを求めることができ、定めに従った支払いには遅延損害金の免除ができます（民事訴訟法375①）。調停においても柔軟な分割計画を示すことができ、合意事項は債務名義になり仮執行宣言付きの支払督促、少額訴訟は執行文も不要です。

　このように法的措置の特徴を理解して効率良く進める必要があります。

　支払督促の実施後、債務者が分割納付に応じてくれればよいのですが、資力が全くない場合は、履行延期の特約を結び（自治法施行令171の6）、10年経過後に資力がなく弁済の見込みがない場合は債務を免除する（自治法施行令171の7）ことになるか、徴収を停止（自治法施行令171の5）し、時効完成を待って権利放棄を行い、不納欠損するしかありません。ただし、徴収停止は債務者の所在が不明で、かつ、財産がない場合、少額で取立て費用に満たない場合であり、税の執行停止（地方税法15の7）と比べて要件が厳格です。

　連帯保証人に資力があれば、先に連帯保証人から徴収できるので早期に請求すべきです。

　滞納者に対して氏名を公表し、また、各種行政サービスを制限する条例を制定している自治体もありますが、滞納を理由にこのような制裁を課し、行政サービスの制限ができるかどうか、守秘義務のあり方、行政としての公的役割を含めて法的な問題がないかどうか検討が必要で、条例を制定した自治体において実際に氏名公表された例はほとんどないようです。

　判例では、行政サービスの停止は、「別目的」ではなく条例自体の内容を直接実現するためであれば可能であり、水道条例に基づく加入負担金を納入しない者に対して給水拒否することは合法であるとされました（神戸地判平11・1・28判例自治191号52頁）。

なお、下水道使用料の未納を理由に水道の給水を停止できるかどうかですが、「現行の水道法第15条第３項の給水停止事由の中に、下水道使用料の未納を含めて考えることはやはり困難であり、また、法律による行政の原理からも、安易にその解釈の幅を拡げるべきではないと考える方がより適切であろう。仮に、説例のような場合に給水停止が可能ということになれば、その他の行政上の金銭債権、例えば、下水道使用料以外の『法律で定める使用料』（自治法231条の３第３項）等の未納の場合においても、供給規程で定めれば給水停止が可能となる余地が生じてくるが、事業法の一つである現行の水道法がそこまで想定したシステムであると解することは、やはり困難（『地方行政ゼミナール』ぎょうせい、加除式、P1144、1145)」であるとされています。

50 支払督促の和解の基準

学校給食費の支払督促の実施後に異議申立てがありましたが、和解とする基準はあるのでしょうか。例えば、40万円の滞納があって20万円を納付し、残りの半分を５年間の分割で納付するとした場合は承諾してよいのでしょうか。分割納付を認める場合の基準はあるのでしょうか。

和解の基準はありませんので債務者の資力の有無から費用対効果で判断するしかありません。債務者の資力状況によりますが、長期の分割納付を認めると、債権管理として不適切ですので、１年から２年までの範囲で納付できるよう債務者から分割計画を提案してもらうようにするとよいでしょう。

理由

　学校給食費は、学校会計等の私会計を一般会計の公会計に移行した上

で、債権者を自治体の長とすれば支払督促は円滑に進められるでしょう。

　支払督促後の和解において、分割納付を認める基準とすべきものは特にありません。

　税徴収では、分割納付の誓約で1年、最長2年で行うことを基準にしながら事務が進められています。

　現実問題としては、支払督促後に5年以上の長期の分割でしか納付ができない場合もあります。支払督促を行っても、全く資力がなく納付ができない場合はやむを得ません。

　訴訟上の和解であれば、最初の納付交渉は、例えば、40万円の滞納であれば、頭金として例えば、20万、10万の単位で納付してもらい、残額を2年間程度で分割の納付誓約を結ぶというのが、より望ましい選択です。

　それ以上の分割納付になると、5年間というのは長く、今後の債務者の状況を見ていくことから2年程度の期間で考える方が債権管理として適切であると考えます。

　分割納付は、できるだけ債務者から提案してもらうよう進めてください。

　なお、国の債権管理においては履行延期の特約等による延長期間は5年以内と定められています（国の債権の管理等に関する法律25）。自治法施行令には同様の規定はありませんが、一つの基準として参考になります。

51　裁判所による回収のメリット・デメリット

　裁判所による回収について、どのような場合に適しているのか、それぞれの特徴について教えてください。

　裁判所を利用する回収方法は次のような特徴があり、事案に応じて、費用対効果も考慮しながら適した手段を決めていく必要があります。

裁判所を利用する回収方法のメリット・デメリット　(ほぼ進行順)

区分	メリット	デメリット	費用等
少額訴訟 (簡裁)	・通常1回審理で行う簡易な手続 ・3年を超えない範囲で分割、猶予ができ(民訴法375①)、資力に応じた解決 ・債務者欠席でも判決(敗訴) ・債権者(自治体)の住所地管轄「持参債務」(民法484) ・強制執行は少額訴訟の簡裁 ・執行文は不要(民訴法376①) ・(連帯)保証人にも利用可	・公示送達、明渡しは利用不可 　行方不明は通常訴訟に移行 ・債務者が希望すれば通常訴訟 ・請求額(60万円以下)、回数(1自治体10回)(民訴法368①、民訴規則223) ・判決不服でも控訴できない(民訴法377)、簡裁に異議申立て(民訴法378) ・議決必要	・回数超過は通常訴訟に移行、虚偽申告は過料(10万円以下)
支払督促 (簡裁)	・書記官宛の書類審査、簡易手続、迅速 ・請求額上限なし ・仮執行宣言の申立てにより債務名義を取得し(民事執行法22Ⅳ)、強制執行可能(最短1月程度) ・執行文は不要(民訴法376①)	・債務者の住所地管轄 ・公示送達、明渡しは利用不可 ・支払督促と仮執行宣言の2回 ・異議後は裁判管轄変更(140万円区分) ・異議は通常訴訟に移行(民訴法395)、議決必要(最判昭59·5·31民集38巻7号1021頁)、公営企業は議決不要(地方公営企業法40②)	・手数料(印紙)は半額 ・民事執行法の改正により財産開示手続の利用が可能に

調停 （簡裁）	・話し合いで合意、資力に応じ解決 ・調停条項は判決と同様の効力 ・請求額上限なし ・厳格な証明は不要 ・簡易で審理が短い	・債務者の住所地管轄 ・相手方出頭なければ利用不可 ・議決必要 ・和解は監査請求のおそれ	・手数料（印紙）は半額
訴訟 140万以下簡裁 140万超え地裁	・債務者欠席でも判決、明渡しと併用可 ・債権者（自治体）の住所地管轄「持参債務」（民法484） ・請求額に上限なし	・審理が長い（弁論、証拠調べ） ・議決必要 ・訴訟費用、弁護士費用 ・執行文は必要（民訴法376①）	・仮執行宣言付判決は民事執行法の改正により財産開示手続の利用が可能に

　このほか即決和解もありますが、和解は訴訟も含め一部免除すれば債権放棄になり、議決が必要です。

　「支払督促は債務者の言い分を聞かずに発せられるため、（中略）債務者には督促異議という不服申立ての機会が保障されている。その機会を実質的なものにするため、支払督促は、（中略）公示送達（民訴法110条以下）によらずに送達できる場合でなければ発することができない（井上治典編「ブリッジブック民事訴訟法〔第2版〕」信山社、2011年、27頁）。」

　簡易裁判所の裁判権は「行政事件訴訟に係る請求を除く」とされ（裁判所法33①(1)）、滞納処分できない公債権の支払督促は受け付けない場合があり、行政事件訴訟法の当事者訴訟の給付確認訴訟で争うことになります。

　強制執行は①債務名義（判決等）、②送達証明書、③執行文（少額訴訟、仮執行宣言付きの支払督促は不要）を用意します。

52 | 裁判所による回収にかかる時間と費用

Q 裁判所による債権額の確定から実際の回収まで、時間と費用はどのくらいかかるでしょうか。

A どのような法的措置をとるかによって違いますが、支払督促では最短で１月程度です。職員で実施するのか、弁護士に委任するのかで費用は違います。

理由

① 滞納処分できる公債権の場合　最短期間では約１か月余り

　納期限後 → 20日後督促 →

　督促到達後10日後差押え → 債権差押えでは即日又は数日後

② 少額訴訟の場合

　受付後期日呼び出しがあって、１回の期日で審理が終えて判決をします。

③ 支払督促　最短期間で受付後約１か月余り

　申請 → 異議申立て期間（２週間）→

　仮執行宣言後２週間の異議申立期間（２週間）→ 執行

　少額訴訟、支払督促ともに強制執行する場合、執行文は不要です。

　支払督促の費用は、例えば、請求金額50万円で2,500円の申立手数料、請求金額100万円では5,000円の申立手数料が必要です。

　弁護士に委任する場合は、支払督促に要する手数料以外に着手金と成功報酬が必要です。

支払督促・法的手続

53 | 行方不明者に対する法的措置

Q 債務者が行方不明の場合、法的措置を選択するにはどうしたらよいでしょうか。

A 裁判所による公示送達が利用でき、金銭債務は持参債務（民法484条）であるところから、訴訟（少額訴訟からの移行を含む）において債権者である自治体の住所地管轄の裁判所で行うことができます。

理由

　民事での回収は、債務者が行方不明の場合、支払督促は公示送達が利用できませんが、訴訟は利用できます。

　また、支払督促は債務者の住所地管轄の簡易裁判所に申し立てることから、異議が出たら訴訟に移行し、出頭しなければならず、場合によっては出張費用がかさみます。

　支払督促は異議により訴訟に移行すれば議会の議決も必要になります。

　訴訟、支払督促（異議後の訴訟）は一括弁済を求めるものであり、審理の中では分割、猶予の交渉はできません。

　少額訴訟、調停は債務者と交渉ができ、少額訴訟は３年を超えない範囲での猶予、分割が認められます。

　調停は相手方が出頭しない場合は成立しません。

　また、金銭債務は「持参債務」（民法484条）であるところから、訴訟（少額訴訟からの通常訴訟へ移行した場合を含む）においては債権者（自治体）の住所地管轄の裁判所で行うことができます。

　このように、法的措置の特徴を知った上で債権額はもとより、債務者の住所、状況に応じて選択を的確に行うことが望まれます。

54 差押禁止債権が口座振込みされ預金となった場合の差押え

Q 差押禁止債権が口座振込みされて預金となった場合は差押えができるとされていますが、預金の原資が児童扶養手当であることを認識しつつ預金を差押えても違法にならないでしょうか。

A 差押禁止債権は口座振込みにより預金債権に転化しますが、判例では口座には当該手当以外はほとんどなく、振込み後、即時に差押えした場合は手当を受ける権利自体を差し押さえたのと変わりなく、違法とされましたので注意が必要です。

理由

　児童手当差押訴訟（広島高松江支判平25・11・27判例自治387号25頁、鳥取地判平25・3・29は判例自治373号9頁）が参考になります。

　高裁判決では、児童手当が口座に振り込まれる日であることを認識した上で、振込み9分後の預金債権の差押えは、児童手当を受ける権利自体を差し押さえたのと変わりなく、児童手当法15条に反して違法であるとしました。

　札幌高裁（平9・5・25金融・商事判例1056号9頁）では「年金等の受給権が差押等を禁止されているとしても、その給付金が受給者の金融機関における預金口座に振り込まれると、それは受給者の当該金融機関に対する預金債権に転化し、受給者の一般財産になると解すべき」とし、上告審である最高裁判決（平10・2・10金融・商事判例1056号6頁）では、原審の判断は正当としています。

　年金等としては差押禁止債権でも、一旦預金口座に振り込まれれば、差押禁止債権と他の一般財産としての預金債権とを判別することができず、

支払督促・法的手続

差押禁止債権が預金口座に振り込まれることによる預金債権は、原則として差押禁止債権としての属性を承継しないとされています。

　一方で、年金につき、差押禁止債権としては次のように判断されています。

　預金口座は年金以外に入金の事実がないことから「本件口座に入金された申立人の年金が預金債権となったものと認めるのが相当である。そして、年金債権が差押禁止債権であることからすれば、本件口座の預金債権に対する差押えも禁止されると解する（神戸地決平20・1・24兵庫県弁護士会ウェブサイト）」としています。

　また、年金だけが預貯金の原資である場合は差押禁止財産に相当するとした例もあります。

　「年金が原資となっていることが識別・特定し得る預・貯金債権につき、強制執行が許されるというためには、（中略）、年金受給権者が別の財産を所有し、これを費消して生計を立てているが、当該財産が隠匿されるなどしているため、強制執行が可能な、顕在化している財産としては、年金を預け入れた預・貯金しかないという事情を証明すべきものであって、別の財産それ自体が潜在的には存在すると推認し得る場合でないのに、年金を預け入れた預・貯金に対する強制執行が許されるという趣旨であれば、被告の主張は、年金に対する差押えを禁止した法の趣旨を否定するに等しく、首肯（筆者注：しゅこう、肯定すること）することができない（東京地判平15・5・28金融法務事情1687号44頁）。」

　債権の差押えにより債務者の生活が困窮することを防止するため、債務者が差押命令の取消しを求める制度（差押禁止債権の範囲変更）がありますが、利用されていないことも多く、民事執行法の改正により、裁判所書記官から債務者に差押禁止債権の範囲変更できる旨を教示することとなりましたので（改正民事執行法145条）、債権者としては、この点からも差押禁止債権として注意が必要です。

　差押禁止である児童手当であっても、預金に転化した場合はその属性を失うとされてきた最高裁判決を基に差押えを進めてきたところですが、上記広島高裁松江支部判決では、児童手当以外は預金残高がほとんどなく、即時に差し押さえたことが実質的には児童手当を受ける権利自体を差し押

さえたのと変わりがないと認められ、児童手当法の趣旨から違法とされましたので差押財産の内容について注意が必要です。

　広島高裁松江支部判決と同様に預金口座差押えが一部違法とされ、取り消された判決もあります（前橋地判平30・1・31消費者法ニュース115号260頁）。「給料等が受給者の預貯金口座に振り込まれた場合であっても、（国税徴収）法76条1項、2項が給料等受給者の最低限の生活を維持するために必要な費用等に相当する一定の金額について差押えを禁止した趣旨はできる限り尊重されるべきであって、滞納処分庁が、実質的に法76条1項、2項により差押えを禁止された財産自体を差押えることを意図して差押処分を行ったものと認めるべき特段の事情がある場合には、上記差押禁止の趣旨を没却する脱法的な差押処分として、違法となる場合がある」

支払督促・法的手続

地方税の例・国税滞納処分の例

Q&A

55 | 税手続の準用の範囲

滞納処分できる債権は、全て税の手続が認められるのでしょうか。

滞納処分できる債権は、地方税の滞納処分の手続が包括的に認められますが、税と同様の手続が全て認められるものではありません。

理由

　強制徴収公債権は、地方税の例（国税滞納処分の例）により滞納処分ができますが、行政実例等によると税の手続が準用できるものは、次のとおりです。

(1)　**滞納処分**

　　滞納処分は包括的に税の手続によることができますが、交付要求は滞納処分の手続に含まれ、税手続と同様に行い、また、交付要求すれば時効は中断（更新、以下同じ）します。

　　時効の中断は中断事由が止むまで、例えば、差押えは解除されるまで、また、交付要求をしている間は時効中断します。なお、交付要求の手続では督促の必要はありません。

(2)　**督促・延滞金手続**

　　ア　督促及び延滞金の手続は、自治法231条の３第２項により条例で
　　　定めることになります。

　　イ　延滞金の率は、個別法律で規定されたものは個別法律による率を
　　　上限として条例で定め、自治法231条の３第２項による場合は地方
　　　税の率に合わせることになります（行政実例）。

(3) 還付（還付充当）

　還付手続は自治法231条の３第４項により税と同じ手続で行うことができ、還付充当についても税では地方税法17条の２の規定が地方税法１章10節「還付」にあることから税と同様にできると考えられます。ただし、税の還付は税から派生した徴収金以外には充当できません（地方税法17の２）。

　なお、還付、還付加算金の扱いについては条例で規定することなく、率も含めて税のとおりに行うことができます。

(4) 還付加算金

　還付加算金の率は、地方税に合わせることが適切であるとされています（行政実例）。

(5) 書類の送達（公示送達）

　送達及び公示送達は地方税の例によります（自治法231の３④）。

　地方税法20条（送達方法）

　地方税法20条の２（公示送達）

　滞納処分が可能な債権は、通知、督促状、還付書類は公示送達ができることになり、還付に関しては自治体の債務としての時効から必要になります。

　ただし、公示送達できる書類については、賦課決定処分の通知、督促状などに限られ、単なる納付書は公示送達する必要ありません。

　次の質疑応答を参考にしてください。（『市町村事務要覧　税務編(1)総則』ぎょうせい、加除式、P 1334）

問　納税通知書は送達され、納期通知書が（個人事業税２期分）返戻された場合はどうなるか。

答　納税通知書の法的な性格が判然としないが、通常、第２期分の納期前に納税義務者に対し、納期の到来が近いことを告げ、その注意を喚起して納期内納入を促す等のねらいを持つものにすぎない納付書のことと理解して考えると、納付書は、（地方税）法20条１項にいう「賦課徴収に関する書類」には含まれないので、返戻された場合でも公示送達する必要はない。

(6) 執行停止と債務の免除

地方税は、執行停止後3年経過して消滅する規定（地方税法15の7④）と即時に債務が消滅する規定（地方税法15の7⑤）がありますので、時効前に不納欠損できる場合があります。

　ア　滞納処分の執行停止の継続による債務の免除（地方税法15の7④）
　　　滞納処分の執行停止が3年間継続したことにより納入する義務が消滅したとき。

　　(ア)　滞納処分をすることができる財産がないとき。

　　(イ)　滞納処分をすることによってその生活を著しく窮迫させるおそれがあるとき。

　　(ウ)　その所在及び滞納処分をすることができる財産がともに不明であるとき。

　イ　滞納処分の執行停止に伴う即時の欠損（地方税法15の7⑤）
　　　滞納処分の執行を停止した場合において、次の各号のいずれかに該当するため徴収することができないことが明らかであるとき（行政実例に示されたもの）。

　　(ア)　限定承認をした相続人が、その相続によって継承した財産の価値を限度として納付（換価を含む）してもなお未納があるとき。

　　(イ)　解散した法人又は解散の登記はないが廃業をして将来事業再開の見込みがない法人について、滞納処分をすることができる財産がないとき。

　　(ウ)　株式会社について、会社更生法（平成14年法律154号）204条（更生債権等の免責等）の規定により、その会社が免責されたとき。

　　(エ)　滞納者が国外に移住し、滞納処分をすることができる財産がなく、かつ、将来入国し、又は納付する見込みがないとき。

滞納処分ができる債権は、地方税の執行停止が適用されることが次の質疑応答にも明示されています。

　問　自治法231条の3第3項に「……地方税の滞納処分の例により処分することができる。……」とあるが、この滞納処分には、滞納処分の停止（地方税法15の7）も含まれるか。すなわち、地方税法15条の7第5項の「……滞納処分の執行を停止した場合において、……地方団

体の徴収金を徴収することができないことが明らかであるときは、地方団体の長は、……地方団体の徴収金を納付し、又は納入する義務を直ちに消滅させることができる」により即時欠損とすることができるか。

答　自治法231条の３によると、地方税以外の歳入のうち、分担金、加入金、過料又は法律で定める使用料その他の地方公共団体の歳入については地方税の滞納処分の例によることができるとされていますので、地方税と同様強制徴収することが認められています。ここで、地方税の滞納処分の例により処分することができるという意味を検討してみますと、それは、地方税の滞納処分と同一の手続によって処分すべきことを意味し、滞納処分に関する限り、地方税法及び同法施行令が包括的に適用されるということです。ところで、滞納処分とは、一個の独立した行政処分と解されるものではなく、換価（公売）配当その他の数個の独立した行政処分により組成される手続の総体をいうものと解されています。

　したがって、地方税法及び同法において準用している国税徴収法等を含めて、およそ、地方税の滞納処分に関する手続規定は一切適用されることになるわけで、その中には地方税法15条の７第５項も当然含まれるものであり、地方団体の徴収金を徴収することができないことが明白であるときは、停止処分のまま時効が完成する３年を経過する日まで待って納入義務を消滅させるというような迂遠な方法をとることなく、地方団体の長は、納入義務を直ちに消滅させることができるものです。（下線は筆者記す）（『地方財務実務提要』ぎょうせい、加除式、P2909—２）

(7)　**徴収猶予**

　徴収猶予に関して自治法には直接の規定はありません。しかし、自治法231条の３第３項の「地方税の滞納処分の例による」とは「国税徴収法第５章（滞納処分）及びこれに基づく命令の規定を準用するほか、地方税法中の関連規定の準用もあるものであるが、徴収猶予等の規定も滞納処分手続が準用される（財政会計実務研究会編『問答式財政会計の実務』新日本法規、加除式、1644頁）」とする見解があり、徴収猶予が滞納処分

地方税の例・国税滞納処分の例

の停止はともに滞納処分手続の一環として規定され、債務者の財産、資力状態を見て適用されることからも税の手続を準用して差し支えないと考えます。

(8)　**法定納期限**

　国民健康保険料は、地方税でない以上、法定納期限は地方税の例によることができません。国民健康保険税であれば地方税の例によることができます。

　国民健康保険の消滅時効の起算日については、国民健康保険料は納期限の翌日、保険税は法定納期限の翌日です。(1)

　法定納期限は、単に時効だけの問題ではなく、賦課権の問題としていつから遡って課税できるのか、また、配当での優劣の問題も含まれています。

　地方税では、地方税法18条の2第1項1号の告知により各期の期限までは時効中断するから、法定納期限である1期だけでなく納期限ごとに時効中断しており、さらに、各期に督促状を発すれば10日を経過して後、時効が進行することになります。

　法定納期限が地方税の例によることができない各種公課の時効起算日は、各期の納期限の翌日から時効が進行することになります。

(9)　**繰上徴収**

　繰上徴収の場合に督促手続を省略できることは地方税特有と考えられますので、地方税以外の公課の滞納処分にあっては繰上請求の上で督促を発しておく方がよいものと考えます。

(10)　**その他**

　港湾施設使用料、その手数料及び延滞金たる滞納使用料は、徴収金の収受に直接の関係を有する第三者納付の規定（地方税法20の6）も準用できるとされています（福岡高裁那覇支部判平23・7・7判タ1376号153頁）。

(1)　『国保担当者ハンドブック2014〔改訂18版〕』（社会保険出版社、2014年）、P686

114

56 | 延滞金、還付加算金の扱い

 延滞金の計算は、地方税の場合と同様に扱うのでしょうか。
また、還付加算金も同様でしょうか。

延滞金の計算は、個別法律の規定がなければ、地方税に準じた
扱いとして条例に定めることが必要ですが、還付加算金は条例
に定めなくても地方税と同様の扱いになります。

理由

　延滞金は条例で定めなければ徴収できないのに対し、還付加算金は自治
法231条の3第4項が「条例の定めるところにより」という規定ではない
ため条例によることなく、税のとおりの扱いで差し支えないと考えます。
　次の質疑と行政実例が参考になります。

⑴　**延滞金の徴収金額の算定基準**

　問　自治法231条の3により、条例を定め、督促手数料及び延滞金を徴
　　　収する場合、延滞金の額、起算日数については地方税の場合と同様に
　　　すべきか。

　答　地方税法の規定による税の延滞金及び延滞加算金の額との均衡を失
　　　しないよう措置することが適当です（『地方財務実務提要』ぎょうせい、
　　　加除式、P 2919）。

⑵　**還付加算金について**（昭38・12・19自治丁行発93号、各都道府県総務部長
　宛、行政課長通知）

　問　（自治：筆者注）法231条の3第1項の歳入を還付する場合は、同条
　　　第4項の規定により当然地方税法17条の4の規定の例によって計算し
　　　た金額を加算しなければならないと思うがどうか。

　答　お見込みのとおり。

57 | 下水道使用料の還付充当

 下水道使用料の還付手続は、充当まで含むと考えてよいでしょうか。

 下水道使用料の還付金を下水道使用料の未納分に充当することは認められますが、他の債権に還付充当することはできないと考えます。

理由

　過誤納金の充当の規定である地方税法17条の2は、地方税法1章10節「還付」に含まれます。

　自治法231条の3第4項では、「第1項の歳入並びに第2項の手数料及び延滞金の還付並びにこれらの徴収金の徴収又は還付に関する書類の送達及び公示送達については、地方税の例による」とされていることから下水道使用料の還付は地方税の手続によります。

　しかし、税の還付金を滞納処分できる債権である保育所保育料に充当することについては、地方税法上では地方税の還付金は「地方団体の徴収金」に充当できるとされていますが、「地方団体の徴収金」は地方税法1条1項14号で「地方税並びにその督促手数料、延滞金、過少申告加算金、不申告加算金、重加算金及び滞納処分費をいう」とされていますから、税の範囲であり、税還付金を保育所保育料に充当することは無理があると考えます。

　税以外の滞納処分できる債権の充当は税の手続のとおりとし、税は相殺が禁じられています（地方税法20の9）。税以外の滞納処分できる債権は相殺を禁ずる規定はありません。

下水道使用料の差押えに関する判例では、下水道使用料はその性質が賦課によるものであり、使用者からの一方的意思表示を許せば相殺の意思表示ごとに自働債権の存否及び額を確定しなければならず相殺を許さない債権であるのが相当としました（大阪地判平20・10・1判例自治322号43頁）。

　もちろん、充当は相殺と違って、充当できる状況になれば相手方の意思は関係がなく、行政限りでできることから不服申立ても認められることになります。

　還付充当については次の質疑応答が参考になります。

問　自治法231条の３第４項では、同条第１項の歳入並びに第２項の手数料及び延滞金の還付並びにこれらの徴収金の徴収又は還付に関する書類の送達及び公示送達については、地方税の例によるとあるが、

　⑴　自治法231条の３第１項の歳入並びに２項の手数料等に過誤納金を生じた場合に、地方税法１条１項14号でいう地方団体の徴収金で未納に係るものがあるときはこれに充当できるか。

　⑵　自治法231条の３第１項の歳入並びに２項の手数料及び延滞金に過誤納金を生じた場合に、同条同項の歳入等に未納に係る徴収金がある場合は、充当できるか。

答　自治法231条の３第１項の歳入、督促手数料及び延滞金の還付については、地方税の例によるものとされていますが、「例による」とは、還付の手続なり、事項なりが地方税法及びこれに基づく政令、省令等を含めて包括的にあてはめられるということですから、過納又は誤納に係る徴収金がある場合にはこれを当該納入義務者に遅滞なく還付しなければなりません（地方税法17）。ただし、当該納入義務者の未納に係る徴収金がある場合には、これに充当しなければなりません（同法17の２）。また還付に当たって、還付加算金を加算して還付しなければなりません（同法17の４）。

　ところで、地方税法17条の２により還付金を充当できるのは、「地方団体の徴収金」すなわち地方税及び延滞金等に限られており、このことは地方税法は地方税及びこれに基づいてなされる諸収入（延滞均等）相互間における場合に充当を認める趣旨であると解されます。したがって、この手続によって取り扱うこととされている自治法231条

の3第1項に規定する収入に関する還付金の充当についても、これと同様充当できるのは、自治法231条の3第1項に規定する収入に限られていると解すべきと思われる。

　以上のことから、質問の(1)は充当できない、(2)は充当できるということになるものと考えます（『地方財務実務提要』ぎょうせい、加除式、P.2453、2454）。

58 | 地方税の例によること（地方税法18の2）

税以外の他の滞納処分できる債権は、地方税法18条の2第1項2号と同様に督促は10日を経過して時効中断（更新）すると解してよいのでしょうか。

地方税法18条の2第1項2号の規定は、税以外の他の滞納処分できる債権には適用されないと考えます。

理由

　税以外の他の滞納処分できる債権（強制徴収公債権）について、地方税法18条の2第1項2号（時効の中断及び停止）と同様の規定は見当たりません。

　国税では時効の中断及び停止は、国税通則法73条1項4号に該当し、地方税法18条の2第1項2号の規定と同様です。

　地方税法18条の2は「地方団体の徴収金」につき時効の中断の特則を設けたものであり、「地方団体の徴収金」は地方税並びにその督促手数料、延滞金、過少申告加算金、不申告加算金、重加算金及び滞納処分費をいう（地方税法1①(14)XIV）とされています。

　また、督促は滞納処分の前提ですが、滞納処分の手続ではありません。

特に、地方税法18条の2第1項2号は税特有の規定であり、督促を発して10日を経過した日までに完納しないときに滞納処分ができることに合わせて、督促状を発して10日を経過した日に時効が中断（更新）することが規定されたものと考えます。

自治法では、地方税のように督促後にいつの時点で滞納処分ができるのか規定がなく、個別法律に準用する規定がなければ（例えば国民健康保険法78条等）、地方税以外の国民健康保険料、保育所保育料などは時効中断（更新）及び停止（完成猶予）については地方税の例によることはできないと考えます。

59 | 滞納処分できる債権の延滞金の端数処理

 Q 滞納処分できる債権の延滞金は、税と同じような端数処理を行うべきでしょうか。

 A 端数処理の扱いは、自治法及び自治法施行令には規定がなく、滞納処分できる債権は、地方税法で定める端数処理の計算に準じて条例で定める必要があります。条例で定めていなければ、国等の債権債務等の金額の端数計算に関する法律に準じて扱うことが適当です。

理由

地方税については、延滞金の率、端数処理（地方税法20の4の2）に至るまで手続が法律で定められていますが、他の公課の延滞金の率は各法律に定めがなければ、自治法231条の3第2項の規定により、各自治体で税外徴収金の督促及び延滞金条例で定めることとなります。

地方税以外の滞納処分できる債権の延滞金及び還付加算金の率は、地方税と合わせることが適切である旨が行政実例に示されていますが、端数処理までは地方税と同様に扱うことができるかどうかは示されていません。

国等の債権債務等の金額の端数計算に関する法律7条1項4号では、「地方団体の徴収金並びに地方団体の徴収金に係る過誤納金及び還付金（これらに加算すべき還付加算金を含む。）は適用が除外されており、『地方団体の徴収金』の範囲が必ずしも規定上明確でないが、『徴収金』は少なくとも私法上の歳入として契約に基づくものを含まないと考えられ、結果的に「地方団体の徴収金」は公法的性格を有するものを指す」とされています（『地方自治法質疑応答集』第一法規、加除式、P2051）。

地方公共団体における、その他の公法上の収入金について、条例又は規則で端数処理について規定されていないときは、国等の債権債務等の金額の端数計算に関する法律に準じて取り扱うのが適当です。

公債権の収入の端数処理については、公有財産使用許可に伴う光熱水費の分担金の端数処理において同様に取り扱うことが示されています（越智恒温監修、会計事務研究会編著『会計事務質疑応答集』学陽書房、1994年、P68）。

 下水道事業受益者負担金の法定納期限

 下水道事業受益者負担金の納期は、全20期の納期限があり
ますが、各期限をそれぞれ独立の債権とするのか、全20期
の最後の納期限を時効起算日とするのでしょうか。また、こ
の場合、地方税にいう法定納期限が適用されるのでしょうか。

 各期の納期限の翌日が時効起算日になります。

理由

　下水道事業受益者負担金は、都市計画法75条1項を根拠とし、その徴収方法を「5年分割（年4回）の20回払い」と条例及び施行規則で規定していれば、時効期間は都市計画法75条7項により5年間と規定されています。受益者は、負担金の額を5年20期で分割した額を毎年度、例えば、次のように定める納期に納付しなければなりません。

　第1期　　7月1日から同月末日まで

　第2期　　9月1日から同月末日まで

　第3期　　11月1日から同月末日まで

　第4期　　1月4日から同月末日まで

　各納期限が定められていることは、期限が来るまでは債務者の利益になるものであり、「消滅時効は、権利を行使することができる時から進行する（改正前民法166条①、改正後も考え方は同じです。改正民法166条）」とありますから各期限の翌日から時効を起算することになります。

　地方税の時効起算日は、地方税法18条1項で「法定納期限の翌日」と規定され、法定納期限は地方税法11条の4において「地方税で納期を分けているものの第2期以降の分については、その第1期分の納期限」とされています。

　各種公課には地方税の例による法定納期限は適用できないと考えます。

　国民健康保険料も地方税でない以上、法定納期限は地方税の例によることはできません。

　また、国民健康保険の消滅時効の起算日については、国民健康保険料は納期限の翌日、保険税は法定納期限の翌日であるとされています。[1]

　時効の起算日を独自に定めることはできません。

　なお、法定納期限は滞納処分規定のある公課も地方税の例によるとする解説もあります。

　「国税滞納処分の例により」とは、国税徴収法、同法施行令、同法施行規則のうち、国税滞納処分に関する諸規定を包括的に準用するという趣旨である（逐条討議（下）146頁）。準用される国税滞納処分関係の規定とは、「国税徴収法第5章（滞納処分）の規定に限らず、すべてであり、例えば、

清算金の納期を「法定納期限」として国税徴収法16条の規定も適用される と解されている（昭和40年6月5日建都区神20号横浜市計画局長あて建設省都 市局区画整理課長回答）。国税の基本である国税通則法も規定の内容によっ ては準用されるものと解すべきであろう。」（松浦基之『土地区画整理法（特 別コンメンタール）』第一法規、1992年、P594）

　法定納期限が地方税の例によることができない理由としては、

ア　地方税法11条の4から

　　地方税法11条の4では、「法定納期限（この法律又はこれに基づく条 例の規定により地方税を納付し、又は納入すべき期限（修正申告、期限後 申告、更正若しくは決定、繰上徴収又は徴収の猶予に係る期限その他政令 で定める期限を除く。）をいい、地方税で納期を分けているものの第2期以 降の分については、その第1期分の納期限をいい、督促手数料、延滞金、 過少申告加算金、不申告加算金、重加算金及び滞納処分費については、そ の徴収の基因となった地方税の当該期限をいう。）」とされ、滞納処分の 規定ではないため、扱いは地方税に限られています。（下線は筆者記す）

イ　地方税法11条の4の規定箇所から

　　行政実例によると、法定納期限の地方税法11条の4の規定は第二次 納税義務の箇所にあり、第二次納税義務は滞納処分とは別の手続であ ることが示されています⑵。

(1)　『国保担当者ハンドブック2014〔改訂18版〕』（社会保険出版、 2014年）、P724

(2)　『地方財務実務提要』（ぎょうせい、加除式）、P2914

61 | 下水道使用料の調査、公示送達

Q 下水道使用料について督促状等が届かない場合に地方税のように調査することができるのでしょうか。地方税と同様に公示送達ができるのでしょうか。

A 下水道使用料の送付先は、国税徴収法146条の2により照会ができ、同法141条による質問及び検査もできます。また、自治法231条の3第4項により、地方税の例により公示送達ができます。

理由

　下水道使用料は、自治法附則6条3号により自治法231条の3第3項に規定する地方税の例により滞納処分ができます。

　また、地方税の例により滞納処分できる債権は、自治法231条の3第4項により徴収又は還付に関する書類の送達及び公示送達は地方税の例によるとされています。

　したがって、行方不明の債務者に対して地方税法20条の2の規定によって公示送達ができます。

　また、地方税の滞納処分は、国税徴収法に規定する滞納処分の例による（地方税法48①、68⑥等）こととされており、質問及び検査については、国税徴収法141条に基づいて行うことができます。

　預貯金等の調査として国税徴収法141条に基づいて質問及び検査することは罰則（国税徴収法188）により担保されています。住所の照会は、地方税法20条の11により照会できますが、同条は官公署への照会規定ですが、「依頼の規定」であり、滞納処分の範囲とまではいえないため、他の滞納処分ができる債権の照会には使えません。[1]

　しかし、官公署への照会は、地方税法20条の11と同様に国税徴収法146

条の２の規定があり、下水道使用料は地方税法が適用されないとしても、国税徴収法第５章は滞納処分手続に関するものであり、包括的に税の手続が準用できることから国税徴収法146条の２に基づき照会ができることになります。

 (1) 『市町村事務要覧　税務編(1)総則』（ぎょうせい、加除式）、P 347

62 水道料金の公示送達

 Q 行方不明の債務者の水道料金は、地方税の例により公示送達することができるのでしょうか。

A 水道料金は地方税の例による公示送達はできないと考えます。

理由

　自治法231条の３第１項又は２項に該当する債権（公債権）であれば、同条４項により送達及び公示送達は地方税の例（地方税法20の２）によることができますが、私債権では民法98条、民事訴訟法110条で、裁判所による公示送達の方法によることになります。

　このような自治体の債権について行政限りの公示送達できるかどうかですが、判例では、条例の根拠はないものの、行方不明の職員に対する免職処分を県広報に掲載したことが処分の通知と同様の効果はあるとしたものがあります（最判平11・7・15裁判集民193号469頁）。

　相手方の了知し得る方法においてこれを公示する等の方法をもって足りるとする説もあるようですが、法令の明文の規定がなく公示送達すること

は、効力は生じないとするものもあります。

　次の解説では、行政処分の場合、公示送達が使える場面が限定されているとされています。

　「相手方は分かっているがその所在が知れない場合、行政庁としてはどのような手段を講ずるべきであろうか。行政処分の相手方のなかには、行政処分の到達を妨げる目的で故意に所在をくらます者も少なくない。このような場合に、行政庁が取り得る手段について一般的に定めた行政法規はいまだ制定されていない。学説としては、行政処分の相手方の氏名と処分の内容を新聞に掲載して公告するなど、相手方が現実に行政処分の内容を知り得る可能性のある適宜の方法をとれば、当該行政処分は相手方に到達したことになると説くものもある。しかしながら、一般法たる民法には、私法上の意思表示の相手方が不明である場合又はその所在が知れない場合に、相手方に意思表示を行う方法として、「意思表示の公示送達」の制度が定められているので、行政処分の場合にも、この制度を利用するのが無難であろう。」（関哲夫『地方行政実務の法律相談　上巻』ぎょうせい、1982年、P135）

　水道料金は、債務名義を取得するために裁判所の手続によることを考えれば、滞納処分ができる債権と同様に地方税の例による公示送達できるとすることは無理があると考えます。

　水道料金は滞納処分ができない債権ですから、徴収は債務名義の取得も含めて裁判所の手続によることになり、役所の掲示板に公示送達するだけでは、その後に行政だけで強制的に徴収を行えず、また、債務の免除にもつながるものではないため意味がありません。

　裁判所の手続によっても、時効が経過した行方不明者の債権を権利放棄する場合の通知に使えることが考えられます。

　なお、隔地者に対する意思表示は到達主義に改められ（改正後は全て到達主義です。改正民法97）、少額訴訟、支払督促には公示送達は適用できません。

　使用料の徴収ではない「工業用水供給の使用許可の取り消しについては、自治法第231条の3第4項に定めるものとは全く別個のものと考えられる。したがって、その公示送達に関する手続は、民事訴訟法の適用を受

けるものということになる」[1]とされ、自治法231条の3第4項の範囲は、滞納処分を行う前提としての通知、督促を考えた場合、水道料金にまで自治法の公示送達の規定が使えるとすることは無理があると考えます。

(1) 『地方自治法質疑応答集』（第一法規、加除式）、P 2217

63 後期高齢者医療保険料、介護保険料の徴収緩和措置

後期高齢者医療保険料、介護保険料について、地方税法上の徴収緩和措置（徴収・換価の猶予、執行停止等）は準用されるのでしょうか。

国民健康保険法77条と同様、高齢者の医療の確保に関する法律111条、介護保険法142条により地方税と同じ徴収緩和措置をとることができます。

理由

滞納処分ができる債権は、滞納処分手続は税のとおり、準用（包括的に税手続とする。）することができます。

執行停止は滞納処分手続の一環ですから、滞納処分ができる後期高齢者医療保険料、介護保険料ともに税と同様の手続で実施できます。ただし、滞納処分手続から外れるもの、督促、延滞金、還付（充当、還付加算金含む）、書類送達（公示送達を含む）は自治法231条の3に規定していることで地方税のとおり、あるいは、地方税とほぼ同様の手続をとることができることになります。

下記のように、滞納処分手続以外は個別法律において税手続の準用が規

定されている場合があり、また、個別法律の規定がなくても一般法である自治法を適用することにより税と同様の手続を行うことができます。

　時効については、督促による中断も含め、後期高齢者医療保険料は高齢者の医療の確保に関する法律160条、介護保険料は介護保険法200条、国民健康保険料は国民健康保険法110条にそれぞれ規定されています。しかし、個別法律の税の準用規定、あるいは自治法に規定のないものは税手続の準用はできません。

　例えば、督促後10日を経て時効中断（更新）すること、法定納期限などは、税特有の制度であり、準用はできないと考えます。

> 高齢者の医療の確保に関する法律（昭和57年法律80号）（下線は筆者記す。）
>
> 　（地方税法の準用）
>
> 第112条　保険料その他この章の規定による徴収金（市町村及び後期高齢者医療広域連合が徴収するものに限る。）については、地方税法（昭和25年法律第226号）第９条 (相続による納税義務の承継)、第13条の２ (繰上徴収)、第20条 (書類の送達)、第20条の２ (公示送達) 及び第20条の４ (他の地方団体への徴収の嘱託) の規定を準用する。

> 介護保険法（平成９年法律123号）
>
> 　（地方税法の準用）
>
> 第143条　保険料その他この法律の規定による徴収金（第150条第１項に規定する納付金及び第157条第１項に規定する延滞金を除く。）については、地方税法第９条、第13条の２、第20条、第20条の２及び第20条の４の規定を準用する。

> 国民健康保険法（昭和33年法律192号）
>
> 　（保険料の減免等）
>
> 第77条　市町村及び組合は、条例又は規約の定めるところにより、特別の理由がある者に対し、保険料を減免し、又はその徴収を猶予することができる。
>
> 　（地方税法の準用）

第78条　保険料その他この法律の規定による徴収金（附則第10条第1項に規定する拠出金を除く。第91条第1項において同じ。）については、地方税法第9条、第13条の2、第20条、第20条の2及び第20条の4の規定を準用する。

　また、国民健康保険料の徴収猶予及び減免は、「国民健康保険税の場合と異なり、(国民健康保険) 法第77条の規定に基づいて行うこととなるが、実体的な取扱いはおおむね同様」[1]（下線は筆者記す）とされ「保険料の徴収猶予の要件や手続については、条例参考例第26条」[2]に示され、高齢者の医療の確保に関する法律111条、介護保険法142条においても国民健康保険法と同様に減免と徴収猶予が規定されており、いずれも内容は地方税と同様に扱うことができます。

　徴収猶予に関して自治法上は直接の規定はなく、税外の強制徴収公債権につき地方税の手続が準用される、されないの議論があります。

(1)　強制徴収公債権は準用できるとするもの

　　「地方税の滞納処分の例による」とは「国税徴収法第5章（滞納処分）及びこれに基づく命令の規定を準用するほか、地方税法中の関連規定の準用もあるものであるが、徴収猶予等の規定も滞納処分手続が準用される（財政会計実務研究会編集「問答式財政会計の実務」新日本法規、加除式、1644頁)」

　　「『滞納処分の例による』とは、国税徴収法第5章（滞納処分）の規定に加えて、換価の猶予や滞納処分の停止に関する規定等も含めて準用することができると解されているところから、『地方税の滞納処分の例により処分することができる』の解釈も同様に、地方税法における換価の猶予等の規定も含めて準用することができる（「税・2015年5月号」総務省自治税務局企画課企画第一係長　今道雄介、15頁)」

(2)　税以外の公課について準用できないとするもの

　　「地方税法はその総則で換価の猶予、滞納処分の執行停止、換価の猶予に伴う担保の徴収、その担保について定めており、滞納者の財産の差押えがなされた後になされるこれらの処分についても地方税の例によることになるが、それよりも前の段階でなされる徴収猶予（地方税法15条

〜15条の４）の例による処分はできないことになる（橋本勇「自治体財務の実務と理論―違法・不当といわれないために」ぎょうせい、2015年、313頁）。」

（1）（2）　『国保担当者ハンドブック（改訂18版）』（社会保険出版社、2014年）、P542

64 執行停止の要件

 相続放棄により相続人もいない場合の滞納処分の執行停止要件（地方税法15の７）の「滞納処分をすることができる財産がないとき」とはどのような場合でしょうか。
国税徴収基本通達153―16の(2)で「相続財産法人について滞納処分の執行等をすることができる財産がないとき」とありますが、死亡者名義で若干の面積の畑、保安林、墓地を所有しているがほとんど価値が無く、換価もできないと思われる場合どのように判断するのでしょうか。

 滞納処分の停止要件は国税徴収基本通達に準じて判断することになります。

理由

　執行停止は滞納処分手続の一環であるため、滞納処分できる債権に適用されます。

　地方税においても執行停止の扱いは国税と同様であり、事例の場合、死亡者名義で若干の面積の畑、保安林、墓地を所有しているがほとんど価値が無く、換価もできないと思われる場合とされていますので、所有不動産価値を換価の可否も含めて不動産鑑定士に聴き取ること、あるいは公示価

格等を目安に当該土地の価格を算定して判断することも一つの方法です。

　国税徴収基本通達では滞納処分の停止の要件として次のように定められています。

（滞納処分の執行）

2　（〔筆者注：国税徴収〕）法第153条第1項第1号の「滞納処分の執行」をすることができる財産がないときとは、滞納処分の停止をするかどうかを判定する時（以下第153条関係において「判定時」という。）において、次に掲げる場合のいずれかに該当するときをいう。

(1)　既に差し押さえた財産及び差押えの対象となり得る財産の処分予定価額が、滞納処分費（判定時後のものに限る。）及び法第2章第3節《国税と被担保債権との調整》の規定等により国税に優先する債権の合計額を超える見込みがない場合

(2)　差押えの対象となり得る全ての財産について差し押さえ、換価（債権の取立てを含む。）を終わったが、なお徴収できない国税がある場合

時効 Q&A

65 | 下水道受益者負担金の繰上徴収

 本市の下水道受益者負担金は条例により5年に分割して徴収するものとし、受益者が一括納付を申出たときはこの限りでないとしています。

納入通知書は、条例と逆に当初に全額で処分決定し、希望があれば5年に分割していますが、全額決定しているので繰上請求できるという意見があり、例えば、支払期2年目で差押えして、残りの納期分は繰上徴収することは可能でしょうか。

 当初に納期限を分けて調定し、通知したのであれば、各納期限が到来するまでは債務者は期限の利益を有することになり、契約による債権ではないので繰上徴収は法律の要件がなければ認められません。

理由

　繰上徴収の意味は、債務者の状況及び債務者の財産等の状況によって債権回収の可能性が減少することを防ぎ、債務者の利益である期限を喪失させて回収を行うことにあります。

　当初の契約又は納付誓約に期限の利益を喪失させる旨の条項があり、条項に反した場合に繰上げできますが、債務者の期限の利益を奪うことから債権者の都合で繰上げできるものではありません。

　また、該当債権は分割納付誓約において期限の利益の喪失条項を定めることは認められても、当初において不履行を期限の利益の喪失とはできず、法定理由でしか繰上げは認められません。

　「債権は、債務者に対する人的信頼とその財産状況に依存する権利であり、それが現実に回収される（履行される）までは不安定な状態にあるこ

とから、履行期限を待つことによって回収の可能性が大幅に減少することが予見できるような場合に、履行期限を繰り上げることができれば、債権者としては好都合である。しかし、履行期限の定めがある場合には、その期限が到来するまでは履行を請求できず（民法135条１項）、履行期限は債務者の利益のために定められたもの（この利益を『期限の利益』という）と推定される（同法136条１項）ので、債権者の都合のみによって一方的に繰り上げることはできない（「債権管理・回収の手引き」第一法規、加除式、656頁、下線は筆者記す）。」

　繰上げの規定である地方税法13条の２については次のような解説があります。

　「繰上徴収は、納税者の利益のために定められている期限の利益を、債権者たる課税庁の都合により、一方的に喪失させる性質を持つものであるので、次のような客観的事態の発生がなければ他の債権者において強制換価手続が開始されたとき、相続の限定承認等）、繰上徴収はできないものである（地方税法総則研究会編「新訂逐条問答地方税法総則入門」ぎょうせい、1994年、190頁）。」

　また、地方税の場合、他の債権者において強制換価手続が開始されたとき等の要件に該当しても、債務者の財産状況から債権担保に十分であり、散逸するおそれがない場合、繰上徴収は認められないとされていますので該当債権も同様と考えられます。。

　「繰上徴収できるのは『地方団体の徴収金でその納期限においてその金額を徴収することができないと認められる』ものである。したがって、その者の財産が、地方団体の徴収金の納付納入を担保するのに充分であり、かつ、その散逸するおそれがないと認められるときは、次の場合に該当しても（他の債権者において強制換価手続が開始されたとき、相続の限定承認等）、繰上徴収することはできない（「地方税法総則逐条解説」地方財務協会、2013年、214頁、下線は筆者記す）。」

　履行期限を繰り上げることができる場合は法律に基づく場合と契約上の場合があります。

(1) **法律に基づく場合**

　　ア　債務者が破産手続開始決定を受けたとき（民法137Ⅰ、地方税法13の2①Ⅰ）。

　　イ　債務者が担保を滅失させ、損傷させ、又は減少させたとき（民法137Ⅱ）。

　　ウ　債務者が担保を提供する義務がある場合に、提供しないとき（民法137Ⅲ）

　　エ　相続における限定承認があったとき（民法930①、地方税法13の2①Ⅱ）。

　　オ　相続財産において財産分離の命令があったとき（民法947③、930①）。

　　カ　相続財産において相続人が明らかにならなかった場合（民法952②、930①）。

　アからウまでは履行期限の繰上げが必要とされていますが、エからカまでは期限の利益があっても弁済を受けられる状況ですので、債権申出だけで足りることになります。

　これは、一般的な債権の場合ですが、国税、地方税ではその他に具体的な事項を定めています（国税通則法38、地方税法13の2）。

(2) **契約上の場合**

　一定の事由があれば「期限の利益」を喪失させる条項が契約にある場合（支払いが滞った場合、債務者又は保証人の財産が他の債権者による差押えを受けた場合等）

　事例の場合ですが、債務者の状況、財産状況として法令に基づく履行期限の繰上げの要件ではなく、また、他の債権者からの差押えでもなく、当初及び契約に記された条件でもありません。

　下水道受益者負担金は滞納処分ができる債権ですから、国税、地方税の手続が準用され、履行期限の繰上げは滞納処分手続の一環として税の手続が準用できるとの考え方もありますが、地方税法13条の2の要件は地方税特有のものそのまま準用できないものと考えます。

　また、全額を調定して一回の納期限としているか、分割して納期限を設けているかによって違います。

一回の納期限を納付誓約において債務者の都合により分割した場合は、納付誓約上の分割額ごとに時効進行するものではありません。

　そうすると、ご質問について、支払期2年目で差押えしたとして、債務者の期限の利益を奪うことはできず、残りの納期限未到来の分を繰上徴収することはできないと考えます。

66 ｜ 介護報酬の不正請求の時効

介護保険法22条3項の返還請求権は民法704条の不当利得の特則であり、時効は金銭の給付を目的とする普通地方公共団体の権利であることから、自治法236条1項により、直近5年間分に限り返還請求できるのでしょうか。
返還請求の遡及については、民法724条に基づく不法行為による損害賠償請求として、損害及び加害者（介護サービス事業者）を知ったときから3年又は不法行為の時から20年であることから、最大20年遡って請求できるものと考えますが、いかがでしょうか。

介護保険法による報酬の不正請求による返還請求は徴収金であり、時効は2年と考えます。
反対に、報酬が誤っている場合の事業者からの返還請求は自治法236条の5年と考えます。

理由

　まず、返還金の場合は、取消しが必要かどうかで時効の適用が違うものと考えます。

　介護保険法22条にいう返還請求権は、不正の手段で得た介護報酬につき取消ししたものであり、取消しを経て返還金が発生するとしています（最

時効

135

判平23・7・14裁判集民237号247頁）。

　単なる誤納、誤払いの場合は、介護保険法によるものではなく、取消しするまでもなく法律上の原因を欠く民法の不当利得返還請求権として10年の時効になります（民法改正による時効は客観的起算の時効10年と主観的起算の時効5年の2本立てになります）。

　ご質問の事案は2008年の介護保険法の改正により不正請求による取消しを経るものですから、返還請求は徴収金扱いとしてよいものです。

　改正前の介護保険法22条3項は民法の不当利得返還請求権と解されていました（さいたま地判平22・6・30判例自治345号63頁）。

　「徴収金について定めた介護保険法22条1項及び2項が、『徴収』という字句を用いて、上記各規定の適用があることを明らかにしているのとは異なり、同条3項は、支払った額につき『返還させる』ことができると規定するにとどまることに照らすと、同条3項はあえて同条1項及び2項とは別個の法的扱いとする趣旨で上記のように規定していると解すべきであり、同条3項に定められた返還請求は公法上の債権とはせず私法上の債権として規定したものと解するのが相当である。このように解することは、同項に定める返還金及び加算金を徴収金として公法上の債権に位置付けるべく、平成20年法律第42号による改正後の同項が『徴収することができる』と規定していることにも整合する。」

　その後、介護保険法における不正利得は徴収金として滞納処分ができるように改正され（改正後の介護保険法22③）、改正後は徴収金として時効は2年になります。

　ご質問の場合、取消しを経て介護保険の報酬を返還させるものですから、民法の時効としてではなく、「保険料、納付金その他この法律の規定による徴収金」として介護保険法の時効が適用され（介護保険法200）、介護保険法の時効に該当する以上、自治法236条は適用されないものと考えます。ただし、改正前の介護保険法22条3項による返還金は徴収金でないため時効は自治法236条の5年が適用されます。

　不法行為による損害賠償請求もできないとはいえませんが、介護保険の不正請求による返還は介護保険法22条で偽りその他不正の行為によること、加算金が規定されていますので、規定された範囲で請求することを検

討すべきものと考えます。

　なお、介護保険料では増額更正は２年を超えて行使できないとし、減額更正は２年を超えてできるとしており（和歌山地判平23・1・28裁判所ウェブサイト、大阪高判平23・8・30判例ID28212056、上記控訴審、上告棄却、不受理で確定）、この場合の介護保険料の減額は取消処分を経て成立するものですから時効は自治法236条の５年としてよいものと考えます。

67 | 訴えを提起したときの時効の起算日

 催告の後、訴えを提起したときは、時効中断（更新）しますが、時効はいつから起算するのでしょうか。

 催告の後、６か月以内に訴えを提起したときは、催告書が到達した時点で時効中断（更新）し、催告の翌日から時効が進行し、さらに６か月以内に訴訟を提起して確定したら新たに時効が進行することになります。

時効

理由

　改正前民法153条では、「催告は、６箇月以内に、裁判上の請求、支払督促の申立て、和解の申立て、民事調停法若しくは家事事件手続法による調停の申立て、破産手続参加、再生手続参加、更生手続参加、差押え、仮差押え又は仮処分をしなければ、時効の中断の効力を生じない。」と規定されていますので、裁判上の請求をすれば「催告」が到達した時点で時効中断の効力を有することになります（反対解釈）。

　「訴えの提起前に催告をしたときに、中断効が生ずるのは、訴えの提起時ではなく、催告時である。」（川井健『民法概論１民法総則〔第２版〕』有斐閣、2000年、414頁）

一般には、催告により暫定的な時効中断の効力が生じ、後の訴えの提起によって、時効起算日が確定するとされています。

　さらに、判決確定したら、その時点で新たな時効が進行することになります。ただし、「却下又は取下げの場合には、時効の中断の効力を生じない」（改正前民法149条）とされ、この場合、棄却は却下に含まれ時効中断は生じないとされています（内田貴「民法Ⅰ（第2版）補訂版」東京大学出版会、2000年、P313）。

　なお、訴えの提起により確定したら時効は10年に延長されます（改正前民法174の2、改正民法169）。

　民法改正により、催告と訴え提起は6か月の完成猶予とし、判決確定して更新を認める規定としています（改正民法147、150）。

　また、時効完成直前の催告後に6か月以内に一部弁済があった場合、改正前民法153条には「承認」が含まれていませんが、「承認」を裁判上の請求等と区別せず、改正前民法153条に含まれると解釈する説が有力であり、改正後もこのような考え方は維持されるでしょう。

　日常家事債務（民法761）に該当する場合を除いて、債務者の家族が一部弁済した場合は、「承認」に該当しないので注意を要します。

　訴えを取下げ、却下されたとしても再び訴えに及んだ場合は、裁判上の催告として6か月の完成猶予が認められます。

 貸付金の償還（月賦方式）の消滅時効の考え方

 貸付金の種別によって、貸付額、償還期間を設定し、償還は月賦方式（分割払い）により納付することとしていますが、以下の場合の消滅時効はどのように考えるのでしょうか（督促による時効中断は考慮しません）。

⑴　契約書（申請書）に期限の利益の喪失条項がない場合

> 　　貸付金の消滅時効は、個々の月賦払いの期限からそれぞ
> れ10年とするのではなく、債権の単位は、貸付金全体で
> 一つの債権とみて、償還期間終了時から、10年としてよ
> いのでしょうか。
> ⑵　契約書（申請書）に期限の利益の喪失条項がある場合
> 　　消滅時効は一括請求で定めた期限から10年としてよい
> のでしょうか。

 契約書等に期限の利益の喪失条項の有無で消滅時効の考え方が
違います。以下に場合を分けて説明します。

理由

⑴　**契約書（申請書）に期限の利益の喪失条項がない場合**

　　消滅時効は、権利を行使することができる時から進行する（改正前民法166①）とされていますので、納期限を分けた債権は各期限で時効を判断することになります。

　　「月賦で品物を買ったときの月々の支払い（割賦金）は単に代金債務を分割して払うだけだから、個々の分割債権ごとに通常の消滅時効が進行する。」（内田貴『民法Ⅰ〔第4版〕総則・物権総論』東京大学出版会、2000年、P 307）

　　したがって、債権の単位は、貸付金全体で一つの債権とみて償還期間終了時から10年とするのでなく、個々の納付期限から時効を判断することになります。

⑵　**契約書（申請書）に期限の利益の喪失条項がある場合**

　　期限の利益の喪失条項がある場合ですが、次のとおり時効を判断することになります。

　　ア　当然喪失の場合

　　　　納期限までに納付がないという事実が生じたら、当然期限が到来するもの（当然喪失）

　　　　この場合、喪失事由が生じた時から時効が進行し、期間の計算は

時効

翌日からになります。

イ　請求喪失の場合

納期限に支払いがないという事実が生じたら、債権者が期限の利益を失わせることができるもの（請求喪失）

(ア)　権利行使できる日をもって時効の起算日とする考え

(イ)　債権者が残債務を求める意思表示をしたときを時効の起算日とする考え（最判昭42・6・23裁判集民87号1215頁）

「通常は事実が発生した日の翌日から消滅時効が進行するものとして処理するのが相当であろう。」（酒井廣幸『〔新版〕時効の管理』新日本法規、2007年、P98）

つまり、債務者有利の考え方でよいと考えます。

したがって、契約書（申請書）に期限の利益の喪失条項がある場合は、支払が滞った事実の発生の翌日からすべて10年という時効期間を計算することになります。

期限の利益の喪失条項があることにより、債権管理（支払督促、差押えなど）がしやすくなるのはいうまでもありません。

69 時効の援用

時効の援用は口頭でもできるのでしょうか。また、債務者のどのような発言を捉えて、時効の援用があったとすることができるのでしょうか。

時効の援用は口頭によることもできますが、債務者本人の時効の明確な意思を確認しなければなりませんので、書面に残した方がよいでしょう。

　時効の援用は口頭によることもできますが、①期間の経過についての言及、②払わない旨の意思表示があれば、時効の援用があったといえます。払わない旨の意思表示は、明示的なものでなくてもよいとされます。

　債務者は時効援用する場合は自身の債務について主張しなければなりませんが、原因、権利を行使する事実を主張するだけでよく、時効期間までの明示は必要ないとされています（大判昭14・12・12大民集18巻1505頁）。

　時効の援用については、日常家事債務（民法761）に該当する場合は別として、債務者本人の意思表示が必要になります。

　例えば、債務者からの具体的な発言としては、「払えない。○○年も前のことではないか。」、「長く放置されたから、今ごろ言われても払えない。」などがあります。

　しかし、「今はお金がないので払えない」とすれば、将来的に払う意思があるという意味に捉えることができ、承認としても受け取ることができます。

　時効の援用は後日の争いを避けるため、書面が望ましいのですが、聴き取りの場合、債務者本人であるかどうか、相手方を確認した上で、明確な意思表示を求め、具体的な記録を止めておく方がよいでしょう。

時効

70 ｜ 日常家事債務における時効の援用

水道料金について債務者が夫の場合、その妻が時効を援用できるのでしょうか。金額の多寡によって、時効の援用の可否が変わるのでしょうか。

夫婦の共同生活上で必要と認める日常家事債務の範囲であれば、配偶者たる妻（夫）の時効の援用は認められると考えます。

理由

　水道料金の時効については、「水道事業者（中略）の地位は、一般私企業のそれと特に異なるものではないから、水道供給契約は私法上の契約であり、」水道事業者が「有する水道料金債権は私法上の金銭債権であると解される。また、水道供給契約によって供給される水は、民法173条１号（筆者注：改正前）所定の『生産者、卸売商人及び小売商人が売却した産物又は商品』に含まれるものというべき」としました（東京高判平13・5・22判例ID28100339）。

(1)　**日常家事債務について**

　　ア　民法761条の趣旨

　　　民法761条においては、「夫婦の一方が日常の家事に関して第三者と法律行為をしたときは、他の一方は、これによって生じた債務について、連帯してその責任を負う」とされ、夫婦の日常家事債務についての連帯責任が規定されています。

　　　日常家事を処理する債務は、夫婦のいずれが名義人であっても、実質的には夫婦共同の債務であり、取引する相手方は、夫婦の一方と取引をする場合であっても、夫婦双方が契約の主体であると考えるものです。そして、同条は、取引する者の保護から、日常家事の債務についての夫婦の連帯責任を規定しています。

　　イ　日常家事債務の範囲

　　　日常家事債務の範囲としては、夫婦の共同生活に通常必要とされる事項であり、例えば、日常必需品の購入契約、家庭用光熱費、家族が病気の際の医療費、学校授業料、住宅家賃などが挙げられます。

　　　貸付金は生活のためであれば認められた例もありますが、金額の多寡も影響し、通常は日常家事債務としては認められません。

　　ウ　質問に対する回答

　　　水道料金は、光熱水費であり、夫婦の共同生活に通常必要とされる費用であると解され、水道料金について、夫の名義で契約されている場合であっても、妻にその支払いを請求することができます。

(2) 時効の援用権者、金額の多寡について

ア　時効の援用権者、日常家事債務に対しての時効の援用

　　時効は、「当事者」が援用しなければならない（民法145）とされ、「当事者」は、「時効により直接利益を受ける者」とされています（大判明43・1・25民録16輯22頁）。

　　夫の債務について妻は、夫が時効を援用することによって、生活等は事実上、楽になるかもしれませんが、「時効により直接に利益を受ける者」とはいえません。

　　したがって、妻は、夫の債務の時効の援用権者に当たりませんが、水道を使用することは、夫婦の共同生活に通常必要とされますので、妻は、夫と連帯して「自己」が支払義務を負う水道料金について、「当事者」として時効を援用することができると考えます。

イ　ご質問に対する回答

　　妻は、夫と連帯して支払義務を負う水道料金について、「当事者」として時効を援用していると考えられ、水道料金の消滅時効の期間が2年間という判例がありますから、妻の主張は認められます。

　　金額の多寡としてNHK受信料については、テレビ視聴は生活に必要な情報入手方法で、受信料は夫婦一方の判断で支払っても家計をただちに圧迫しない。受信契約は日常家事に含まれる（札幌高判平22・11・5判時2101号61頁）としましたので水道料金も同様と考えます。

時効

71 下水道受益者負担金における賦課決定の制限

Q　国税や地方税は、国税通則法70条、地方税法17条の5により、賦課決定の制限はいずれも5年以内とされています。下水道受益者負担金は、根拠法である都市計画法に更正可能な期間制限に関する規定はありません。

143

賦課決定期間である除斥期間（じょせききかん）は時効と別になりますが、債権の根拠となる法律に賦課決定期間の規定がなければ時効期間と同じ期間にみなされると考えます。

理由

　ご質問の賦課決定権の制限は除斥期間と呼ばれ、時効と似ていますが、一定の権利につき、その権利関係をすみやかに確定するために、法律が予定した存続期間であり（近江幸治「民法講義Ⅰ民法総則［第3版］」成文堂、2001年、313頁）、中断（更新）、停止（完成猶予）がなく、援用を必要としないところが違います。

　「（除斥期間）、これは、時効に似ているが、キズ物を買わされた場合の損害賠償の請求などで、紛争の早期解決のために、たとえば『賠償請求は1年以内にしなければいけない』というような定めのある場合の期間をいう（（民法）566条③項など）。この期間は、中断による引き延ばしがないこと、裁判所の判断に当事者の援用を必要としないところなどが時効と異なる（池田真朗「スタートライン民法総論」日本評論社、2006年、193頁）。」

　地方税は賦課し得る期間として除斥期間を規定していますが（地方税法17の5、国税の場合は国税通則法70）、税以外の公課ではこのような規定がなく、この場合は一般法として自治法236条により消滅時効だけでなく除斥期間も含むと解されています。

　時効、除斥期間に関しては条例で定めること及び地方税法の準用はできません。

　下水道受益者負担金は都市計画法75条7項に「負担金及び延滞金を徴収する権利は、5年間行なわないときは、時効により消滅する」として消滅期間はありますが、賦課決定権の規定はありませんので、自治法236条1項の場合と同様に5年間の賦課制限に服するものと考えます。一方で時効期間として、単なる誤納、誤払いの場合は取消決定を経る必要がなく、法

律上の原因を欠く民法703条の不当利得により10年になるものと考えます。

　なお、地方税法17条の５の「法定納期限の翌日から起算して５年を経過した日以後においては、することができない」としていますが、減額の場合は必ずしも取消決定は必要とはされていません（東京高判平18・10・31判時1978号３頁）。

　介護保険料の賦課制限は、2008年の改正により不正の場合の徴収金は滞納処分ができるようになりましたが、介護保険料の徴収金の時効は２年です（介護保険法200）。

　介護保険法は地方税法17条の５のように介護保険料の賦課制限の２年（現行介護保険法200の２）は規定されていませんでした。

　裁判例では、介護保険料の減額更正は２年を超えてでき、増額更正は「除斥期間を定める明文の規定がなくとも、徴収権の消滅時効の完成によりそれに関する増額更正の権限も行使できなくなると解する」として２年を超える増額更正は認めませんでした（控訴審大阪高判平23・8・30判例ID28212056）。

　介護保険料は決定（取消）処分が必要であり、上記判例は触れていませんが、決定（取消）処分による減額更正期間は一般法である自治法236条により５年間とする方が適切と考えます。

　下水道受益者負担金の場合は、現行の介護保険法200条の２のような賦課期間制限の規定がありませんので、増額、減額の更正も都市計画法75条７項を根拠として５年間、誤払い、誤納の場合は民法703条の不当利得による時効10年（民法改正後は主観的時効の５年が加わります）という考えで整理してよいでしょう。

72 | 時効の中断（更新）

Ｑ　時効中断（更新）について、督促状や納付誓約書、分割納付、差押え以外で時効中断（更新）する場合の内容を具体的に教えてください。

時効

納付誓約書、納付承認書のみならず、猶予申請書でも債務を承認したものとして時効は中断（更新）します。また、延滞金、遅延損害金の支払いも承認として扱われます。

理由

「残っているのは分かっている」、「しばらく納付を猶予して欲しい」などの申出があった場合は債務承認に当たり、時効中断（更新）事由になります（改正前民法147Ⅲ、改正民法152）。

また、利息、延滞金の納付も債務承認とみなされます。

口頭での債務承認も認められますが、後日の争いを避けるためには、債務承認書を取っておく方が適切です。もし、債務者から債務承認書の提出がなくても、日時、応対者も含めて詳細な記録を残すことが時効の中断として有効になると考えます。

免除申請書を提出した場合も改正前民法147条（改正民法152）の時効の中断事由である「承認」に該当します。

特別土地保有税の訴訟においては、市長に対して納税義務者から特例譲渡を認めるべきとする書面の提出について債務を「承認」した上での申請に当たり、時効が中断されるとされた例（高松高判平20・2・22裁判所ウェブサイト）があります。

「本件各保有税につき所定の課税要件を充足していることを前提として、その納税義務免除に関する地方税法602条の適用の有無をめぐって議論をしているものと認められるのであって、本件書面についても、本件各保有税の納税義務の存在を前提とした上で、その免除を定めた同条の適用に否定的な税務課に対して再考を促し、同条の適用を主張しているものといわざるを得ない。そして、（筆者注：改正前）民法147条3号所定の承認とは、時効の利益を受けるべき者が、時効により権利を失うべき者に対して、その権利存在の認識を表示することをいうものと解されるところ、上記認定説示したところに照らせば、本件書面の送付によって（中略）本件各保有税の徴収権の存在を認識している旨を表示したと評価することができるというべきである。

（中略）そして、控訴人が〔義務者に対して〕（中略）納付を求める督促状を送付しているところ、地方税の徴収権の時効は、督促状が納税者に送達されたときに中断し、督促状を発した日から起算して10日を経過した日から更に進行するから（地方税法18条の2第1項2号）、本件各保有税の徴収権の時効は、上記督促状が送達された同日ころに中断し、その日から10日を経過した日から更に進行することになる。」

この判例では特例譲渡の書面（債務の承認に該当する）提出に加えて、その後の督促状による時効の中断についても認められましたが、時期に遅れた督促状の発付は権利の濫用として認められないおそれがあります。

また、延滞金、遅延損害金の支払いは本料（元本）の承認の前提とみなされ、承認の扱いになります（大判昭3・3・24新聞2873号13頁）。

73 | 督促による時効中断（更新）の時期

 保育所保育料の督促状を納期限後20日に発しましたが、時効の中断（更新）はいつ生じるのでしょうか。

 督促状の到達後に時効中断（更新）が生じ、その翌日から新たに時効が進行することになります。

理由

保育所保育料の督促の手続は、児童福祉法に規定がないので、自治法231条の3第1項により期限を指定して督促することになります（滞納処分ができる債権で督促の規定がないものは同様の考え方です）。

地方税では督促状を発して到達した日に中断し、さらに督促状を発した日から起算して10日を経過した日まで時効は停止し、その翌日から時効が進行します（地方税法18の2①Ⅱ）。保育所保育料の督促による時効の中断

は、児童福祉法に規定がないので、自治法236条４項により時効の中断を生じます。

　保育所保育料は、児童福祉法56条６項で「地方税の滞納処分の例により処分することができる。」とされていますが、児童福祉法には地方税法18条の２第１項２号のような規定もなく、地方税法373条１項１号などのように督促後10日までに納付されなければ差し押えなければならないという規定もありません。

　自治法236条４項には、督促により時効が中断（更新、以下同様）するとされていますが、地方税法18条の２のような規定がありません。

　また、督促手続は滞納処分とはいえないため、保育所保育料について督促状を発した日から起算して10日を経過した日まで時効が停止し、その翌日から時効が進行するということは「地方税の例による」ことには該当するとはいえないと考えます。

　したがって、改正前民法157条（改正民法148②）により時効中断事由が終了した後に新たに時効が進行することになります。

　納付がなければ、督促状の到達後に時効中断が生じ、翌日から時効が進行することになります。

　督促後、一部納付があれば時効中断され、一部納付の翌日からさらに時効が進行します。

　督促状に記した指定期限は債務者に期限の利益を与えたものとする見解もありますが、督促状の指定期限は、その間は滞納処分、強制執行をしないとみるべきもので、時効の進行と関係ないものと考えます。

　「督促において指定された期限は、当初の納期限（履行期限）を変更するものではなく、早期の支払いを促し、その期限が経過するまでは法的手続に移行しないという意思を表示したものにすぎない（橋本勇「自治体財務の実務と理論―違法・不当といわれないために」ぎょうせい、2015年、304頁）。」

　督促の要件は履行の請求と指定期限が必要になりますが、督促状の指定期限によって時効の進行を変えることはできないものと考えます。

　中断した時効は、その中断の事由が終了した時から、新たにその進行を始める（改正前民法157①、改正民法147、148、152）とありますので、①承認は債務承認書の到達した日、②差押え、仮差押え及び仮処分は手続が終了した

とき、③裁判上の請求は裁判が確定した日から新たに時効が進行します。

　自治法上の督促（自治法231の３①及び自治法施行令171）については地方税法施行規則２条１項のような様式はありません。また、要件としては履行の請求として納期限後に納付時期を明示すれば督促という名称がなくても督促と判断されるものと考えます。督促による時効中断は最初のものに限り認められ、督促を重ねても催告としかみなされません。

74 時効の援用のない債権に対する請求

水道料金について時効の援用がない場合、請求をしてもよいでしょうか。

時効完成しても時効援用のない債権は消滅していませんので、請求して差し支えありません。

理由

　税をはじめ、いわゆる公債権は時効が経過すると債権は消滅しますので請求はできず、時効の援用は不要であり、また、支払うこと（時効利益の放棄）もできませんので、時効完成後に納付があれば還付することになります。

　これは時効の絶対的消滅と呼ばれています。それに対し、民事債権では時効完成しても、債務者は時効を援用するか、時効の利益を放棄して支払うかは任意とされています（民法145）。

　時効完成した債権であっても訴訟などの法的措置をとることはともかく、請求して差し支えありません。また、時効の利益は債権者にあり、時効完成したことを債務者に伝えることも不要です。

時効

149

請求した結果、債務者が時効援用をすれば債権は確定的に消滅し、不納欠損できることになります。

一方で、自治体の権利放棄は住民の財産を減ずる行為になりますから、議会の議決によることとしています（自治法96①X）。

債権管理条例の債権放棄は、議会の議決によらずに長限りで権利放棄できることから適切な事由が求められます。

75 一部納付による時効中断（更新）の効力について

Q 国民健康保険料について分割納付誓約書の提出があった場合、その後分割納付誓約書で債務承認したある月の保険料について一部納付があった場合に時効中断（更新）される債権の範囲はどちらになるのでしょうか。

(1) 分割納付誓約書で承認した債権の全てに対して時効が中断される。

(2) 納付があった月の債権のみ時効中断され、それ以外の月の債権は時効中断されない。

A 債務者の意思表示として時効の承認をどうみるかという問題であり、特定の債務に充てられたものとみなされる場合は他の債務に承認、中断の効力が及びませんが、納付誓約した場合は誓約した債権全体に効力が及ぶものと考えます。

理由

ご質問の事例場合、分割納付誓約書により全体の債務を承認して一部納付しているわけですから、全てについて時効中断（更新）しているとみてよいでしょう。

全ての期限の分について納付誓約がなく、特定の債務に充てられたものとみなされる場合は、他の納期分に承認の効力が及ばない場合がありますので注意が必要です。

　「弁済金を数個の債務のうちの特定の債務に充当することを合意した場合、当該債務についての弁済になるので、その債務（未完済のもの）についてのみ時効中断効等が生じ、それ以外の債務については、原則として弁済の効力については債務承認、時効中断効等の効力は生じない。これに対し、複数の債務がある場合において、弁済充当する債務についての合意がなく、債務者あるいは債権者により弁済充当する債務の指定がない場合には、全部の債務を弁済するに足りない弁済は、特段の事情がない限り、全部の債務について承認する趣旨の一部弁済となり、全部の債務について時効中断の効力が生じるものと解されている（東京地判平17・2・18判例集未搭載）（高木多喜男ほか編著「時効管理の実務」（社）金融財政事情研究会、2007年、238頁、大阪弁護士会自治体債権管理研究会編「地方公務員のための債権管理・回収実務マニュアル　債権別解決手法の手引き」、第一法規、2009年、36頁も同趣旨、下線は筆者記す。）。」

　法令に特別の規定がなければ、民法による順序で充てていくことになります。

　民法の充て方について、例えば、納付誓約書の文面において、「納期限の古いものから順に充てていく」、「残債務に満遍なく各納期に少額ずつ充てていく」といった承諾により、特約として優先され、煩わしさを回避することができ、時効中断のために頻繁に債務承認を求める必要がなくなります。

　時効中断（更新）を図るためには、適宜、特定の納付に充てたものとされないよう、残額全体に対して債務承認をとっておくべきです。

76 | 時効完成後の債務承認

 時効完成後でも本人の債務承認があれば、徴収できるのでしょうか。

 時効完成後に債務承認があれば徴収して差し支えありません。

理由

　時効を知った上で債務を承認すれば、債務者としては時効の利益を放棄したことになります。また、時効を知らなかったとしても承認したら信義則上から撤回はできないとされています（時効援用権の喪失。最判昭41・4・20民集20巻4号702頁）。

　もっとも、時効について誤信させるような手段を用いた場合、あるいは脅迫により認めさせた場合は時効の援用権は喪失しません。

　民法の考えでは時効完成した債権はそのままでは消滅せず、時効を援用するのか、時効の利益を放棄して支払うのかは債務者の意思に委ねられます（民法145）。

　これは、民法がもともと「借りたものは返す」という社会の道徳規範を認容しているからで、時効の援用は道徳規範からみれば反倫理的行為でもあるから承認後の撤回を許さないとしても不都合はないとされています。

　債権者としては、時効完成後に承認があった債権は徴収すべきものであって、時効完成後に承認のない債権であっても、私債権では債務者からの時効援用があるまでは請求できます。

77 | 納期限が記載されていない場合の時効

 納付通知書に納期限が記載されていない場合は、いつから時効が進行するのでしょうか。

 期限の定めのない債権は請求してはじめて債権成立の翌日から時効が進行し、当初の納付通知の後、請求したものであれば督促として扱い、請求書が到達した翌日から時効を起算することになります。

理由

　「消滅時効は、権利を行使することができる時から進行する。（改正前民法166①」とされ、改正後は、権利を行使することができることを知った時から５年を加え、どちらか早い方により時効完成としました（改正民法166）。「権利を行使することができる時」とは法律上の障害がなくなったときとされています（最判昭49・12・20民集28巻10号2072頁）。

　納期限は債務者の利益になるものですから、納期限後は法律上の障害がなくなったとして債権者は請求する権利が発生し、納期限の翌日から時効が進行します。

　期限の定めがない債権は、「債権者はいつでも請求できるから（民法412条３項参照）原則として債権成立のときから時効は進行し、翌日が第１日目となる」(1)とされています。

　ご質問の場合は、期限があっても単に納付書に期限を書き忘れ、当初の通知後で履行の請求として最初のものであれば「督促」という記載がなくても督促と扱ってよいでしょう。

　税では督促通知の到達後中断（更新）し、さらに10日間は時効が停止し

時効

ますが、他の債権は同様の規定がなく、このような規定は滞納処分手続ではなく税手続は準用されませんので督促の到達の翌日から時効中断（更新）すると考えます。

　催告は督促と違って請求の意思表示があればよく、期限は必ずしも要しません。

　いずれにせよ、このような紛らわしい状態を避けるためには、通知書に督促あるいは催告であることを明示する必要があることはいうまでもありません。

 (1)　内田貴『民法Ⅰ〔第4版〕総則・物権総論』（東京大学出版会、〔第4版〕2000年）、P307

78　時効完成を教示することについて

 時効完成したことについて債務者に知らせなくてよいのでしょうか。

 時効の利益は債務者にありますので、債権者としては時効完成を知らせる義務はありません。

理由

　時効の援用は債務者の利益になりますから、債権者である自治体としては時効完成を知らせる義務もなく、時効完成しても債務者が援用しない限り、訴訟による強制的な回収はできます。時効完成の教示は、場合によっては自治体の財産を毀損する行為になりかねません。

　「債務者が自ら債権者の権利を認めることを禁止する必要も妥当性もないことから、『時効は、当事者が援用しなければ、裁判所がこれによって

裁判することができない』（民法145条）とされている。このことは、<u>消滅</u>
<u>時効が完成しても、債務者がそのことを主張する（これを『援用』という。）</u>
<u>までは、（訴訟を提起して）強制的に取り立てることができることを意味す</u>
<u>る</u>（橋本勇「自治体財務の実務と理論—違法・不当といわれないために」ぎょ
うせい、2015年、322頁、下線は筆者記す）。」

　時効完成していることを知らせることは債権回収を妨げる行為であり、
時効援用されれば財産を喪失させ、背任罪（刑法247条）を構成するという
見解もありますが、背任罪まで問われるかどうかはさておき、一定期間（時
効完成して１年程度の請求で十分と思われます。）請求して何ら反応がなけれ
ば「徴収見込みがない」、「財産価値がない」ものと評価して債権放棄する
しかないものと考えます。ただし、「怠る事実」に問われるかどうかは、
自治法施行令等に定める手続である督促、催告、場合によっては法的手続
等の手順を踏んだ上で債権放棄することになります。

　「債権（貸付金）が回収不能となったときには、不納欠損処理を行わな
ければならないが、その前に、自治法240条及びそれに基づく同法施行令
に基づいて、次のような措置をとらなければならないとされている（以下、
条文だけの引用は同法施行令のそれである）。なお、<u>これらの規定（著者注：</u>
<u>自治法施行令171条から171条の７まで）は、地方公共団体の執行機関が守ら</u>
<u>なければならない規準であり、相手方である債務者が何らかの権利を取得</u>
<u>したり、義務を負ったりするわけではない</u>（債権管理・回収研究会編「自治
体職員のための事例解説　債権管理・回収の手引き」第一法規、加除式、1903頁、
下線は筆者記す）。」

時効

79 | 連帯保証人と時効

 貸付金で主たる債務者は時効完成しましたが、連帯保証人が時効中断しているため時効完成していません。この場合、連帯保証人は、主たる債務が時効完成したことを主張できるのでしょうか。

 連帯保証人は主たる債務についても時効の援用ができます。

理由

　連帯保証人の債務は主たる債務に従うという性質（付従性）があり、主たる債務が消滅したら連帯保証人の債務は消滅することになります。

　主たる債務者が時効完成後に支払った場合は、主たる債務者は時効を援用することはできません。

　一方、連帯保証人は主たる債務者とは違って自身の時効を主張することはもちろん、主たる債務の時効を主張することもできます。他人の債務のために自己の所有物件に抵当権を設定した者は、その債務の消滅時効を援用することができるとされ（最判昭43・9・26民集22巻9号2002頁）、また、手形保証人の例ですが、主たる債務者が時効完成の場合、（連帯）保証は時効完成してなくても（連帯）保証人は主たる債務の時効援用により保証債務を消滅できるとしています（最判昭45・6・18民集24巻6号544頁）。ただし、主たる債務者が破産免責決定を受けた場合は請求による時効中断ができず、消滅時効を進行する余地がないため、（連帯）保証人は主たる債務者の時効を援用することができません（最判平11・11・9民集53巻8号1403頁）。

　主たる債務者が時効の援用をすると、連帯保証人の債務は付従性がありますので主たる債務が消滅して連帯保証人の債務も消滅することになります。

80 時効中断（更新）事由の終了

Q 当市では差押を執行した際、換価代金等の交付期日を時効中断（更新）の事由が終了としています。
時効中断（更新）の事由が終了した時の解釈について、例えば、預金差押の即時取立の場合、差押日とするもの、第三債務者から執行機関への入金日とするものがあり、時効中断（更新）事由の終了時点をどのように考えるべきでしょうか。

A 交付手続が終了して時効中断（更新）事由が終了するものと考えます。

理由

差押えと時効の進行の関係は差押えを実行した時点で時効中断し、その後、差押えによる換価をし、交付手続が終了した時点の翌日から新たな時効が進行するものと考えます。

競売事件の時効中断事由の終了時期は競売手続の終了時とされ（大判昭8・4・20法律新聞3554号12頁）、競売申立に基づく競売判決決定によって中断された時効は、最終の配当金の交付を完了すると同時に更に進行を開始するとされています（大判昭18・3・16法律新聞4836号12頁）。

配当金の交付時期を時効中断事由の終了とする理由として、競売事件の配当異議訴訟があった場合、配当に異議があれば配当表を作り変えることもあり、競売手続として完了していないことから手続終了の時期の翌日から新たな時効が進行することになります。

「配当異議の結果が、当事者の相対的効力にとどまらず、他の債権者に影響を及ぼす場合もあり、また新たな配当表を作る場合もあり、一部配当されたとはいえ、配当異議訴訟が終了していない以上、競売手続としては、完結していないといわなければならない。そして中断事由終了時期は明確

で画一的であることを要するから、配当異議訴訟の結果が、訴訟当事者間の相対的効力にとどまる場合があるとはいえ、この画一化、明確化のためにも最終の配当金交付の時と解すべきである（酒井廣幸「〔新版〕時効の管理」新日本法規出版、2007年、190頁）。」

　民法改正においても、執行手続終了は類型ごとに終了時点を検討すべきとしています。

　「更新の効力が生じるのは、執行手続終了の時点である。（中略）民事執行手続が途中で終了した場合は、消滅時効の更新事由とはならず、当該手続から6カ月を経過するまでの間、時効完成が猶予されるにとどまる（法148条1項柱書かっこ書）。具体的にいつが失効終了の時点となるかは、執行手続の類型ごとに検討するほかはなく、（中略）改正民法下においても状況は同様であろう（債権法研究会編「詳説改正債権法」、（財）金融財政事情研究会、2017年、41頁）。」

　不動産、物品等差押え後に換価手続に時間を要するため、時効中断（更新）の終了時点が離れる場合はよくあります。

　また、差押えが解除されるまで時効の中断の効力が続くとされています（東京地判平28・12・22租税関係行政・民事事件判決集（徴収関係）平成28年1月～12月順号28－43）。

　競売事件が取り消されるまで時効中断（更新）の効力が続くことも同様です（東京地判平27・2・13判例ID29028881）。

　さらには、仮差押えの場合、時効中断の効力が継続すること自体が不合理ですが、仮差押えの登記が取り消されるまでは効力が続くとしていました（最判平10・11・24民集52巻8号1737頁）。

　民法改正前の仮差押え、仮処分は中断事由でしたが、続けて本案の訴えを行うことが通常であり、実質的には時効の停止事由として機能していたこともあり、改正後は6か月の完成猶予（改正前の停止に相当）に改められました（改正民法149）。

　したがって、預金差押えの場合、第三債務者からの入金、その後の交付手続までは終了したものとみなされないものと考えます。

81 時効の更新について

Q 時効中断事由として、改正前民法147条には「差押え」があ
りますが、改正民法では「差押え」の明記はなく、差押えは
時効の「更新」になるということでよいでしょうか。
また、その場合の根拠としては改正民法148条1項1号で
よいでしょうか。

A 改正民法は改正前と違って時効障害の事由を広く定めました。
滞納処分による差押えは強制執行と同様ですから、ご質問のと
おりです。

理由

　改正前の時効中断事由は断片的に定めていましたが、改正民法は広く民
事執行手続に中断（更新）、停止（完成猶予）として時効障害事由を定めま
した。

　「改正前民法は、『差押え』を時効の中断事由とする断片的な規定を設け
ていたのみであったが（改正前民法147条2号、154条、155条）、判例・通説は、
差押えを伴わない非金銭執行にも時効の中断効を認め、かつ、時効中断の
効力は、強制執行・担保執行の申立て時に発生し、執行手続の終了時点ま
で継続するものと解していた。改正民法は、これまでの上記のような判例・
通説の立場を改め、民事執行の申立てに消滅時効の完成を猶予する効力を
付与した上（法148条1項各号）、執行手続の終了時に更新の効力が生じる
ものと再構成した（同条2項本文）。（中略）改正民法は、差押えを伴わな
い非金銭執行にも、執行債権の消滅時効の完成を猶予する効力や更新する
効力が生じることを確認したものといえるが（法148条1項1号）、少なく
とも、これまでは意識的に論じられることが少なかった形式競売や財産開
示手続にも、完成猶予や更新の効力を明文で付与したものといえる（法

時効

159

148条1項3号・4号）（債権法研究会編「詳説改正債権法」（財）金融財政事情研究会、2017年、38頁）。」

82 | 交付要求と時効中断

担保権の実行として競売開始決定されると、交付要求をしていますが、事件が取下げや取消しで終わることがあります。改正民法148条2項のただし書に「申立ての取下げ又は法律の規定に従わないことによる取消しによってその事由が終了した場合は、この限りでない。」とありますが、競売事件が取下げや取消しで終わった場合の時効の考え方についてお尋ねします。
地方税の徴収においては、地方税法18条の2第2項により、時効中断の効力は、失われないのでしょうか。

強制換価手続の取消しは交付要求として影響を受けず、時効は更新しますが、交付要求自体を取り下げた場合は破産申立手続参加と同様に失効しますので時効の中断（更新）は認められないものと考えます。

理由

改正前の「中断」は語感として「停止」と取り違えるおそれがあり、改正により時効の「停止」は「完成猶予」に、「中断」は「更新」に改められました。

地方税法も同様に改められていますが、同法の規定内容を変えるものではありません。

民法の一部を改正する法律の施行に伴う関係法律の整備等に関する法律（平成29年法律第45号）により地方税法18条の2は改正されていますが、同

条 2 項の交付要求期間中は完成猶予であり、強制換価手続が取り消されて
も交付要求に瑕疵はなく、時効は完成猶予及び更新するとしています。

「交付要求については、その基盤となった強制換価手続が法律上の瑕疵
等のため取り消されると、当然交付要求も前提を失ってなかったものとな
るとしても（参加差押えは別であるが）、交付要求自体については何ら瑕疵
はないのであり、交付要求による時効中断効果についてそのまま効力を維
持させることは可能であるという考えがあるかもしれない。現行法の合理
的説明としてはこのような見解しかあり得ないであろう（「逐条問答地方税
法総則入門」ぎょうせい、1994年、408頁）。」

交付要求は滞納処分の一種として、改正前民法152条の破産手続参加に
準じて時効中断の効力を認められるとしています（神戸地判昭38・4・4 行裁
例集14巻 4 号766頁）。

破産申立ての取下げは失効することから時効中断は認めていません（裁
判上の催告として猶予は認めています。）（最判昭45・9・10民集24巻10号1389頁）。

そうすると、行政自ら交付要求を取り下げた場合は、裁判上の催告とし
て猶予は認められるとしても、時効の中断（更新）までは認められないも
のと考えられます。

改正民法附則10条 4 項の解釈

 給水契約については、電話による申込みが多く開栓日を契約
日とみなしていますが、改正民法の施行日以前の開栓日及び
施行日以後の開栓日より生じた債権の時効期間は、それぞれ
異なるのでしょうか。
水道料金の請求については、現在 2 か月に 1 回の検針に基
づき、年 6 期の調定・請求を行っていますが、各期調定・
請求により、施行日以前及び施行日以降より生じた債権の時
効期間は、それぞれ異なるのでしょうか。

改正民法の時効期間の適用関係は、施行日後に発生した債権であっても契約日が施行日前であれば旧法が適用され、契約日が施行日以後であれば新法が適用されることになります。

時効障害（完成猶予、更新）は、旧法で成立した債権であっても、施行日以後に時効完成していなければ新法が適用されることになります。

理由

改正民法は原則として令和2年（2020年）4月1日に施行になり、時効は、債権発生日又は債権発生の原因となる法律行為（契約等）のいずれか早い日が適用されます（改正法附則10①）。

施行日以後に発生した債権であっても、その原因となる契約が施行日前の場合、契約時に適用していた改正前民法（旧法）が適用され、改正民法（新法）は適用されないことになります。

時効期間については、各期の調定日で判断するのではなく、契約日（開栓日）が施行日前か以後で改正民法の適用を判断することになります。

給水契約としては口頭でも成立し、電話による申込み、承諾が多いものと推察しますが、開栓日しか記録がなければ開栓日を契約日として扱うしかないと考えます。

一方で、時効障害に関する規定（停止、更新の事由）は、施行日前に発生した債権であっても、時効完成していなければ新法の適用となりますので注意が必要です（改正法附則10②）。

開栓日によって新旧の適用が違うことで、水道料金は施行日前の時効2年と施行日以後の時効5年を分けて管理しなければならないことになります。

以上のことは公営住宅使用料においても同じであり、入居決定日をもって新旧の適用を判断すればよいことになります。

もっとも、公営住宅使用料を改正前の時効5年（改正前民法169）としているなら、改正による影響は時効障害の事由の適用について判断すればよいことになります。

時効に関して語句が「停止」から「完成猶予」に、「中断」から「更新」に改められましたが、自治法が適用される債権の時効期間は、改正前と変わらず、客観的時効だけで債権が消滅することになりますので影響はないものと考えます。

　時効障害は、時効期間に地方税法、自治法等が適用される債権についてどこまで適用されるのか不明なところもありますが、地方税法、自治法等により排除されない限りは民事債権と同様に適用されるものと考えます。

　なお、水道料金は住宅家賃と同様、継続的な債権として請求し、納期限も各期に設定され、水道料金は使用の都度に請求額が違い、調定（内部的な債権額の確定）、納入の通知（外部的な債務者に対する請求の意思表示）を行い、各期に権利を行使すること（請求）ができますのでそれぞれが独立して時効にかかることはいうまでもありません（最判昭37・12・18民集63巻687頁）。

 ## 84 民法改正による奨学金貸付金の時効の扱い

 奨学金貸付金の時効は10年とされています。
民法改正に伴い、時効期間は主観的時効5年が追加されたため、返済日が改正法施行日前の場合は時効10年、返済日が施行日後の場合は時効5年に分けて管理するということになるのでしょうか。

 新旧の適用関係は債権発生の原因となる行為（契約）により判断することになり、施行日前の契約で発生した債権は施行日後も旧法が適用されることになり、返済日により適用を分けるものではありません。

　奨学金の場合、貸付金ですから改正前の時効は10年であり、改正後は客観的起算点の10年か、主観的起算点の5年として、どちらか早い方が時効完成することになります。

　改正後の時効の適用について、契約による場合は債権者・債務者どちらも期限を知っていることから時効の起算点は同じことになり、ほとんどの債権は5年の時効が早く完成することになります。

　改正法の施行は原則として令和2年4月1日であり、時効援用、時効期間は債権発生日又は債権発生の原因となる法律行為（契約等）のいずれか早い日が適用されます（改正法附則10①、④）。

　施行日以後に発生した債権であっても、その原因となる契約が施行日前の場合、契約時に適用していた旧法が適用され、新法は適用されません。

　「消滅時効の期間については、債権が施行日前に生じた場合は改正前民法を、施行日以後に生じた場合は改正法を、それぞれ適用する旨が規定されています（附則10条4項）。これは、国民の予測可能性を守るという趣旨に出るものです。すなわち、改正法の施行日前に発生した債権についても、『改正法が適用される』とすると、国民の予測を裏切ることになるので妥当ではないという訳です。ただし、その『債権の発生原因である契約が、施行日前にされていた』場合には、たとえ『債権それ自体が施行日以後に発生』しても、改正前民法が適用されます（附則10条1項かっこ書き）。（児玉隆晴「やさしく、役に立つ改正民法（債権法）」信山社、2017年、172頁、下線は筆者記す。）。」

　契約時期により新旧の適用を判断することになります。

　時効障害については、施行日以後に時効更新の事由である承認（一部納付）があれば、新法の更新事由により旧法の客観的時効2年が更新されることになります。

　返済日で時効期間の適用を分けるという考え方ではなく、施行日前の契約で発生したかどうかで新旧の適用を判断することになります。

　奨学金貸付の時効は、民法が適用されますので、契約日が施行日前か施行日以後かで新旧の適用を判断します。

85 | 協議による時効の完成猶予

Q 民法改正における協議による完成猶予は猶予期間を経過する前に再度の合意があれば、1年間の時効停止が再度生じると考えてよいのでしょうか。また電磁的記録とはどのようなものを指すのでしょうか（料金徴収システム等の記録）。

A 改正法の協議による時効の完成猶予は期間を定めない場合は1年、期間の定めがある場合はその期間、協議の続行について債務者の同意がない場合は債権者からの通知後6か月、再度の合意は本来の時効から5年を超えることができないとされています。
改正民法151条4項の電磁的記録はメールのやり取り等を協議の記録とするものです。

理由

　改正前においても本来の時効完成前の催告により6か月間時効は完成猶予され、その間に承認、訴訟等があれば催告の時点で時効が中断されます。

　さらに、訴訟等の提起により訴訟等の期間は時効が完成猶予され、判決等確定すれば確定時点から新たに時効が進行します。

　催告6か月の完成猶予の間に承認、訴訟等がなければ本来の時効期間をもって時効完成することになります。

　改正法では承認、訴訟等がなくても本来の時効完成前の催告により6か月の完成猶予が与えられ、その間に承認、訴訟（確定）等があれば新たに時効が進行（更新）します。

　「催告による時効の完成猶予について定める（筆者注：改正法）150条1項は、『催告があったときは、その時から6箇月を経過するまでの間は、時効は、完成しない。』としている。これを逆に言うと、6か月を経過し

時効

た時から従前の期間に引き続いて時効が進行するということであり、現行法153条が6か月以内に裁判上の請求等をしなければ時効中断の効力を生じないとしているのとは異なっている（橋本勇「地方財務2017年6月号」、7頁）（債権法研究会編「詳説改正債権法」、（財）金融財政事情研究会、2017年、43頁も同趣旨、下線は筆者記す）。」

催告による6か月の完成猶予は1回限りであり、この点は改正後も変わりません。

協議による時効の完成猶予ですが、従来、債務者と時効について協議中であっても、時効完成の阻止には訴訟等の手段をとらなければなりませんでしたが、改正法では紛争解決の負担軽減のため、協議期間を定めない場合は合意時点から1年の完成猶予とし、協議期間を定めた場合は協議期間としての完成猶予、債務者が協議の続行を拒否した場合は債権者の通知から6か月の完成猶予が与えられます（改正民法151①）。

完成猶予の間に再度の合意はできますが、その効果は本来の時効完成時から5年を超えることができません（改正民法151②）。

また、催告による完成猶予の間に協議の合意をしても再度の完成猶予の効果は生じず、同様に協議による完成猶予の間に催告をしても再度の完成猶予の効果は生じません（改正民法151③）。

これは、時効の完成猶予について同様な事由の併用は認めないという考えです。

「催告（法150条）によって時効の完成が猶予されている間に行われた協議の合意は、完成猶予の効果を有さず、協議を行う旨の合意によって時効完成が猶予されている間に行われた催告についても時効の完成を猶予する効力を有しない（法151条3項）。前者の規律については、催告と併せて協議の申入れがなされるというのが通常の交渉の流れであり、改正民法の規律では時効完成が迫っている段階でとりあえず催告した上、それによる完成猶予期間中に引き続き協議を求めたところ、相手方がこれに応じた場合でも時効完成が猶予されないことになり、実務的には利用勝手が悪いとの指摘がなされているが、今回、新設される制度であるため、謙抑的な制度設計がなされたようである（債権法研究会編「詳説改正債権法」、（財）金融財政事情研究会、2017年」、45頁、下線は筆者記す）。」

協議の記録が確認できれば完成猶予の効力を有しますので、債権者としての事業体の料金徴収システム等の記録というよりも、交渉の記録として協議の申込みの電子メールに対し、債務者からの応諾のメールが返信される例（前掲債権法研究会編「詳説改正債権法」、45頁）を指しています。

　ここでの合意は協議を行うことの合意であり、債務承認ではありません。

　「ここでの合意内容は、『権利に関する協議を行うこと』であり、債務者が係争債権の存在を認めれば、『承認』として時効の更新事由となるため、係争債権の存否とは無関係に協議をすること自体の合意がなされた場合ということになる。また、協議をすることの合意がなされれば足り、消滅時効の完成を猶予することを合意する必要はない（しても構わない）（前掲債権法研究会編「詳説改正債権法」44頁、下線は筆者記す）。」

　後で協議に合意した覚えはないと主張されるおそれもあり、通知による確認が望ましいものです。

　実務上は催告6か月と比べて、協議による合意は協議期間を定めなかった場合は1年の完成猶予が与えられますが、債務者との協議に応じるかどうかわからず、債権者にとっては債務承認を求めるか、催告による時効の完成猶予の間に法的措置を行う方が利用しやすいものと思われます。

　「金融機関の債権回収実務では、同様な場合には、債務者に対し、更新事由となる債務承認（改正前民法147条3号、改正法152条）を求めることが一般的であり、この制度が広く利用されるようになるのかどうかは未知数である（前掲債権法研究会編「詳説改正債権法」、44頁）。」

　なお、契約書に時効について疑義が生じた場合にあらかじめ協議事項とすることを定めていても、時効に関しては強行規定であり、改めて協議に応じる意思があるかどうかを問うことになるものと考えます。

債権放棄・不納欠損 Q&A

86	履行延期の特約の様式、条例による権利放棄

履行延期の特約は、自治法、自治法施行令に定められた様式等はありませんが、自治体の任意の様式でよいのでしょうか。分割納付の誓約書の中で履行延期の特約を適用するという取扱いはできるのでしょうか。自治法施行令と矛盾する自治体の債権管理条例による債権放棄の規定は有効でしょうか。

国の債権の管理等に関する法律24条と自治法施行令171条の6は同様の規定であり、国における様式も参考になります。また、債権管理条例において、生活保護を受けた債務者の資力判断を10年より短い期間で債権放棄する規定を設けることは、自治法施行令171条の7に反するかどうか議論のあるところです。

理由

　国の債権の管理等に関する法律24条と自治法施行令171条の6の履行延期の特約等は同じ内容の規定であり、国の履行延期特約の様式は自治体にも該当します。

　また、国の債権の管理等に関する法律32条と自治法施行令171条の7の免除は同じ内容です。

　国の様式においては、債権管理事務取扱規則34条に別紙第6号様式として履行延期申請書が明示されています。(1)

　債務者からの申請を受けたときは、資産や資力状態、生活保護の状態をみて履行を延期するという決定を行う必要があります。

　分割納付の誓約中であっても履行延期はできますが、別途、法令上の措置として履行延期の特約を結ぶべきです。

各自治体の債権管理条例では、自治法施行令を引き写している例が多々あります。例えば、自治法施行令171条の7は条例でその旨を規定する、しないにかかわらず要件を満たせば免除できます。

　自治法施行令171条の7は、10年間の管理を経て当該債権を免除する規定であり、債務者が生活保護を受けているという状態だけで債権放棄ができるという規定を条例で設けることは、条例の規定が自治法施行令171条の7と扱いが違うことにもなりかねません。

　自治法施行令171条の6、171条の7の規定は適用しにくく、生活保護を受けている者や資力のない者について債権放棄する規定を条例で設けることは認められるという見解もありますが[2]、条例の規定のあり方としては上記のとおり議論のあるところです。[3]

(1)　大鹿行宏編『債権管理法講義』（大蔵財務協会、2011年）、P368

(2)　東京弁護士会弁護士業務改革委員会自治体債権管理問題検討チーム編「自治体のための債権管理マニュアル」（ぎょうせい、2008年）、P254

(3)　『自治体法務研究』「2009年増刊号　自治体法務実例・判例集」（ぎょうせい、2009年春号）、P262～264

87　災害援護資金貸付金の債権放棄

災害援護資金貸付金は、災害弔慰金の支給等に関する法律14条により償還免除の要件が定められていますが、債権管理条例での債権放棄の規定との関係はどのように整理すべきでしょうか。

まず、災害弔慰金の支給等に関する法律による債務の免除を検討した後、時効完成した場合などについては、自治法96条1項10号による債権放棄の議決又は債権管理条例による債権放棄を検討することになります。

理由

　特別法が規定されているときは、特別法が一般法より優先されます。

　災害弔慰金の支給等に関する法律は自治法からみて特別法に当たります。

　災害弔慰金の支給等に関する法律14条の規定による償還の全額又は一部の免除は次のとおりです。

⑴　災害援護資金の貸付けを受けた者が死亡したとき。

⑵　精神若しくは身体に著しい障害を受けたため災害援護資金を償還することができなくなったと認められるとき。

　債務者と保証人がともに要件を満たしている場合に免除されます。

　⑴では、通常、相続人への徴収を行いますし、⑵では、障害を持った方への免除は、他の一般的な貸付金では規定されていません。

　条例には償還免除は規定できませんが、仮に規定したとしても、法律を上回る効力は認められませんから、条例の効力は否定されることになります。

　したがって、災害援護資金貸付金は、災害弔慰金の支給等に関する法律、同法律施行令が優先され、その後、自治法96条1項10号による権利放棄の議決又は条例による債権放棄を検討することとなります。

　災害弔慰金の支給等に関する法律では、規定をみる限り、債務者、保証人がともに破産した場合であっても免除されませんが、政令により所得等の要件を設けて緩和しています。

　なお、母子及び父子並びに寡婦福祉法においても災害援護資金貸付金と同様に自治法より優先されます。

　次の行政実例が参考になります。

　母子及び父子並びに寡婦福祉法（旧母子及び寡婦福祉法）12条（現行法で

は15条）の規定に基づいて貸付金の償還を免除することは、「権利の放棄」
の性質を有するが、自治法96条１項10号の「法律若しくはこれに基づく政
令又は条例に特別の定めがある場合」に該当する（昭44・11・25行政実例）。

　したがって、災害弔慰金の支給等に関する法律13条により債務を免除し
た場合は、議会の議決は必要ありません。

災害弔慰金の支給等に関する法律（昭和48年法律82号）
　（償還免除）
第14条　市町村は、災害援護資金の貸付けを受けた者が死亡したとき、
　精神若しくは身体に著しい障害を受けたため災害援護資金を償還する
　ことができなくなつたと認められるとき又は破産手続開始の決定若し
　くは再生手続開始の決定を受けたときは、当該災害援護資金の償還未
　済額の全部又は一部の償還を免除することができる。ただし、次の各
　号のいずれかに該当するときは、この限りでない。
　一　災害援護資金の貸付けを受けた者が、第16条の規定により報告を
　　求められて、正当な理由がなく報告をせず、又は虚偽の報告をした
　　とき。
　二　災害援護資金の貸付けを受けた者の保証人が、当該災害援護資金
　　の償還未済額を償還することができると認められるとき。
２及び３〔略〕
附則
　（被災者生活再建支援法附則に規定する都道府県の基金に対する資金の拠出
　があつた日前に生じた災害に係る償還免除の特例）
第２条　市町村は、被災者生活再建支援法（平成10年法律第66号）附則
　に規定する都道府県の基金に対する資金の拠出があつた日として内閣
　総理大臣が告示する日前に生じた災害に係る災害援護資金について、
　当該災害援護資金の貸付けを受けた者がその収入及び資産の状況によ
　り当該災害援護資金を償還することが著しく困難であると認められる
　場合として内閣府令で定める場合には、当該災害援護資金の償還未済
　額の全部又は一部の償還を免除することができる。ただし、災害援護
　資金の貸付けを受けた者が、第16条の規定により報告を求められて、

正当な理由がなく報告をせず、又は虚偽の報告をしたときは、この限りでない。

2及び3〔略〕

災害弔慰金の支給等に関する法律の規定に基づく災害援護資金の償還免除に関する内閣府令（令和元年内閣府令第22号）

（法附則第2条第1項の内閣府令で定める場合）

第1条　災害弔慰金の支給等に関する法律（以下「法」という。）附則第2条第1項の内閣府令で定める場合は、次の各号のいずれにも該当する場合とする。

　一　災害援護資金の貸付けを受けた者の収入金額（当該災害援護資金の償還を免除する年の前年の所得（当該免除を1月から5月までの間にする場合にあっては、前前年の所得）について災害弔慰金の支給等に関する法律施行令（昭和48年政令第374号）第4条の規定の例により算定した所得の金額をいう。）から租税その他の公課の金額を控除した金額が、150万円未満であること。

　二　災害援護資金の貸付けを受けた者の資産の状況が、次に掲げる状態にあること。

　イ　償還に充てることができる居住の用に供する土地及び建物以外の資産を保有していないと認められること。

　ロ　預貯金の金額（生活費の入金等を控除した金額をいう。）が20万円以下であること。

母子及び父子並びに寡婦福祉法（昭和39年法律129号）

（償還の免除）

第15条　都道府県は、第13条の規定による<u>貸付金の貸付けを受けた者が死亡したとき、又は精神若しくは身体に著しい障害を受けたため、当該貸付金を償還する</u>ことができなくなつたと認められるときは、議会の議決を経て、当該貸付金の償還未済額の全部又は一部の償還を免除することができる。ただし、政令で定める場合は、この限りでない。

2　都道府県は、第13条第1項第4号に掲げる資金のうち政令で定めるものの貸付けを受けた者が、所得の状況その他政令で定める事由によ

り当該貸付金を償還することができなくなつたと認められるときは、条例で定めるところにより、当該貸付金の償還未済額の一部の償還を免除することができる。

88 | 債権放棄した債権の通知

 債権放棄した債権について未納者（債務者）への通知はしなくてよいのでしょうか。

 債権放棄した債権は、法的な効果を生じさせるためには債務者に対し免除の通知が必要です。

理由

　債権放棄は債権者による債務の免除であるため、債務者に対する意思表示が必要です（民法519）。ただし、行方不明者に対する通知は事実上できないため、その後、会計上の措置として、不納欠損として扱って差し支えないと考えられます。

　「債務者若しくは保証人が行方不明の場合には通知は不要である。この場合、法律上、債権は存続することになるが、会計上は、欠損処理をして差し支えない。」（東京弁護士会弁護士業務改革委員会自治体債権管理問題検討チーム編『自治体のための債権管理マニュアル』ぎょうせい、2008年、P175）とされていますが、行方不明者が不納欠損後に納付があり、通知をしていなければ、収入としては受け入れられると考えます。

　行方不明者への通知として行政限りの公示送達が使える場合は、自治法231条の3第4項が適用される公債権に限られています。

債権放棄・不納欠損

89 | # 遅延損害金の債務放棄

 遅延損害金を免除した場合は債権放棄に当たるのでしょうか。

A 本債権の債権放棄と同時に遅延損害金の債権放棄も明示することが必要です。

理由

　本来的には元本債権と遅延損害金は別債権ですから、元本債権の放棄に併せて両方の放棄を明示することが適切と考えます。

　遅延損害金の債権放棄に当たっては、遅延損害金を個別に計算せずに、「各支払期から放棄日までの年〇〇パーセントの割合による遅延損害金」などと特定できるよう表記することで足りるものと考えます。

　なお、時効の援用の場合は特に債務者から遅延損害金の明示がなくても、元本債権だけの時効を援用して、利息債権の時効援用の意思のないことが明白でない限り、利息債権についても同時に時効の点を審理すべきとした判例がありますが（大判昭12・12・17大審院裁判例11巻民集311頁）[1]、時効援用があった場合、遅延損害金も同時に消滅したものと取り扱って差し支えないと考えます。

 (1)　酒井廣幸『〔新版〕時効の管理』（新日本法規、2007年）P 12

90 不納欠損後の収入

Q 不納欠損後は、債務者が納付を申し出た場合や過去に発行した納付書で納付があった場合は、調定し、収入することができるのでしょうか。
自治体の私債権の場合、議会の議決により債権放棄し、不納欠損として処理した後も、債務者に免除の通知をしない限り債権は消滅していないのではないでしょうか。

A 債権放棄は通知しなければ法的効果がありませんので、債権が消滅していない場合において納付があれば収入とすることはできます。

理由

　民法では時効完成後に債務者から納付があった場合は、債務者が時効を知った上で納付したときは時効の利益を放棄したことになり、また、債務者が時効を知らずに納付したときは時効の援用権を喪失したことになり、いずれも収入として受け入れることができます。

　債権放棄は、債務者に免除の通知が到達しない限りは効力を発しないので、免除通知をせず不納欠損後に債務者から納付があれば収入とすることはできると考えます。

　公債権では、時効完成すると、債権は消滅し、時効援用は必要がなく、時効の利益は放棄できず（自治法236②、地方税法18②ほか）、時効完成後に納付があっても還付しなければなりません。

　私債権は、時効完成した後に債権放棄を行うか、時効援用がなければ債権は消滅しません（民法145）。

　債権者が債務者に対し債務免除の意思表示をしたときは、その債権は消滅（民法519）するとされていますが、債務者に債務免除が通知されてい

債権放棄・不納欠損

なければ意思表示の効力はないとされます。

　免除の通知後であっても、債務者が納付した場合は、寄附による収入としては受け入れることができると考えます。

　また、債権放棄する前に債務者が納付した場合についても、時効の利益を放棄ないしは時効の援用権を喪失したことになり収納できます。

　なお、時効援用後の債権の消滅としては次の３つの説があります。

(1)　時効による債権の消滅は、弁済による債権の消滅のような絶対的なものでなく、強制力は失うが債務者からの弁済受領能力はあるとするもの（自然債務説）

(2)　時効援用は訴訟において積極的に債権を請求できなくなるだけで、債権自体が消滅したわけではないとするもの

(3)　時効援用によって債権は消滅するというもの（完全消滅説）

　時効援用後の債務を存続させる実質的な意味はないので完全消滅説が相当と考えます。[1]

　不納欠損は会計上の措置であり、法的効果はありませんので、誤った不納欠損は復活させて徴収できることが判例でも認められています。

　「仮に徴収可能な歳入について誤って不納欠損処理がなされ、当該処理に係る不納欠損額を表示した決算について議会の認定がなされた場合であっても、歳入徴収者は、当該処理に係る徴収権が存在するものとして、〔中略〕復活して徴収することができる。」（水戸地判平19・8・8判例ID28152662）

(1)　酒井廣幸『〔新版〕時効の管理』（新日本法規、2007年）、P　21～24

91 | 不納欠損と債権放棄の関係

Q 不納欠損と債権放棄の法的効果は違うのでしょうか。

A 不納欠損は会計上の措置であり法的効果はなく、債権放棄は通知により債務を免除する法的効果が生じます。

理由

　不納欠損は会計上の措置であり、債権の消滅又は債権放棄により債務を免除したから、結果的に不納欠損として次年度に調定を繰り越さないという措置を行うものです。

　不納欠損には、債権を消滅させる法的効果はありません。

　不納欠損ができる場合は次のとおりです。

(1)　**公債権の場合**

　　ア　消滅時効による。

　　　時効の完成により、債権が消滅したとき（地方税法18、自治法236）。

　　イ　滞納処分の執行停止の継続による債務の免除（滞納処分ができる債権に限ります）。

　　　地方税法15条の7第4項に規定する滞納処分の執行停止が3年間継続したことにより納入する義務が消滅したとき。

　　(ア)　滞納処分をすることができる財産がないとき。

　　(イ)　滞納処分をすることによってその生活を著しく窮迫させるおそれがあるとき。

　　(ウ)　その所在及び滞納処分をすることができる財産がともに不明であるとき。

ウ　滞納処分の執行停止に伴う即時の欠損（滞納処分ができる債権に限ります）。

　　地方税法15条の７第５項において滞納処分の執行を停止した場合において、次の各号のいずれかに該当するため徴収することができないことが明らかであるとき（行政実例に示されたもの）。

　㋐　限定承認をした相続人が、その相続によって継承した財産の価値を限度として納付（換価を含む）してもなお未納があるとき。

　㋑　解散した法人又は解散の登記はないが廃業をして将来事業再開の見込みがない法人について、滞納処分をすることができる財産がないとき。

　㋒　株式会社について、会社更生法204条（更生債権等の免責等）の規定により、その会社が免責されたとき。

　㋓　滞納者が国外に移住し、滞納処分をすることができる財産がなく、かつ、将来入国し、又は納付する見込みがないとき。

アの時効による消滅とイ、ウの執行停止による免除についてはどちらか早いものが適用されます。

　なお、地方税法15条の７第５項により納税義務を消滅させ、不納欠損後に納付があったものはどのように扱うかという問題については次の質疑応答で示されています。

　問　（地方税）法15条の７第５項の規定により不納欠損の整理をした場合において時効完成により納税義務が消滅するまでの間は不納欠損の整理をした徴収金について自主納付があった場合、差し押さえるべき財産を発見した場合、また、賦課の取消しによる異動があった場合等においては不納欠損の整理を取消すことができるか否か、具体的に教示願いたい。

　答　（地方税）法15条の７第５項の規定に基づいてした納税義務を消滅させる処分の効力は絶対的なものと解すべきであろう。したがって事例の場合については、いずれも消滅した納税義務を復活させることはできないと思われる。すなわち納税義務を消滅させる処分をした後に差し押さえることができる財産を発見したような場合は、先にした処分は、一般的には瑕疵ある行政処分として取消すことができるが、法

15条の７第５項の規定の立法趣旨からしてこの処分は課税団体の確定的な判断を表示したものとして、取消しはできないと解するのが相当である。したがってこれが運用に当たっては慎重な判断が望まれる。

　なお、質問は不納欠損処分と法15条の７第５項の規定による処分とを混合しているように見受けられるが、不納欠損処分は内部的な会計処理で、納税義務者に対しては直接に何等の効果を及ぼすものでない（『市町村事務要覧　税務編』ぎょうせい、加除式、Ｐ5263·5、5264）。

問　地方税法15条の７第５項により、地方団体の長は、前項の規定にかかわらず徴収金納付の義務を消滅させることにより不納欠損した場合においてその後滞納者が自発的に納付する旨申立があった場合消滅の取消しができると思うがどうか。

答　地方税法15条の７第１項の滞納処分の停止については、取消しの根拠規定（法15の８）があるが、法15条の７第５項の納付納入義務の消滅については、明文の取消し根拠規定がない。しかし、当初の地方団体の長の判断が瑕疵を帯びている場合（滞納者が故意に財産を隠匿した場合等）には、行政法の一般理論に基づく取消しを行うことができるものである（『市町村事務要覧　税務編』ぎょうせい、加除式、Ｐ5264、5265）。

⑵　**私債権の場合**

ア　時効経過後、債務者から時効の援用があったとき。

イ　解散した法人（法人格が消滅したもの）

ウ　自治法施行令171条の６により履行延期の特約を結び、自治法施行令171条の７により10年を経過して資力がなく弁済見込みのないものを免除したとき。

エ　権利放棄した債権（自治法96①Ｘ又は債権管理条例による権利放棄）

92 | 私債権の不納欠損処理

 債務者が行方不明の場合、時効完成しても時効の援用を行うのかどうか確認ができません。
履行延期の特約を結ぶこともできず、条例による債権放棄の規定がない場合、不納欠損するためには、議会の議決により債権放棄する以外方法はないのでしょうか。

 時効完成し、債務者が行方不明の私債権を不納欠損するには、条例による債権放棄の規定がなければ、自治法96条1項10号の議会の議決により債権放棄するしか方法はありません。

理由

　民法が適用される債権は、法令又は条例に定めがあれば債権放棄ができ、条例で権利放棄を定めていなければ、次の場合は債権が消滅し、又は債務を免除することにより、不納欠損することができます。
　⑴　議会の議決により債権放棄を行う（自治法96①Ⅹ）。
　⑵　時効完成した債権について債務者から時効の援用があったとき（口頭でも援用は可能です）。
　⑶　自治法施行令171条の6により資力のない債務者との間で履行延期の特約を結び、10年を経過した後に債務者の資力が回復していない場合は、同施行令171条の7により当該債権を免除できます。
　⑷　法人の清算が終了した場合、法人格が消滅したことになり、債権・債務が成り立たないため、消滅と同様に扱ってよいと考えます。ただし、清算結了後であっても財産がある場合は法人格は消滅したものとはみなされません。
　民法が適用される債権で時効完成したものの扱いについては、上記の⑵か⑶を経て不納欠損することになり、不納欠損ができなければ翌年度

に滞納繰越を行うことになります。

　行方不明の債務者は、(2)においては時効の援用ができません。(3)においても同様に使えず、行方不明者で財産が強制執行の費用を超えない場合は徴収停止ができます（自治法施行令171の5Ⅱ）が、その後は時効は進行することになりますが、履行延期の特約を結ぶこともできないので債務の免除までには至りません。

　民法が適用される債権は時効完成するだけでなく、債務者から時効を援用するか債権者から債権放棄がなければ債権は消滅せず、不納欠損ができないことになります。

　徴収停止をとった債権であっても時効完成して債権放棄することになります。

　公債権においては、時効を経過すれば債権は絶対的に消滅することが自治法236条をはじめ法律に規定されていますから、時効の援用は不要です。

　民法が適用される債権では、行方不明者で時効完成したもののように請求しても実効性がないものについては、議会の議決により債権放棄するしかありません。

　そこで、時効について民法が適用される債権について効率的な債権管理を行うためには、国における債権管理と同様に条例による権利放棄の規定が必要とされます。

　国の債権管理事務取扱規則30条では、このような債権は請求権の行使が著しく困難なため、「みなし消滅」とする扱いですが、自治体にあっては、自治法96条1項10号の議会の議決事項との関係から条例により権利放棄する事項を規定すべきと考えます。

　なお、債権放棄に関しては、権利、義務に関する規定であるため、自治法14条2項から条例で規定すべきです。

　不納欠損となる対象が極めて少なく定期的に債権放棄の議案を提出し、議決を行うのであれば、このような債権放棄に関する条例の制定は必要ありませんが、実務上、効率的とはいえません。

93 | 不納欠損と時効の援用

 私債権の不納欠損を行う場合は、時効の援用を受けずに不納欠損を行うことができるのでしょうか。

 時効完成した私債権は、債務者からの時効の援用を受けるか、自治法96条1項10号又は条例による権利放棄がなければ、債権として消滅又は免除ができないため、不納欠損はできません。不納欠損は会計上の措置であり、原則として債権が消滅したものを不納欠損します。ご質問のように、時効援用されたものとみなして、債権放棄せずに不納欠損することはできません。

理由

　私債権では時効の利益を享受するかどうかは債務者の意思によります（民法145）。

　時効完成後に債務者の時効援用がなく、徴収見込みがないと判断し、債権者として権利放棄すれば納付義務が免除されることになります。

　国の債権については、債権管理事務取扱規則30条に「みなし消滅」が規定されていますが、自治体の私債権では、「みなし消滅」の規定がなく、時効が経過したことのみで不納欠損を行うことはできず、行方不明の債務者は事実上、時効の援用がなされないので、不納欠損するには、議会の議決か、条例による権利放棄が必要になります。

　しかし、債務の免除も含めて、時効完成したという理由のみで債権放棄して不納欠損することは、場合によっては、「賦課・徴収及び財産の管理を怠る行為」として評価されることにも注意しなければなりません。

　自治法240条、自治法施行令171条から171条の7までの規定については、次の判例が参考になります。

「地方公共団体が有する債権の管理について定める地方自治法240条、地方自治法施行令171条から171条の7までの規定によれば、客観的に存在する債権を理由もなく放置したり免除したりすることは許されず、原則として、地方公共団体の長にその行使又は不行使についての裁量はない。」（最判平16・4・23民集58巻4号892頁）

94 民事再生と不納欠損

 民事再生手続に入った債権は、不納欠損の扱いができるのでしょうか。

 民事再生計画により切り捨てられた債権は、債権の消滅について債権が消滅したかどうか議論がありますが、自治法96条1項10号又は条例の権利放棄により、不納欠損する方が適切であると考えます。

理由

　個人の民事再生の場合は、住宅ローンを抱えているケースで住宅の所有権は残し、他の債務は引き続き支払う場合に使われることが多いようです。

　破産手続は、債務者の財産をもとに債権者に平等に配分して債務者の免責決定を行う制度ですが、民事再生手続は、最初から再生計画を立て今後支払うべき債権額を確定していく方法です。

　個人の破産の場合、債務として免責決定を行うことになりますが、民事再生の場合は、再生計画段階で債権額を圧縮し、計画額を超える金額は削られることになります。

　また、任意に弁済することは禁じられ、再生計画に沿った弁済がされるので、破産のように自然債務として任意に弁済できるものではありません。

債権放棄・不納欠損

このため、再生計画において切り捨てられた債権が、法的に何らかの形で存在しているかが問題になります。考え方として債務消滅説と責任消滅説に分かれます。

債務消滅説をとれば、切り捨てられた時点で、不納欠損できます。

責任消滅説であれば、免責後も債務自体は自然債務として存続することになり、破産免責と同様、そのままでは不納欠損はできないことになります。会社更生の場合は、民事再生と実質は同じです。(1)

自然債務は債務者が任意に支払えば、収入として受け入れるだけの債務であり、債権として存続するかどうかは争いがあるところですが、民事再生で切り捨てられた債権は責任消滅、自然債務とする方が通説のようです。

自治体の措置としては、民事再生の場合は監督委員に債権届を行います。

いずれにせよ、自然債務として扱っても、債権管理としては請求ができず、実益がないことから、国の債権については、債権管理事務取扱規則30条4号では「破産法第253条第1項、会社更生法第204条第1項その他の法令の規定により債務者が当該債権につきその責任を免かれたこと」として「みなし消滅」の扱いとされています。

破産法、会社更生法と同様に、民事再生法による免責債権についても債権放棄の対象とする方が適切であると考えます。

民事再生法（平成11年法律225号）

（再生債権の免責）

第178条　再生計画認可の決定が確定したときは、再生計画の定め又はこの法律の規定によって認められた権利を除き、<u>再生債務者は、すべての再生債権について、その責任を免れる。</u>ただし、再生手続開始前の罰金等については、この限りでない。

会社更生法（平成14年法律154号）

（更生債権等の免責等）

第204条　更生計画認可の決定があったときは、次に掲げる権利を除き、<u>更生会社は、全ての更生債権等につきその責任を免れ</u>、株主の権利及び更生会社の財産を目的とする担保権は全て消滅する。

（以下略）

（1） 酒井廣幸『〔新版〕時効の管理』（新日本法規、2007年）、
　　 P 548、549

95 | 不納欠損後の納入と還付

不納欠損後に納入があった場合、還付しなければならないの
でしょうか。

私債権において不納欠損後に納入があった場合は、場合によっ
ては、還付せず、収納できます。

理由

　不納欠損は会計上の措置であり、債権の消滅とは無関係で、法的な効果
を有するものではありません。

　債権が消滅したもの、権利放棄して債務を免除したものなどについて不
納欠損します。

　公債権については、法律の規定により時効が経過した債権は消滅したこ
とになり、不納欠損を行い、その後に当該納期に関する納入があっても不
当利得となるため還付しなければなりません。

　私債権では、例えば、債務者が行方不明であれば債権放棄の通知ができ
ないことから、債権放棄して不納欠損した後に納付があった場合は収納し
て差し支えありません。

　また、時効完成しただけで、不納欠損していない場合についても納入が
あれば収納できます。

　この場合、債務者は時効の援用ができるにもかかわらず、納入している
ことから、時効を知った上での時効の利益を放棄したもの又は時効を知ら
ないときであっても時効の援用権を喪失したものと認められ、還付はでき

債権放棄・不納欠損

187

ません。

　私債権は、時効が援用されるまでの間は、債権として消滅していませんので、請求することができます。

96 時効完成前の債権放棄について

 債権管理条例を定めて債権放棄ができ、条例には相続の限定承認、破産免責債権などを規定していますが、債権管理を進めるため、時効完成前の債権を債権放棄できるのでしょうか。このような債権放棄は「怠る事実」に問われるおそれはないのでしょうか。

 相続の限定承認により免責されたもの、破産等により免責されたものは法的に整理され、請求ができない債権であり、実質的に債権管理する意義を失い、時効完成前であってもこのような債権は債権放棄ができるものと考えます。

理由

　時効完成前に債権放棄ができるかどうかですが、債権放棄するには当該債権について徴収見込みがない、財産価値がない債権であるということが客観的に証明できなければ、結果、自治体財産を毀損することになり、「怠る事実」として問われることになります。

　貴市の債権管理条例では相続における限定承認及び破産等で免責された債権については債権放棄できるとされており、時効完成前であっても、当該債権は徴収見込みがない、財産価値がない債権ということに評価されますから債権放棄ができるものです。

　これは、限定承認及び破産等による免責は納付する義務を免除されたものであり、債権は消滅したものとされていませんので、債務者の自発的な

納付は収入として受け入れることができます。

　しかし、免責された債権は債権者として請求ができない債権であり、時効中断もできず、時効の観念がなくなることとされていることから実質的に債権管理する意義を失います。

　「免責決定の効力を受ける債権は、債権者において訴えをもって履行を請求しその強制的実現を図ることができなくなり、右債権については、もはや民法166条１項に定める「権利ヲ行使スルコトヲ得ル時」を起算点とする消滅時効の進行を観念することができない」（最判平11・11・９民集53巻８号1403頁）

　債務者が少額ずつ支払っている限りは、受け入れることができますので債権放棄は行わないことになりますが、免責決定後、少額の納付が途切れてから債権放棄して差し支えないと考えます。

　このように徴収見込みがない、財産価値がない債権を時効完成前に債権放棄しても自治体財産を毀損したことにはならないため、住民監査、住民訴訟のおそれはないものと考えます。

　もちろん、場合によって徴収停止を行い、時効完成を待って債権放棄する扱いとしても差し支えありません。

　保証人がいる場合は主たる債務者が破産免責されても保証人に請求できるため権利放棄はできません。

債権放棄・不納欠損

時効を知らなくても納付（承認）すれば新たな時効の進行になると聞きましたが、時効完成した債権でも納付があれば収納してよいのでしょうか、行政の扱いとして適正なものでしょうか。

民法では、時効完成後に時効を知っても、時効を知らなくても一部納付（承認）すれば時効中断（更新）するとされ、援用されない限り、新たな時効が進行することになります。

理由

時効完成後の納付（承認）の効力は次のように整理できます。

(1) 時効の援用と援用権の喪失

債務者として時効完成を知った上で時効の利益を放棄して支払うことができますが、時効完成後に時効を知らずに債務を承認（弁済）した場合、時効の援用は信義則上許されないとしました（最判昭41・4・20民集20巻4号702頁）。

時効の利益の「放棄」は債務者の意思表示であり、時効の援用権の「喪失」は権利行使の否定です。

「（時効の利益の）『放棄』と（時効の援用権の）『喪失』とは、利益不享受の論理が違うわけであって、前者はその積極的な意思表示であるのに対し、後者は、信義則によって権利行使が否定される（近江幸治「民法講義Ⅰ民法総則第3版」成文堂、2001年、295頁、下線は筆者記す。）」

民法では、時効完成を知る、知らないで承認（弁済）した場合の効果は次のとおりであり、どちらも承認（弁済）後に新たな時効が進行します（最判昭45・5・21民集24巻5号393頁）。

> 時効完成を知った上で承認（弁済）　→　時効の利益の放棄
>
> 時効完成を知らずに承認（弁済）　→　時効の援用権の喪失

　なお、保証人の立場から主たる債務者が時効の利益を放棄した、時効の援用権を喪失した場合でも、保証人は別に援用権を持つことから主たる債務の時効を援用できます。

(2)　個別事情から時効の援用権の喪失にならない場合

　時効完成後の債務承認の有無だけで時効援用権の喪失を判断せず、当事者間の事情を考慮して債権者の信頼を保護すべきかどうかを判断した例があります。

　個別具体的な事情を総合的に考慮した上で、信義則上、消滅時効の援用権を喪失させる事情に当たらないとした例があります（福岡地判平14・9・9判タ1152号229頁）。

　「支払の経緯やその支払が1回に留まっていること、支払額5000円が当時の本件貸金債務の元金、遅延損害金の合計額に占める割合が著しく小さいことなどを考慮すると、上記支払も本件貸金債務全体を支払う意思のもとに債務を承認したものと解するのは困難であり、（中略）さらに、被控訴人（筆者注：債務者）は、（中略）福岡簡裁の調停に代わる決定に従い1万円を振り込んでいるが、上記決定も（中略）控訴人（筆者注：貸金業者）が異議を申し出たことにより失効しているのであり、控訴人の上記振込みも、上記決定が確定することを前提としてなされたものであるから、上記決定の確定と無関係に本件貸金債務の承認をしたものとみることはできない。」

　また、多重債務にありがちな債務者の対応から、債権者が債務者の時効援用権は喪失したとする主張は信義則上保護するに足りないとした判断もあります（宇都宮簡裁判平24・10・15金融法務事情1968号122頁）

　「（原告貸金業者）の従業員の訪問時に被告が支払った2000円は、本件貸付金30万円に対する毎月の約定弁済金1万2000円と比較して6分の1の金額にすぎず債務の弁済としての実質をなしているとは認めがたいこと、その後全く弁済が行われていないこと、被告の分割弁済の申出に対して原告が当初から応ずる意思がなかったことなどの本件の事情に照ら

すと、被告が2000円の支払をしたこと及び1万円による分割弁済の申出
をしたことは、多重債務者にありがちな対応であって、従業員の訪問請
求に対する被告の反射的な反応の域を出るものではないと解される。(中
略)原告と被告間に、もはや被告において時効を援用しないと債権者が
信頼することが相当であると認め得る状況が生じたとはいえないから、
仮に原告において、もはや被告が時効を援用しないであろうと信頼した
としても、この信頼は、信義則上保護するに足りない。(下線は筆者記す)」

　時効の援用権の喪失は債権者の信頼を保護したもので、一部弁済は債
務の承認に当たりますが、福岡地裁判決は一部弁済が債務全体に対する
割合が著しく小さいことから承認に該当しないとしました。しかし、少
額であるから承認とみなされないのではなく、この事案は個別事情から
して一般的ではありません。

　宇都宮簡裁判決は強制的に納付を促し、債務者に誤った判断をさせた
等の場合は、債権者の保護には値せず、信義則上から時効援用権は喪失
したものとされず、依然として時効の援用はできるとしたものです。

(3)　誤信による弁済の場合

　誤信あるいは取立てが違法な場合は、時効の援用権の喪失を認めな
かった例もあります(東京地判平7・7・26金融・商事判例1011号38頁)。

　誤信による承認(弁済)は、時効援の用権の喪失は信義則によること
から債権者を保護する必要がなく、債務者は依然として時効の援用権を
喪失しないとされています。

　「時効制度の社会的立場と、個人意思の調和に根拠を置く時効利益の
放棄とは、理論的根拠が異なるというべきである。このように、信義則
に根拠を置く援用権の喪失であるから、債権者が欺瞞的方法を用いて一
部弁済をすれば残債務はないと誤信させて弁済させたとか(東京地判平
7・7・26金判1011・38)、債務者の無知に乗じて一部弁済を促したり、取
立行為が違法な場合(東京簡裁平11・3・19判タ1045・169)においては、な
お援用権を失わないと解すべきである(酒井廣幸「新版時効の管理」新日
本法規出版、2007年、7頁、下線は筆者記す)」

(4)　時効完成した債権の請求

　私債権では時効完成しても債務者が時効援用しない限りは請求できま

すし、債務者が時効完成を知らずに支払っても不当利得になるものではありません。しかし、債務者の誤信に乗じて納付を促し、強制的な言動により承認させた場合は、時効援用権は喪失したものとはされません。

　時効完成後も催告書を送付し、一部納付、承認の場合は残債務の確認を行い、債務者が時効について主張すれば、時効の援用を書面で求め、また、時効を援用する旨を聴き取った場合にも本人であるか確認した上で記録しておくことが必要です。

98 債権管理条例を制定する意義

 債権管理条例は定めなければならないものでしょうか、条例制定しなくても基本指針、取扱要領を定めればよいものと考えています。
債権管理条例を制定する意義はどこにあるのでしょうか。

 債権管理条例を制定する意義は、徴収見込みのない、財産価値のない債権を長限りで債権放棄できることにあります。

理由

　債権管理条例を制定する意義はどこにあるのでしょうか。

　自治法、自治法施行令の規定からすると、民事訴訟法、民事執行法等の手続で回収すればよく、また、収束させる場合、必ずしも条例を定めなければならないものではありません。

　債権放棄は自治体の財産を毀損する行為となることから議会の議決が必要ですが（自治法96①X）、条例を定めることにより長限りで債権放棄ができることになり、債権管理条例の中心は債権放棄の事由にあります。

　議案として議会の議決を受けるなら条例は必要ありません。しかし、大量の債権を納期限、調定ごとに金額、住所、氏名、放棄の事由を付して議

債権放棄・不納欠損

案として提案することは現実的な処理とはいえません。

　そこで、債権放棄できる一定の事由を条例に規定することになります。

　ここで、徴収、回収に関する規定は必要か疑問もあるでしょう。

　自治法、自治法施行令は包括的な規定ですが、具体的な手続規定は督促、延滞金、送達、還付（自治法231の３、自治法施行令171）、徴収停止（自治法施行令171の５）、履行延期の特約（自治法施行令171の６）、免除（自治法施行令171の７）しかありません。

　延滞金は条例で定めることで徴収することができ（自治法231の３②）、滞納処分ができる債権では公示送達、還付は条例に定めることなく、地方税のとおりの手続によることになります。

　自治法施行令171条の２は民事訴訟法、民事執行法等による回収手続によることを示した規定ですから、職員の義務付け規定であり、具体的な手続を規定しているものではありません。

　債権管理条例は自治法、自治法施行令で規定されていない事項を補充するものといえますが、中心になるのは債権放棄の事由をどのように定めるかにあります。

　債権放棄できる債権とは、「徴収見込みがない」、「財産価値がない」債権であることが必要ですが、どのような債権がこのような事由に値するのでしょうか。

　大きく分けて二つあり、一つは法律上の処理から徴収見込みのない債権です。

　はじめに、法人の清算結了があり、「清算が結了すれば法人格は消滅する。法人格が消滅した以上、責任（債務）も消滅する（大鹿行宏編「債権管理法講義」大蔵財務協会、2011年、194頁）」ことになり、そのまま不納欠損できるので、条例規定する必要はありません。もちろん、残余財産がある場合、法人格は財産の限度で存続しますので不納欠損はできません。

　次に、破産法、会社更生法による免責された債権があります。

　破産法により免責決定された債権は債権者から強制的な請求はできないことになります。

　免責決定されても自発的な支払いはできますが（これは時効の利益を放棄して支払うことと同様です。）、このような状況では最終的に回収は望め

ず、会社更生、民事再生において切り捨てられた債権も破産免責債権と同様です。

次に、相続における限定承認後の債権です。

限定承認とは、相続財産の限度において被相続人の債務を弁済すべきことを留保して承認することですが（民法922）、弁済が終われば、残った債権は免責され、破産における免責と同様の状態になります。

大きく二つ目は事実上、徴収見込みのない債権です。

まず、時効完成後の債権があげられ、請求しても債務者から時効の援用をされるおそれのある債権です。

時効完成後の債権は全く徴収見込みがない債権とはいえませんので、時効完成後も請求はできますが、時効完成後、どれくらい経過すれば徴収見込みがないといえるのか基準はありません。

時効完成後に債権放棄する場合、取るべき措置をしていなければ「怠る事実」を問われるおそれがあります。

次に、債務者が失踪、行方不明に準ずる状態の債権です。

通知が到達しなければ、債務者に意思表示ができませんので、徴収見込みがない債権といえます。

もっとも、債務者が行方不明の場合、国のみなし消滅と同様に時効完成した債権に含められますが、意思表示に支障があることは明確ですので事由として規定して差し支えないでしょう。

「強制執行後、徴収停止後の弁済見込みがない」債権を債権放棄の事由としている例がみられますが、徴収停止の上、時効完成して債権放棄すればよく、徴収停止は執行停止のように免除の効果がありませんが、時効完成して債権放棄として十分な事由になりますのであえて規定する事由ではありません。

次に、生活保護により債務者の資力が回復しない場合について定めている例があります。

これは履行延期特約後10年を経て免除できる規定があり（自治法施行令171の7）、自治法96条1項10号は条例で債権放棄を定め得るので優先されるとの見解もありますが[1]、むしろ、10年の管理をやめて債権放棄してしまうおそれがあり、施行令との関係では矛盾する規定になりかねません。

自治法施行令と条例の関係ですが、自治法施行令171条の２をなぞらえて債権管理条例を定めて債権放棄したことを争われた例では、自治法施行令については次のような解釈をし、特別な事情がある場合には該当しないとしました（京都地判平25・1・24判例ID28212695）。

　「（自治法施行令の）『特別の事情があると認める場合』とは、債務者、保証人の資力状況等から債務の支払あるいは強制執行による回収が困難であるか、債権額自体が少額であるため、施行令171条の２各号に規定する手段を講ずると費用倒れになる可能性が高い場合など、施行令171条の５各号と類似の事情が認められる場合をいうと解する」

　判決では「時効期間が満了していないにもかかわらず債権放棄をする場合の『特別な事情』には、債務者や連帯保証人の無資力だけでなく、消滅時効が完成していないのに債権放棄をしなければならない事情が必要であり、連帯保証人の資力調査も含めて、より詳細な調査等を行わなければならない。しかし、（中略）、連帯保証人への履行請求もなされておらず、連帯保証人の資力調査も含めた詳細な調査等を行っていたとはいえない。したがって、被告が主張する『特別な事情』が存在していたとはいえない」として自治体に損害が生じているとしました。

　控訴審では費用倒れの点から特別の事情が認められるとしました（大阪高判平25・7・26判例ID28212700）

　「債務者、保証人の資力状況等からして、本件〔中略〕債権は、債務の支払あるいは強制執行による回収が困難であり、前記のとおり、一部時効消滅して、残債権額が１万4500円にすぎないことからすると、債務者、保証人に対して、訴訟手続を経て債務名義を取得し、さらにこれに基づき強制執行を行おうとしても、費用倒れになる可能性が極めて高いといえるから、債権管理条例７条ただし書（筆者注：施行令171条の２と同様）の『特別の事情が認められる場合』に該当する」

　これは自治法施行令から導き出される結論であり、費用倒れをどこまで見るかという点で地裁と高裁で判断が分かれたようです。

　条例は自治法施行令も含めて法令と整合性が取れなければ問題になります。

　なお、債権放棄は民法における免除と同意義であり、意思表示として通

知が必要になりますが（民法519）、公金を債権放棄することもあって、国のみなし消滅と同様に通知している自治体は少ないようです。

　その他の制定事項として、督促の発付時期、法的措置を取る場合の専決処分等の規定も考えられますが、後の事務の支障、法令との齟齬をきたさないよう検討することが必要です。

(1)　東京弁護士会弁護士業務改革委員会自治体債権管理問題検討チーム編「自治体のための債権管理マニュアル」（ぎょうせい、2008年）、Ｐ254

99 | 学校給食費の債権放棄

 本市では学校給食費は各学校において、学校長名で管理をしています。公会計化されていない学校給食費について、市長部局で回収することに問題ないでしょうか。
現在は債権管理委員会において債権放棄を審査し、他の債権と併せて議会に報告していますが、公会計化されていない学校給食費については債権放棄の対象外と考えますがいかがでしょうか。

 私会計扱いの債権は、市としてそのままでは回収は引き受けできず、債権放棄の対象になりません。

理由

　学校長の名義で学校給食費を管理していることは私会計扱いであり、市の歳入として調定できないため、市長部局の職員、債権管理委員会が債権放棄の審査をすることはできないものと考えます。

　私会計扱いの学校給食費の未納について、学校長は公的な身分での債権

者ではありませんので法的措置は実施できません。

　私会計での学校給食費は、法的には学校長個人の債権として回収するしかなく、私会計の中で処理することが原則です。

　私会計ではこのようなデメリットがあることから公会計化することが求められます。

　また、学校長としての債権管理をそのまま公務として貴課で受け入れることはできないため、市長部局の職員が引き受けるには公会計に組み入れることが必要になります。

　私会計での未収金は、市に債権譲渡した上で改めて通知を行い、公会計に組み入れることができます。

　「これまですでに発生済みの滞納給食費に係る学校給食費支払請求権を民法所定の手続によって従前の債権者から市長へ債権譲渡して公会計に編入することは可能である（債権管理・回収研究会編「自治体職員のための事例解説　債権管理・回収の手引き」第一法規、加除式、1425頁）。」

　債権譲渡するには債務者以外の第三者には確定日付のある内容証明郵便でなければ効力がありませんが、本件は債務者のみに「学校長等から市長に○○日付けで譲渡された」という通知を行えばよく、これまで市長以外の学校長等が発した文書は取り消す必要はありません。

　私会計のままでは市の歳入ではありませんので、議会の議決は必要ありませんが、市の会計に組み入れた場合、予算・決算の審議になることはもちろん、債権放棄したときは議会の議決の対象になります。

100 非強制徴収公債権の債権放棄

 私債権については、議会の議決によることなく条例により債権放棄できるとされていますが、非強制徴収公債権を時効完成前に条例により債権放棄して不納欠損ができるのでしょうか。

A 時効完成前に債権放棄はできますが、必要性はあまりないものといえるでしょう。

理由

　自治法96条1項10号の解釈として、「非強制徴収公債権についても時効による債権放棄の対象としているが、誤りである。(自治法236条2項により確定的に債権が消滅するので放棄の対象にならない)」[1]という見解もありますが、債権の種類によって時効完成前に権利放棄することに制約はありません。しかし、非強制徴収公債権は、徴収停止をして時効完成を待って消滅した後に不納欠損することも管理方法の一つであり、何ら不適切な処理方法ではありません。

　私債権では、時効を経過して債務者が行方不明のときは、時効の援用を受けることができず、また、破産により免責された債権は請求ができず、時効の観念がなくなり、いつまでも管理を続けなければならない場合もあるため、債権放棄が必要になる場合もあります。

　このような場合はごく限られた範囲ですので、時効完成後に消滅する非強制徴収公債権については、私債権とは違って債権放棄する必要性はあまりないものといえるでしょう。

　各自治体の債権管理条例において、非強制徴収公債権まで債権放棄の規定を設けていないものが多いのは以上のような理由によるものと思われます。

債権放棄・不納欠損

(1) 東京弁護士会弁護士業務改革委員会自治体債権管理検討チーム編『自治体のための債権管理マニュアル』（ぎょうせい、2008年）、P249

101 法人が破産した場合の不納欠損

最高裁判決（平15・3・14民集57巻3号286頁）では、「会社が破産宣告を受けた後破産終結決定がされて会社の法人格が消滅した場合には、これにより会社の負担していた債務も消滅するものと解すべき」としています。法人が破産廃止した場合も、破産終結決定と同様に不納欠損処理して問題ないでしょうか。

法人が消滅した場合不納欠損ができます。破産廃止、清算結了した法人であっても、清算すべき財産がある場合は清算の範囲で法人として存在することからそのままでは不納欠損はできません。

理由

　債務者たる法人が消滅すれば債権債務が成り立たないことから、私債権では債権放棄をせずに不納欠損することができます。

　法人破産手続が終了した場合（破産手続終結決定、破産廃止等）には法人格は消滅し、法人が負担していた債務も消滅するが、「破産廃止」のときは、法人は清算結了に至っていない場合、法人解散は清算結了まで済んで解散となります。しかし、法人によっては清算結了登記まで行わない例も多く、実態的に法人がどこまで清算事務を行ったか、外部からは知り得ないことも多いようです。

　「配当による破産手続終結、あるいは異時廃止（なお、破産手続が将来に

向かって終了する全ての場合を「破産手続の終了」といいます。）のいずれの場合であっても、会社に清算すべき財産が残る場合があります。例えば、破産管財人が会社所有の不動産を換価困難として放棄した場合が考えられます。このような場合は、破産手続終了後であっても、会社には清算すべき財産が存在しますので、清算の目的の範囲内で会社の法人格が存続すること」[1]（会社法476）から不納欠損できない場合があります。

　したがって、清算結了の登記で確認できる場合はともかく、清算が済んだかどうか確認できない場合は、「法人である債務者がその事業を休止し、将来その事業を再開する見込みが全くなく、かつ、差し押えることができる財産の価額が強制執行の費用をこえないと認められるとき（自治法施行令171の5 I）」に該当すれば、私債権では徴収停止措置をとり、時効完成を待って債権放棄する方法も選択肢の一つです。

 [1]　大阪弁護士会自治体債権管理研究会編『Q＆A自治体の私債権管理・回収マニュアル』（ぎょうせい、2012年）、P248

102 履行延期の特約等による免除と債権放棄

 Q 地方自治法施行令171条の7（免除）と債権管理条例の債権放棄は、どちらか早い方で適用することになるでしょうか。

A 地方自治法施行令171条の7と条例による債権放棄は別の扱いになります。

理由

　自治法施行令171条の7と同様の規定である国の債権の管理等に関する

法律32条では「債務者が無資力であるという理由で直ちに免除することなく、少なくとも履行期限後、10年以上の期間の経過をまってそのときにおける債務者の資力状態を勘案し、将来その者から弁済を受ける可能性がないと判断したときにおいて、初めて債権の免除の措置を考慮する。」[1]とし、一般債権の時効10年（改正前民法167）から10年の管理は長いものとはいえないとしています。

　また、免除の前提として自治法施行令171条の6は、「履行延期の特約等をする場合は、各自治体の会計事務規則等の定めにより、履行期限の定めを設けることや、担保を提供させ、利息を付する等の条件を付さなければならない場合があります。〔中略〕このように、履行延期の特約等は手続を定めた各自治体の会計事務規則等と併せて見ると、利用しにくい」[2]という指摘があります。

　自治法施行令171条の7の免除規定と条例による債権放棄は、納付義務の免除という点では同じですが、制度として結び付くものではありませんので同時に利用することは無理があります。

　債権管理条例の債権放棄として、生活保護により資力のない状態にあることをもって事由としている例は履行延期の特約により10年間管理する前に債権放棄することになり、履行延期の特約との違いが生じますので、条例の債権放棄の事由をよく検討する必要があります。

(1)　大鹿行弘編『債権管理法講義』（大蔵財務協会、2011年）、P
　　227
(2)　大阪弁護士会自治体債権管理研究会編『Q＆A自治体の私債
　　権管理・回収実務マニュアル』（ぎょうせい、2012年）、P412

103 私債権における時効完成後の取扱い

債権管理条例が未制定の場合、時効完成後の私債権について、債務者の時効の援用がない限り催告を実施すべきでしょうか。
催告を実施する場合、時効の援用が可能なことを債務者に告知すべきでしょうか。また、会計上どのような取扱いが適切でしょうか。

法的措置はともかく、債権管理条例のあるなしにかかわらず、時効完成後の私債権について請求する不都合はなく、また、時効完成を知らせる義務もありません。会計上は原則として債権が消滅して不納欠損するものです。

理由

　公債権は①時効完成後に消滅し、②時効の援用は不要であり、③時効の利益は放棄できないとされています（地方税法18、自治法236ほか）。

　一方、民法145条で「時効は、当事者が援用しなければ、裁判所がこれによって裁判をすることができない。」としているのは、時効の援用を行うか、時効利益を放棄して支払うかは任意ですが、「借りたものを返す」という行為は社会として認められるものであるところから、民法145条は「良心の規定」と呼ばれています。

　民法の考え方が原則であって、税をはじめ公債権において、上述のように①から③まで規定しているのは、債務者の時効に関する意思表示を逐一問うことをせず、行政の便宜を図り、債権債務を早期に収束させるという意図があります。

　自治体の債権管理としては、時効完成した債権は債務者が時効の援用を

債権放棄・不納欠損

行うことが通常であるとすると法的措置まで行うことは無理があります
が、履行の請求である催告を行うことについて何ら問題はなく、また、時
効完成したことを債務者に知らせる義務はありません。しかし、このよう
な催告を繰り返しても全く反応がない場合は一定の期限を区切って徴収見
込みのない、経済的価値のない債権として債権放棄するしかありません。

　例えば、破産で免責された債権は消滅していないものの、債権者として
は請求ができず、債務者が少額でも任意に支払えば受け取ることはできま
す。しかし、破産免責された債権は法的には整理されたものであり、時効
の観念は無くなり（最判平11・11・9民集53巻8号1403頁）、徴収見込みのな
い、財産価値のない債権と評価されますので、このような債権はいずれ債
権放棄せざるを得なくなります。

　徴収停止を行った後、時効完成した債権は債権放棄するとしても十分な
理由になります。

　一方で、不納欠損は会計上の措置であり、法的効果を伴うものではなく、
債権が消滅して不納欠損するものです（昭27・6・12行政実例。同趣旨として
水戸地判平19・8・8裁判所ウェブサイト）。

　このような徴収見込みのない、財産価値のない債権を債権放棄するに
は、債権管理条例に長限りの債権放棄の規定がなければ、自治法96条1項
10号により調定ごとに理由を付して権利放棄の議決を得ることになりま
す。

104 免除通知

Q　免除は債務者に通知しなければ効力が生じませんが、債務者
が所在不明の場合はどのような手続が必要でしょうか。
公示送達も考えられますが、自治体の掲示場に掲示するだけ
で相手方に免除の意思表示が到達したことになるのでしょう
か。

債権放棄の意思表示は債務者に到達しなければ効力を生じませんが、債務者又は保証人が行方不明の場合には通知は不要としてよいでしょう。

理由

　行方不明は送達不能につき免除通知ができません。債権放棄の意思表示は債務者に到達しなければ効力を生じません（改正前民法97①、改正後も同じです。）が、「債務者若しくは保証人が行方不明の場合には通知は不要である。この場合、法律上、債権は存続することになるが、会計上、欠損処理をして差支えない。」(1)と考えます。

　公債権では、自治法231条の3第4項において公示送達は地方税の例によるとされていますので、税と同様に役所の掲示板による公示送達ができます。

　私債権の行方不明者に対する通知は、裁判所での公示手続（民事訴訟法110〜113）を利用することになります。しかし、裁判所による徴収手続のために公示送達することもありますが、債権放棄を通知せずに不納欠損した債権は、法律上は消滅していないため、相手方から自発的に納付があれば受け取ることができ、債権放棄を公示送達する実益は乏しいものと考えます。

 (1)　東京弁護士会弁護士業務改革委員会自治体債権管理検討チーム編『自治体のための債権管理マニュアル』（ぎょうせい、2008年）、P179

債権放棄・不納欠損

105 | 行方不明により納付が見込めない私債権の管理方法

債務者が行方不明のため時効の援用が受けられず、自治法施行令171条の6の履行延期の特約も結べず、自治体の債権管理条例も制定していない場合は、どのような取扱いをすべきでしょうか。

徴収停止をとり、時効完成後に議会の議決により債権放棄することができます。

理由

　私債権においては時効完成しても債権は消滅しません。時効の援用及び権利放棄という意思表示があって確定的に債権は消滅するとされています。債務者にとっては時効の援用、すなわち、時効の利益を受けるかどうかは任意とされています。これは、民法145条の時効によって納付義務を免れることをいさぎよしとせず支払うことを認める態度を法律で制限することはないという趣旨から「良心的規定」と呼ばれます。

　一方、公債権では時効完成すると債権は消滅し、時効の援用は必要ないとされています（地方税法18、自治法236など）。これは、税をはじめとする公債権は債権債務関係を不安定な状態とせず、早期に収束させるという意図からきています。私債権では時効完成しても行方不明者の場合は時効の援用は期待できません。

　私債権において免除できる規定は自治法施行令171条の7のみであり、この規定による免除は自治法96条1項10号の権利放棄が「法律若しくはこれに基づく政令又は条例に特別の定めがある場合を除くほか」とありますので議会の議決は不要になります。

　ご質問について、行方不明のため債務者からの時効の援用が受けられ

ず、自治法施行令171条の6の履行延期の特約も結んでおらず、債権管理
条例も制定されていない場合は、自治法96条1項10号により権利放棄の議
決を求めるか、翌年度に滞納繰越するしかありません。

　債務者が行方不明で目ぼしい財産がない場合には徴収停止（自治法施行
令171の5）ができますが、滞納処分の執行停止（地方税法15の7）と違い、
納付義務の免除に結びつかないものの、時効の進行は妨げませんので時効
完成後に議会の議決により権利放棄せざるを得ません。

　また、法人が消滅した場合は、債権債務が成り立たないこともあってそ
のまま不納欠損できます。

106 履行延期の特約等及び免除の運用

 履行延期の特約を結んだ後、10年を経過して無資力の場合
は免除できる場合がありますが、どの程度運用できるので
しょうか。

 民法での一般の時効が10年であるところから少なくとも履行
期限から10年の管理を行うことはやむを得ません。自治法施
行令171条の7にいう資力のない状態は生活保護の要件を検討
すればよいでしょう。

理由

　自治法施行令171条の6（履行延期特約）及び171条の7（免除）は、国
の債権の管理等に関する法律24条（履行延期の特約等をすることができる場
合）及び32条（免除）とほぼ同一内容です。

　自治法施行令の解説は見当たりませんが、同様の内容である国の債権の
管理等に関する法律の解説では、履行延期の特約等をすることができる場

合は、債務者が無資力又はこれに近い状態であり、「『無資力状態』とは、債務者がその生計を維持するに足る資力を有しない程度の生活状態にあることをいう。端的にいえば、債務者が生活保護法による扶助を受けているか、又はこれに準ずる程度の生活状態にある場合をいうものと考えてよい。次に『無資力に近い状態』というのは、用語の感覚からすれば、無資力にきわめて近い状態をいうもののように、厳しく解釈され易いが、債権の履行延期の要否を決定するにあたっては、債権金額の大きさに対する債務者の弁済能力の相対的な関係を無視するわけにはいかないので『無資力に近い状態』という基準は実際問題としては、相当、弾力的に運用されている。」[1]とありますので自治法施行令171条の6も同様に扱ってよいと考えます。

　履行延期の特約時に生活保護ないし生活保護に近い状態で無資力であること、10年後にも同じ無資力の状態であることであれば免除できると考えてよいでしょう。

　しかし、自治法施行令171条の6は、原則として納期後に履行延期の特約を結ぶ場合は納期後から延期特約までの延滞金ないしは遅延損害金を徴収する必要があり、実務上、使いづらい規定であるといわれています。

　自治体によっては生活保護状態を要件に10年を経過することなく、条例で権利放棄できる規定を設けているところもありますが、自治法施行令をはじめ債権管理に関する規定を超える条例の規定は疑問があります。税の滞納処分の執行停止の上で3年又は即時に免除する規定（地方税法15の7）と貸付金等に適用される自治法施行令171条の7の10年を経過して免除する規定を比べると、税などの公債権では早期に収束させることを意図しているのに対し、自治法施行令171条の7は改正前民法の一般時効10年の期間を考慮した規定であるといえます。

(1)　大鹿行宏編『債権管理法講義』（大蔵財務協会、2011年）、P202

107 | 債権放棄の判断

 債務者が死亡した場合は、相続人の不存在かつ被相続人の無財産により債権放棄ができると条例で規定しています。無財産の証明は相続財産管理人を立てた上で相続財産の清算をもって判断すべきでしょうか。

 相続財産管理人が選任されず、無財産の状況では、徴収停止を行い、時効完成して債権放棄することができるともの考えます。

理由

　相続財産管理人により相続財産の清算が終われば法人として消滅し、債権債務が成り立ちませんので、そのまま不納欠損して差し支えないでしょう。

　法令上は相続人の不存在は、相続財産法人となります。相続財産管理人が選任されれば請求先は同管理人になりますが、選任されない場合が多いものです。相続財産の清算が終わったことについては、法人消滅により債権債務が成り立たないこともあって、わざわざ債権放棄する意味合いがないと考えます。

　ご質問のような相続人が放棄しても相続財産管理人が選任されない状況では、自治法施行令171条の5第2号から財産状況を見て徴収停止を行い、時効完成して債権放棄することもやむを得ないものと考えます。

　国の場合も相続人のあることが明らかでなく、目ぼしい財産もないときは徴収停止（国の債権の管理等に関する法律施行令20Ⅱ）ができますので自治体の場合の徴収停止も同様に扱ってよいものと考えます。

　調査については家庭裁判所で相続放棄されているかどうか、また、不動産については登記により確認するしかありません。

債権放棄・不納欠損

108 | 条例による債権放棄の事由

Q 債権管理条例について「債務者が死亡し、その相続人の存在が明らかでない場合であって費用倒れが見込まれる場合」を事由として債権放棄を定めることは適切でしょうか。

A 相続人の存在が明らかでなく、目ぼしい財産もない場合は徴収停止の事由にはなりますが、直接に債権放棄の事由にはなりませんので、徴収停止後、時効完成により債権放棄することになります。

理由

　債権放棄に値する債権かどうかは、経済的価値のない、徴収見込みのない債権として評価することになります。

　不納欠損するには、自治体の場合は自治法96条1項10号から権利放棄が必要ですが、国の場合は権利放棄の規定がありませんから債権管理事務取扱規則30条により「みなし消滅」として処理しています。

　権利放棄と「みなし消滅」の事由は、徴収見込みのない、財産価値のない債権という点から変わりはないと考えます。

　債権管理事務取扱規則30条の「みなし消滅」は次の事由に該当するものを行うとされています。

(1)　当該債権につき消滅時効が完成し、かつ、債務者がその援用をする見込があること。

(2)　債務者である法人の清算が結了したこと（当該法人の債務につき弁済の責に任ずべき他の者があり、その者について第1号から第4号までに掲げる事由がない場合を除く。）。

(3)　債務者が死亡し、その債務について限定承認があつた場合において、その相続財産の価額が強制執行をした場合の費用並びに他の優先

して弁済を受ける債権及び国以外の者の権利の金額の合計額をこえないと見込まれること。

⑷ 破産法第253条第1項、会社更生法第204条第1項その他の法令の規定により債務者が当該債権につきその責任を免かれたこと。

⑸ 当該債権の存在につき法律上の争がある場合において、法務大臣が勝訴の見込がないものと決定したこと。

1号については債務者が時効援用するのが通常であること、2号については清算が結了した場合は法人格を失い、債権債務が成立しないこと、3号は限定承認による相続財産を清算した場合の残債務の免責、4号は破産法、会社更生法により免責されたもの、5号は債権の成立がそもそも成り立たないことになります。

3号、4号は債務として法的に免責されたものであり、請求はできませんが債権は消滅したものとはされず、債務者が自発的に支払うことは認められますが、法的に整理されたことにより経済的価値のない、徴収見込みのない債権として評価ができます。

自治体債権の徴収停止の場合は、「債務者の所在が不明であり、かつ、差し押えることができる財産の価額が強制執行の費用をこえないと認められるときその他これに類するとき。(自治法施行令171の5Ⅱ)」であり、国の徴収停止の場合は、「債務者の所在が不明であり、かつ、差し押えることができる財産の価額が強制執行の費用をこえないと認められる場合その他これに類する政令で定める場合 (国の債権の管理等に関する法律21①Ⅱ)」とされています。

「その他これに類する政令で定める場合」は「債務者が死亡した場合において、相続人のあることが明らかでなく、かつ、相続財産の価額が強制執行をした場合の費用及び優先債権等の金額の合計額をこえないと見込まれるとき。(国の債権の管理等に関する法律施行令20Ⅱ)」としており、自治法施行令171条の5にはないものの、考え方は同様であり、国の規定と同様に扱ってよいと考えます。

国の場合は「時効の援用を要する債権で徴収停止中のものについては、債務者に対して督促するなどの措置は行われず、債務者の時効の援用の意思を確認する適切な機会がないから、(筆者注:債権管理事務取扱規)則30

条1号による債権の「みなし消滅（後述）」の処理をすること」(1)になります。

　徴収停止は滞納処分できる債権の執行停止と違って免除の効果がありませんので、自治体の場合も、国と同様に徴収停止の上、時効完成を待って権利放棄することになると考えます。

　ご質問の「債務者が死亡し、その相続人の存在が明らかでない場合であって費用倒れが見込まれる場合」は、少額、費用倒れにより徴収停止（自治法施行令171の5Ⅱ・Ⅲ）の事由にはなりますが、そのまま権利放棄（債務の免除）できる事由にはなりませんので時効完成を待つことになります。

(1)　大鹿行宏編『債権管理法講義』（大蔵財務協会、2011年）、P
174

 109 ## 債権放棄の必要性

Q
債務の免除の規定があれば債権放棄は必要がないのでしょうか。破産事案も免責決定されれば不納欠損できるのではないのでしょうか。

A
自治法では私債権の免除については、自治法施行令171条の7の規定しかなく、自治法施行令171条の6で履行延期の特約を結び、同法施行令171条の7により10年経過して債務者の資力が回復しない場合は免除することができます。
破産免責決定されても債権は消滅しないとされていますが、履行延期の特約を結ぶこともできず権利行使としての実効性がないため、債権を消滅させるには債権放棄が必要になります。

　自治法施行令171条の６で債務者が無資力の状態にあるときなどは、その履行期限を延長する特約を結び又は処分をすることができます。

　同施行令171条の７で債務者が無資力又はこれに近い状態にあるため履行延期をした債権について、当初の履行期限から10年を経過した後において、なお、債務者が無資力の状態にあり、かつ、弁済する見込みがないと認められるときは、当該債権を免除することができます。

　自治法及び自治法施行令での債権を免除する規定は、自治法施行令171条の７の規定しかありません。

　一方、破産免責決定は、法律により処理されたものであり、債権は消滅していないとしても権利行使の実効性はありません。

　破産免責された債権については、請求による時効中断ができず、消滅時効が進行する余地がなく（最判平11・11・９民集53巻８号1403頁）、実効性のない債権をさらに管理しなければならないことになります。

　自治法施行令171条の７の免除規定は、このように適用範囲が限られるため、時効経過後、履行延期の特約を結ぶことのできない行方不明の債権、破産により免責された債権などにも対応できるよう、国の扱いである債権管理事務取扱規則30条のみなし消滅の事由にならった債権放棄の規定を条例で設けることで効率的な債権管理ができるものと考えます。

110 連帯保証人がいる場合の債権放棄

Ｑ　本県では、債権放棄に関する条例を制定しており、次の第３条がその要件になります（参照条文）。
主たる債務者が破産した場合は、連帯保証人へ請求することになりますが、主たる債務者が破産し、連帯保証人が居所不明や死亡等で支払不能の債権を放棄する場合に、同条３号

債権放棄・不納欠損

によるのか、時効完成して1号によるのか判断しかねています。

債務者には連帯保証人も含まれ、主たる債務者及び連帯保証人が破産している場合のみ3号により債権放棄とすべきでしょうか。

参照条文

県が保有する債権の放棄に関する条例

第3条　知事は、県が保有する債権（時効による消滅について、時効の援用を要しないものを除く。以下「私債権」という。）が次の各号に掲げる事由のいずれかに該当するときは、当該私債権を放棄することができる。

(1)　消滅時効が完成し、かつ、債務者が債務を履行する見込みがないとき。

(2)　略

(3)　債務者が破産法（平成16年法律第75号）第253条第1項その他の法令の規定によりその責任を免れたとき。

 主たる債務者に債権放棄の事由が該当しても、保証人に該当しない場合は債権放棄できません。

最終的に、債権回収ができない、徴収見込みがない場合に債権放棄の事由に該当するかどうか検討することになります。

理由

　事例の条例3条1号は時効完成した債権を放棄するものですが、民法では債務者から時効の援用があるまでは請求できます。しかし、時効完成したら債務者は時効を援用することが通常です。

　「債務者が債務を履行する見込みがないとき。」からは時効完成後にどれくらい経過した債権をいうのかは判断がつきませんが、時効完成してまもない債権は全く徴収見込みがないとはいえませんので直ちに債権放棄する

ものではないと考えます。

　次に、同条3号ですが主たる債務者が破産申立てして、当該債権が免責されたことが必要であり、破産申立後の債権は含みません。

　主たる債務が時効完成していなければ、保証債務についても時効完成しませんが（保証債務の附従性）、主たる債務が破産免責決定された場合は、免責決定の効力の及ぶ主たる債務につき保証人は時効の援用ができず（最判平11・11・9民集53巻8号1403頁）、債権者としては主たる債務者に強制的に請求できないことから時効の観念がなくなり、保証人だけの債権管理を行えばよく、そのままでは債権放棄はできないことになります。

　実務上として、「保証人がいる場合には、単純保証でも連帯保証でも主債務者の破産は、主債務の期限の利益喪失事由に該当しますので（民法137条1項）、保証人に対して残債務の一括弁済の履行を請求することになります（大阪弁護士会自治体債権管理研究会編「Q&A自治体の私債権管理・回収マニュアル」ぎょうせい、2012年、263頁）」ので注意が必要です。

　当該保証人についても破産免責されれば、「徴収見込みがない」、「財産価値のない」債権として条例3条3号により債権放棄することになります。

　主たる債務者が行方不明、相続人不明で保証人が支払っている場合は、主たる債務が時効完成したら保証人は主たる債務の時効を援用することができ、時効援用権は主たる債務者と保証人のそれぞれが有しており、相対的です。

　保証人が主たる債務の時効援用せずに支払っている場合は、受け取ることができ、保証人についても時効完成して全く履行する見込みがないとき、はじめて条例3条1号により債権放棄を検討します。

公営住宅使用料は地方税のように執行停止はできないのでしょうか。

 税等公課（滞納処分できる債権）でなければ地方税の手続による執行停止はできませんが、自治体の私債権は徴収停止の上、時効完成して債権放棄ができます。ただし、時効完成の事由のみで債権放棄する場合は、回収努力が問われることになります。

理由

　公営住宅使用料は水道料金、公立病院診療費の時効に関する判例の影響もあり、入居後は民間賃貸借の関係と変わりないとされた判例もあることから時効は民法の適用とする自治体が多くなってきました。

　そこで、公営住宅使用料の時効は民法が適用される債権として扱うことを前提としてお答えします。

　民事では時効完成した債権は請求ができないことではなく、時効援用があった場合に消滅します。

　時効完成した債権の扱いですが、直ちに債権放棄することは望ましいものでなく、請求して権利行使の実効性のない、「財産価値のない」、「徴収見込みのない」債権に値することが必要です。

　このような債権につき、時効完成後の請求として明確な期間はありませんが、一定の期間を設けて請求すべきものと考えます。

　安易な債権放棄は「怠る事実」に問われるおそれがあります。

　行方不明、送付先不明の場合は、事実上、権利行使の実効性のない債権に値しますが、一般の時効10年より短期間である７年を経過して失踪宣告された場合は（民法30①、特別失踪の場合１年、同条②）、債権放棄してよい

ものと考えます。

　事実上、権利行使の実効性のない債権に値するものは徴収停止があります（自治法施行令171の5）。

　執行停止が免除の効果があるのに対し、徴収停止には免除の効果はありません。しかし、国の「みなし消滅」と同様に徴収停止は時効完成を待って債権放棄する十分な理由になります。

　「時効の援用を要する債権で徴収停止中のものについては、債務者に対して督促するなどの措置は行われず、債務者の時効の援用の意思を確認する適切な機会がないから、(債権管理事務取扱規)則30条1号の『みなし消滅』の処理をすることになる（大鹿行宏編「債権管理法講義」大蔵財務協会、2011年、174頁）。」

　徴収停止は、執行停止と違って費用対効果から認められています。

　税はじめ公課に適用する執行停止は納付義務の免除として早期の終息を図っています。

　私債権では改正前民法の一般の時効が10年であり、長期の管理もあることから税等公課のような執行停止はありませんが、徴収停止は債権放棄を考慮して行うものです。

　徴収停止に免除がないのは、債務者の資力状況は履行延期特約（自治法施行令171の6）により考慮し、免除できること（自治法施行令171の7）と棲み分けていることによります。

　「徴収停止は、債権の保全、取立てをしないことであり、債権自体は存在するが、徴収停止後の措置については、自治法に規定はない。そのため、徴収停止後、徴収する見込みがないのであれば、債権放棄し、不納欠損処理をすべきである（債権管理・回収研究会編「自治体職員のための事例解説債権管理・回収の手引き」第一法規、加除式、1602頁）。」

　徴収停止は少額債権についても規定していますが（自治法施行令171条の5第3号）、例えば、保育主食費の額がわずかであっても、保育所保育料と併せて徴収できる場合は少額債権の扱いはできません。

　徴収停止をとらずに時効完成させたことは、取り得る努力をしていなければ、場合によっては損害に当たるとの指摘もあります。

　「予め徴収停止の措置をとっていないが、客観的にその要件を満たして

いるときに、コストをかけて債権の回収を試みるというのは経済的でない
だけでなく無意味である。そのような場合は、時効中断措置さえ講じてい
ないというのであればともかくとして、現実的な対応をしている限り、時
効が完成したことをもって直ちに違法とはいいがたく、最終的には個別事
案における具体的な事情によることになる。損害がないという場合もあり
うるであろう（前掲「自治体職員のための事例解説　債権管理・回収の手引き」
863頁）。」

　自治法施行令171条の5と国の債権の管理等に関する法律21条は同様の
規定であり、自治法施行規則には規定されていませんが、国の債権の管理
等に関する法律施行令20条2号では、徴収停止できる場合として「債務者
が死亡した場合において、相続人のあることが明らかでなく、かつ、相続
財産の価額が強制執行をした場合の費用及び優先債権等の金額の合計額を
こえないと見込まれるとき。」とされ、自治体においても相続人が確定で
きない場合は徴収停止に該当するものと考えます。

　自治法施行令171条の5第1号、第2号の「差し押えることができる財
産の価額が強制執行の費用をこえないと認められるとき」は、同様の規定
である国の債権の管理等に関する法律施行令20条を参考にすると、他の債
権者による強制執行、担保権の実行、破産等により優先債権があり、配当
が見込めない場合などについても徴収停止ができるものと考えます。

　債務者が不明な場合に徴収停止できることについて、国の債権管理に次
のような解説があります。

　「債務者の行方不明又はその承継者である相続人の存否不明あるいは債
務者の国外逃亡等により、これらの者から直接弁済を受けることができ
ず、一方その遺留財産には見るべきものがない状態である。債務者の所在
不明若しくは相続人の存否不明の程度又は債務者の国外における資産状
況、これに対する執行の難易、弁済の誠意等を勘案し、明らかに効率的で
ないと判断したときは、徴収停止ができるよう配慮した（大鹿行宏編「債
権管理法講義」大蔵財務協会、2011年、176頁）」

　自治法施行令171条の5第2号の要件である「債務者の所在不明」は、
住民票、戸籍、現地調査等、与えられた権限の範囲内での調査により、相
続人が特定できない場合も含むものと考えてよいでしょう。

相続人全員が相続放棄を行えば、債権者である自治体は利害関係人として相続財産管理人の選任を請求できますが、家庭裁判所の予納金が当該債権額を超えると見込まれる場合は「差し押えることができる財産の価額が強制執行の費用をこえないと認められるとき」と同様の状態であり、「その他これに類するとき」に該当するとして徴収停止できるものと考えます。

　２号要件は金額に関係なく、所在不明と強制執行等がなされれば配当が見込めないことの両方を備えていれば徴収停止できることになります。

　無資力者に対する措置は、履行延期特約により資力のない状況が続いて免除する仕組みです。

　法律上の処理が済んだ典型的な例は破産免責（破産法253）債権です。

　破産免責された債権は、納付責任は免除されますが、債権は消滅したものとはされないため、自発的な返済は可能です。しかし、自発的な納付は完済まで期待できず、権利行使の実効性のない債権であることには変わりありません。

　破産免責債権は請求という権利行使ができないから、時効の観念もなくなり（最判平11・11・9民集53巻8号1403頁）、債権放棄が必要になります。

　相続による限定承認、民事再生により切り捨てられた債権も破産免責債権と同様に権利行使の実効性のないものであり、債権放棄の事由とすることに異論はないでしょう。

112 不納欠損後の破産配当の扱い

Ｑ 破産会社の清算人（弁護士）から下水道使用料として配当通知がありましたが、既に不納欠損処理をしています。不納欠損後に配当通知があった場合にどのような処理をしておくべきでしょうか。

不納欠損後に清算による配当があった場合は、調定を復活させて歳入として受け入れることができます。

理由

　下水道使用料の執行停止は、地方税と同様に、徴収見込みがない場合に３年を経過して免除できますが、これは滞納者に財産がない、滞納処分により生活を困窮させるおそれがある、財産が不明の場合に行うものです（地方税法15の７①）。

　執行停止の判断としては、配当終了してみるべき財産がない場合に執行停止すべきものであり、交付要求している場合は、今後の配当見込みがあるかどうか確認することになります（名古屋高判平12・10・26金融・商事判例1128号47頁）。

　「地方税法15条の７第１項の滞納処分の停止処分は、本来職権によって行うものであり、その停止すべき時期の選択が地方団体の長の裁量に委ねられていることに照らせば、私債権の担保権の実行としての競売等に交付要求している場合には、これに基づき後日配当金が生じて充当されることも考えられるのであるから、軽々に滞納処分の執行の停止をすべきでない。」

　滞納者の財産がない場合に執行停止すべきものであって、いわゆる無益な滞納処分を許さない規定に反して執行停止をした場合は無効ではなく、その執行停止は取り消し得ると解されます（大阪地判昭35・２・５行裁例集11巻４号978頁）。

　「国税徴収法第12条第１項第１号（筆者注：現行153条１項）は、差し押えうる財産の価額が滞納処分費および国税に先立つて徴収する債権額に充当して残余を生ずる見込みのない場合は、滞納処分の執行を停止すべきものと定めている。（中略）強制執行における無益な差押を禁じた民事訴訟法第564条とその趣旨を同じくするものである。この無益な滞納処分を許さない規定に反してなされた滞納処分は、違法であつて取り消しうべきものと解するが、具体の場合に滞納租税に充当しうる余剰を生ずる見込みがなかつたとしても、それは事柄の性質上、滞納処分の無効を惹起するほどの

重大なかし（筆者注：瑕疵）ではなく、したがつてこの規定に反してなされた滞納処分であつても、当然無効ではないと解する（下線は筆者記す）」

また、誤った不納欠損は復活させることができるとされています（水戸地判平19・8・8裁判所ウェブサイト）。

「不納欠損処理（財務規則46条1項）は、既に調定された歳入が徴収し得なくなったことを表示するために行われる会計上の内部的な整理手続であり、それ自体は何らの法的効果を有するものではない。また、地方自治法233条3項に規定する議会による決算の認定は、予算執行結果の確認・検証を行うものにすぎず、不納欠損額を決算に表示して議会の認定を受けた場合であっても、当該表示に係る不納欠損額に関する法的権利の消長に何らの影響も及ぼすものではない。したがって、仮に徴収可能な歳入について誤って不納欠損処理がなされ、当該処理に係る不納欠損額を表示した決算について議会の認定がなされた場合であっても、歳入徴収者は、当該処理に係る徴収権が存在するものとして、いつでもこれを復活して徴収することができる（下線は筆者記す）」

以上から調定を復活させて、年度を過ぎているなら過年度分として調停すればよいでしょう。

執行停止の上、債務者に免除通知しているなら、免除通知の取消しも行わなければなりません。

なお、執行停止による納付義務の消滅と時効は別の制度であり、どちらか早い時期に期間満了すれば消滅することになります。

113 | 徴収停止

自治法施行令171条の5第2号の「債務者の所在が不明であり、かつ、差し押えることができる財産の価額が強制執行の費用をこえないと認められるときその他これに類するとき。」は、その「取立てをしないことができる。」とあるのは、

時効完成の前であっても適用されるのでしょうか。
また、行方不明の明確な定義はあるのでしょうか。

 債務者の資力不足、行方不明、少額債権については、時効完成前に徴収停止の措置をとり、時効完成後に債権放棄を行うことができます。
行方不明として扱うには、可能な範囲で調査した上で判断する必要があります。

理由

　自治法施行令171条の５は、履行期限後に相当の期間を経過して完全に履行されていないものについて、次のいずれかに該当するときは、以後、保全及び取立てをしないとする徴収停止を行うことができると規定しています。

⑴　法人である債務者がその事業を休止し、将来その事業を再開する見込みが全くなく、かつ、差し押えることができる財産の価額が強制執行の費用をこえない認められるとき。

⑵　債務者の所在が不明であり、かつ、差し押えることができる財産の価額が強制執行の費用をこえないと認められるときその他これに類するとき。

⑶　債権金額が少額で、取立てに要する費用に満たないと認められるとき。

　国の債権の管理等に関する法律21条においても徴収停止が規定されていますが、規定の内容は自治法施行令171条の５と全く同じものです。

　自治法施行令と債権管理事務取扱規則との違いは、徴収停止後の措置のあり方です。

　国における債権管理事務取扱規則30条においては、徴収の困難な徴収停止後に時効が経過した債権、破産等による免責債権をその後の扱いとして「みなし消滅」として措置されていますが、自治法施行令では「みなし消滅」は規定されていません。

したがって、このような徴収見込みのない債権は、自治法96条１項10号により権利放棄の議決を受けるか、条例により権利放棄するしかありません。

　自治法施行令171条の５に基づく徴収停止は、徴収見込みのない債権として整理する上で意義があり、時効は徴収停止に関係なく進行することになります。

　執行停止と徴収停止は似ている制度ですが、執行停止は滞納処分規定のある公債権（強制徴収公債権）に適用され、債務免除（地方税法15の７）に結び付きますが、徴収停止には免除がなく、法的効果の上で大きな差があります。

　行方不明として扱うには、住民票、戸籍、登記簿、居住地、勤務先調査など調査できる範囲で居所不明を判断する必要があります。

　債務者が出国し、再入国する見込みがない場合も税と同様に行方不明に準じて扱って差し支えないと考えます。

　行方不明の認定は、取り得る範囲で債務者の所在の調査をしなければ、不納欠損しても「怠る事実」とされることもあり、注意が必要です。

114 徴収停止の要件

非強制徴収公債権又は私債権について、債務を履行させることが著しく困難な場合等は、自治法施行令171条の５により徴収停止ができますが、要件について教えてください。

徴収停止は積極的に管理を行わないことであり、履行させることが困難、経済的に価値のない、徴収見込みのない債権であり、積極的に管理する実益のない債権として評価することになります。

理由

徴収停止について同様の措置がある国の場合と比較します。

区分	国の債権の管理等に関する法律21条	自治法施行令171条の5
対象	債権（国税徴収又は国税滞納処分の例によつて徴収する債権その他政令で定める債権を除く。）（中略）で履行期限（中略）後相当の期間を経過してもなお完全に履行されていないものについて、次の各号の一に該当し、これを<u>履行させること</u>が著しく困難又は不適当であると認められるときは、政令で定めるところにより、以後当該債権について、<u>保全及び取立に関する事務</u>（中略）をすることを要しないものとして整理することができる。	債権（<u>強制徴収により徴収する債権を除く。</u>）で履行期限後相当の期間を経過してもなお完全に履行されていないものについて、次の各号の一に該当し、これを<u>履行させることが著しく困難又は不適当である</u>と認めるときは、以後その保全及び取立てをしないことができる。
法人の事業休止 （1号）	法人である債務者がその事業を休止し、将来その事業を再開する見込が全くなく、かつ、差し押えることができる財産の価額が強制執行の費用をこえないと認められる場合（<u>当該法人の債務につき弁済の責に任ずべき他の者があり、その者について次号に掲げる事情がない場合を除く。</u>）	法人である債務者がその事業を休止し、将来その事業を再開する見込みが全くなく、かつ、差し押えることができる財産の価額が強制執行の費用をこえないと認められるとき。
行方不明 （2号）	債務者の所在が不明であり、かつ、差し押えることができる財産の価額が強制執行の費用をこえないと認められる場合<u>その他これに類する政令で定める場合</u>	債務者の所在が不明であり、かつ、差し押えることができる財産の価額が強制執行の費用をこえないと認められるとき<u>その他これに類するとき。</u>

224

国の債権の管理等に関する法律施行令20条	(1) 債務者の所在が不明であり、かつ、差し押えることができる財産の価額が強制執行の費用をこえると認められる場合において、優先債権等がそのこえると認められる額の全部の弁済を受けるべきとき。 (2) 債務者が死亡した場合において、相続人のあることが明らかでなく、かつ、相続財産の価額が強制執行をした場合の費用及び優先債権等の金額の合計額をこえないと見込まれるとき。 (3) 歳入徴収官等が債権の履行の請求又は保全の措置をとつた後、債務者が本邦に住所又は居所を有しないこととなつた場合において、再び本邦に住所又は居所を有することとなる見込がなく、かつ、差し押えることができる財産の価額が強制執行をした場合の費用及び優先債権等の金額の合計額をこえないと見込まれるとき。	（国の場合の政令に該当する規則なし）
少額（3号）	債権金額が少額で、取立に要する費用に満たないと認められる場合	債権金額が少額で、取立てに要する費用に満たないと認められるとき。

　国の場合は、「徴収停止とは、履行が停滞している債権についてこれを取り立てる場合における収入金額よりも、取立てその他の管理に要する費用の額が上回ると見込まれる場合において、債権管理上の明らかな費用倒れを避けるために、以後、その債権について積極的に管理を行わないこととする」(1)とされていますが、自治法施行令171条の５も同じ意味になり

ます。

　自治法施行令171条の5の徴収停止は有効活用されていない規定であり、また、滞納処分できる債権の執行停止と違い、徴収停止には後に続く免除規定はなく、時効完成を待つことになります。

　徴収停止の意義はどこにあるのかといいますと、積極的に管理を行わないことにより、経済的に価値のない、徴収見込みのない債権として評価したことになり、私債権では時効完成後に権利放棄をするとしても十分な理由になります。

　時効完成して債権放棄する場合、「怠る事実」を指摘されることのないよう、徴収停止の要件を満たすものは積極的に行うべきものと考えます。

　また、法人の事業の休止については、「企業倒産の場合には、倒産し、操業を停止した後、とるべき解散手続その他残務処理を行わないで事業を放棄するような事例がしばしば見受けられ、法人格は存続するが、その法人の残存資産は全くないか、又はあっても強制執行費用を超える配当が得られない場合が多い。こういった状態にある法人に対する債権にあっては、いたずらに管理の手数と費用を労するだけであるので、引き続き積極的に管理する実益はまず認められない。」[2]ことから徴収停止できるとされています。

　さらに、自治法施行令171条の5第2号は「債務者の所在が不明であり、かつ、差し押えることができる財産の価額が強制執行の費用をこえないと認められるときその他これに類するとき。」ですから、行方不明の解釈として「その他これに類するとき」とは、国の債権の管理等に関する法律施行令20条と同様に相続人が不明、債務者の出国して再入国の見込みがない場合についても該当するものと考えます。

（1）　大鹿行宏編『債権管理法講義』（大蔵財務協会、2011年）、P
　　174
（2）　大鹿行宏編『債権管理法講義』（大蔵財務協会、2011年）、P
　　175

115 | **徴収停止と滞納繰越**

貸付金1件、滞納額10万円を当年中に自治法施行令171条の5に基づき徴収停止しましたが、その後、徴収停止が継続した状態で年度末を迎え、債権放棄、不納欠損を行わなかった場合は、当該事案の滞納額は翌年度に滞納繰越調定額として計上するのでしょうか。

 徴収停止しても、債権放棄を行わなければ貸付金債権は消滅しませんので、翌年度は滞納繰越で調定することになります。

理由

　私債権では時効完成しても時効援用又は債権放棄がなければ債権は消滅したことにならず、結果、調定を除すること、不納欠損はできません。

　自治法施行令171条の5による私債権における徴収停止は、税の執行停止とは違って、徴収停止をしたとしても時効は進行し、また、納付義務を消滅させる効果はありません。

　次の行政実例が参考になります（『現行自治六法〔令和2年版〕』第一法規、2019年）。

〔令171条の5関係〕

　徴収停止後一定期間経過後当該徴収停止に係る債権が当然に消滅するという制度を条例により設けることはできず、権利放棄（法96①Ⅹ）の措置をとるか、時効（法236）により債権が消滅するのを待つしかない。

　本条（自治法施行令171の5）は、債権の保全及び取立てをしないことができる場合を定めたにすぎず、地方税法15条の7第4項の徴収金納付義務の消滅という効果（執行停止）はない（昭39・10・15行政実例）。

　国の場合の徴収停止は、「時効の援用を要する債権で徴収停止中のものについては、債務者に対して督促するなどの措置は行われず、債務者の時

債権放棄・不納欠損

227

効の援用の意見を確認する適切な機会がないから（債権管理事務取扱規）則30条1号による債権の『みなし消滅（後述）』の処理をする」[1]とされ、徴収停止だけでは納付義務の消滅にはならないものの、自治体の債権管理として徴収停止をとった上で時効完成すれば債権放棄の事由としては十分なものになります。

(1)　大鹿行宏編『債権管理法講義』（大蔵財務協会、2011年）、P174

116　水道料金の債権放棄

Ｑ　水道料金について不納欠損処理を行い、簿外管理をしています。債権消滅・債権放棄することを不納欠損の前提とはしていません。

不納欠損後は債権の消滅であり、簿外であっても納付があれば歳入として扱うことはできないと理解してよいでしょうか。

税情報の取得ができず、契約時に調査同意書を取ることも難しく、どのような調査であれば債権管理条例で債権放棄ができるのでしょうか。

Ａ　時効完成した水道料金の未収金は、水道収支上好ましくないためやむなく簿外管理しているものと考えますが、原則として債権が消滅して不納欠損するものであり、先に不納欠損しても債権は消滅している訳ではありません。債権が消滅する前に不納欠損しても法的効果はないため、納付があれば収納できます。

理由

　先に不納欠損して簿外管理をしているのは、水道合計の収支上のことも
あって単に会計上で徴収見込みのない債権を一時的に切り離しているとい
うことです。

　私債権については、時効完成しても債権放棄により債務を免除するか、
債務者から時効の援用がなければ債権は消滅しません（民法145）。

　債権放棄すなわち債務免除は、債務者の意思にかかわらず、債権者の意
思のみで債務を消滅させる債権者の「単独行為」といえます。意思表示を
効力あるものにするためには債務者への通知が必要です。

　行方不明者には事実上通知ができませんので、やむを得ず、債権放棄し
たという事実だけ残ります。

　民法519条では「債権者が債務者に対して債務を免除する意思を表示し
たときは、その債権は消滅する。」としています。

　不納欠損は会計上の処理であって、債権債務を消滅させる効果はありま
せん。

　通知をせずに債権放棄し、不納欠損をした後で債務者が納付した場合
は、債権放棄したことを知らない債務者としては時効の利益を放棄した
か、援用権を喪失したことになり、別途、調定を復活させて収納すること
になります。

　一方、行政側が債権放棄する前に債務者が納付した場合についても同様
で、当該債権の納付として収納することができます。

　また、債権放棄して不納欠損後に債務者が支払うということに対して
は、寄附としても収納することは可能です。しかし、このような行為は、
あくまで債務者の寄附という意思があることが前提です。

　相当の財産調査をして納付できないことが証明できれば、債権放棄する
こともやむを得ないと考えます。

　適切な徴収手続をとらず、時効完成しただけで債権放棄することは「怠
る事実」として評価される場合があります。

　時効完成した債権は、督促、催告はもちろん、私債権の調査権限の範囲
内で調査しており、徴収見込みのない債権であれば債権放棄をしてもやむ
を得ないものとして認められ、事務処理として問題がないと考えます。

債権放棄・不納欠損

117 徴収停止と時効の関係

> **Q** 私債権での徴収停止は時効完成後でもよいのでしょうか。徴収停止した債権は不納欠損ができるのでしょうか。また、徴収停止、時効、債権放棄の関係について教えてください。

A 徴収停止の措置は、債権の整理として時効完成する前に行います。

徴収停止した債権は時効の進行を妨げず、その後時効完成した債権は、債権放棄の対象とします。

理由

徴収停止は時効完成する前の段階で徴収できるかどうかを見極めることであり、時効完成すれば、債務者の時効の援用か、債権放棄の問題になります。

時効完成した債権を請求しても訴訟等の行為に及んで債権者が時効を援用すれば債権は消滅しますが、債務者が承認、一部を支払えば、時効の利益を放棄したこと又は援用権を喪失したものとして収納できます。

債権放棄は、徴収の見込みのない債権を自治法96条1項10号により議会の議決を経て放棄することです。

しかし、そのような債権放棄は議会で1件ごとに状況を記したものを議案として提出して審議しなければなりません。

したがって、理由を限定して債権放棄を行う条例を制定することにより、長限りで債権放棄を行い、効率的な債権管理を行うことができることになります。

国では請求権の行使が困難であり、実質的に債権としての経済的価値が消滅しているものとして債権管理事務取扱規則30条の「みなし消滅」の事由を規定しています。

事務の流れとしては、適切な調査をした上で徴収停止を行い、その後時効が完成すれば債権放棄を行うことになります。

　徴収停止するには、次のような理由が必要です（自治法施行令171の5）。

① 　法人である債務者がその事業を休止し、将来その事業を再開する見込みが全くなく、かつ、差し押えることができる財産の価額が強制執行の費用をこえないと認められるとき。

② 　債務者の所在が不明であり、かつ、差し押えることができる財産の価額が強制執行の費用をこえないと認められるときその他これに類するとき。

③ 　債権金額が少額で、取立てに要する費用に満たないと認められるとき。

　　もちろん、その後債務者の財産状況の変化により、また、所在が判明して送付できるようになれば、徴収停止を解除しなければなりません。しかし、例えば、民法改正前の水道料金は時効2年ですから、時効完成する前に短期間で徴収停止することが必要です。

　　以上のとおり、徴収停止は、時効完成前に履行が困難なものに対して内部的に債権の保全及び取立てをしないということになります。

　　自治法施行令171条の5の徴収停止は、税及び滞納処分ができる公課において適用される地方税法15条の7の執行停止とは違います。債務者の資力、特に生活保護を受けたことに対する措置は、自治法施行令171条の6の履行延期の特約等の問題であることに注意しなければなりません。

債権放棄・不納欠損

自治法施行令171条の5による徴収停止では住所不明、自治法施行令171条の7による免除では債務者の無資力が要件になりますが、これらの調査はどの程度で足りるのでしょうか。

 住所不明を判断するには実地調査を含め、可能な範囲で調査することが必要です。また、資力を判断するには生活保護の要件を基準として判断すればよいでしょう。

理由

　自治法施行令171条の5（徴収停止）及び171条の7（免除）は、国の債権の管理等に関する法律21条（徴収停止）及び32条（免除）はほぼ同一内容です。

　行方不明を判断する上での調査については、税における公示送達の要件を参考に当該債権として調査できる範囲での実施で十分でしょう。

　公示送達上での調査義務は、「住居所（又は営業所・事業所）も就業場所も共に知れない場合であり、元の住所、転居先と思われる場所及び勤務先について通常人が誠実に探索調査しても判明しない場合、一般にこれに当たる（法人の場合、代表者及び法人のそれぞれについて判明しないことが必要である）」[1]とされています。

　判例（東京地判昭44・3・5判時558号45頁ID21029991）では、特別区民税、都民税の公示送達について、「単に一回限りの郵便送達による書類が、あて先人不明で戻されてきたことのみを理由として直ちに受送達者の住所又は居所が明らかでないと認めて、公示送達するときは、相手方は不測の損害を蒙むるおそれがある」とし、「いわゆる所要の調査とは、いかなる範囲・程度のものをいうかについては、直接法の明示するところではないけれど

も、当該地方団体が管掌する受送達者の住民票関係の書面調査、租税賦課関係帳簿書類の調査、実地調査をなす等、当該事情に応じて具体的にその必要性を判断すべき」としています。

　反対に、東京地裁判決（昭59・9・28税資139号662頁ID21080797）では、「税務署の担当職員は、近隣や町内会への聞きあわせ、住民登録の調査、固定資産税関係の調査、郵便局の転出届関係調査、子供の通学校の調査、所轄警察署への聞き合せ、水道局調査と、通常考えられる調査手段を尽くして原告の転居先を捜索したのであるが、原告が転出届や郵便局への転居届の手続を経ていなかつたため、ついにその転居先を把握しえなかつたものであり、かかる手段を尽くしても原告の住所及び居所が判明しなかつた以上、これは通常期待し得べき方法による調査を実施しても知れない場合に該当すると認める。」(2)から違法はないとしました。

　私債権では税のような調査権はないものの、裁判所による公示送達が有効とされるためには、住民票、戸籍などはもとより、最低限、書面だけでなく、場合によっては実地調査も行い、とりうる手段としての調査を尽くしたかどうかが問われることになると考えます。

　無資力及び無資力に近い状態を判断するには、生活保護を受ける状態を基準に照会、調査されるとよいでしょう。

　国の規定の解釈では、実際に生活保護を受けていなくても生活保護に準じる状態であれば適用可能としています。自治体としても同様に扱ってよいでしょう。

 (1)　裁判所職員総合研修所『民事実務講義案Ⅱ』（法曹会、2012年）、P43

　　(2)　中江博『ケーススタディ税理士のための法律学講座』公示送達、http://www.shonantax.com/tax/soutatsu.html

債権放棄・不納欠損

119 | 自治法施行令の少額債権の基準

Q 自治法施行令171条の5第3号の少額債権について、「債権額が少額（争訟費用、弁護士費用等地方公共団体が負担すべき費用以下）であって、取立てに要する出張費用等（その額が1万円を超えないときは、1万円とする。）に満たないとき。」とする基準を設けることを考えています。具体的基準について考え方を示してください。

A 自治法施行令171条の5第3号による少額債権の具体的な金額の基準はありませんが、金額だけでなく、徴収手続との費用対効果で判断することになります。

理由

　自治法施行令171条の5第3号では「債権金額が少額で、取立てに要する費用に満たないと認められるとき」において、「普通地方公共団体の長は履行させることが著しく困難又は不適当であると認めるときは、以後その保全及び取立てをしないことができる。」としています。

　地方自治法施行令171条の5の趣旨は、「地方公共団体は、その有する債権を行使することに経済合理性がないと認められる場合には、これを行使しないことができるものとするのが法の趣旨であると解される（岐阜地判平24・2・9判例自治357号101頁）。」としています。

　「少額で、取立てに要する費用に満たないと認められるとき」はどのようなものを指すのかですが、少額の基準はおおむね1万円以下の債権とする自治体が多いようですが、国の場合、次のような債権は金額だけでなく、徴収の手間から考えて少額債権としての徴収停止は認められないとしています（大鹿行宏編「債権管理法講義」大蔵財務協会、2011年、180頁）。

①債権金額2,000円に対して、1件当たりの臨戸督促コストが1,000円

②債権金額50円でも他の債権と併せて臨戸督促すれば取立てられるもの

　自治体においても少額債権に対する判断基準は同様と考えられますが、①は少額債権に該当しませんが、②では単独で取り立てられないと認められれば少額債権の基準に該当するものといえます。

　はみ出し自動販売機の道路占用料につき、費用対効果から少額債権として認めた例があります（最判平16・4・23民集58巻4号892頁）。

　「はみ出し自動販売機の占用料相当額を算定するとしても、その金額は、占用部分が1台当たり1㎡とすれば、1か月当たり約1683円にすぎず、他方、はみ出し自動販売機は当時約3万6000台もあったというのであるから、東京都が、はみ出し自動販売機全体について考慮する必要がある中において、1台ごとに債務者を特定して債権額を算定することには多くの労力と多額の費用とを要するものであったとして、本件について、『債権金額が少額で、取立てに要する費用に満たない』と認めたことを違法であるということはできない。」

　一方で、同じ東京都の例ですが、都営住宅の入居者で組織する自治会が知事の許可なく駐車場料金を1台年額2万5千円徴収し、年額55万円の利得を得たことに対し、少額債権には該当せず、知事に不当利得として自治会に返還請求を認めた例があります。

　一審では、東京都は年額2万5千円としても月額2千円程度であり、駐車することの場所的対価としての性格は希薄であり、不当利得が成り立つとしても自治法施行令171条の5第3号の適用により少額債権として行使しないことは不適法ではないと主張しましたが、不当利得請求権を履行させることが不適法ではなく、少額債権とは認めませんでした（東京地判平21・2・20判タ1298号160頁）。

　控訴審では、はみ出し自動販売機の最高裁判決を引用しながら、「不当利得返還請求権の行使に当たって、債務者の特定も債権額の算定も極めて容易な事例であり、地方自治法171条の5第3号が適用されるような事案ではない」として費用対効果から少額債権とは認めませんでした（東京高判平21・7・22裁判所ウェブサイト）。

財産調査 Q&A

強制執行の対象としての財産特定、滞納者の財産調査の方法や着眼点、また、強制執行を行う前の債務者の生活実態の把握につながる有効な方法はないのでしょうか。

 私債権の財産調査は、債務者の勤務先、土地、建物、自動車登録等の資産状況で判断し、また、生活実態等をみながら預金、給与等の存在を特定するしかありません。
民事執行法の改正により、債務名義が取得できれば、裁判所に申し立てて債務者財産が照会できるようになりました。

理由

　公債権の中でも、特に滞納処分が認められている債権（強制徴収公債権）では、官公署への照会等の財産調査に関して私債権の場合より広い権限が認められています（国税徴収法141（質問及び検査）、国税徴収法142（捜索の権限及び方法））。

　ところが、自治体の有する私債権の場合、財産調査は任意調査であって、次のような調査しか認められません（非強制徴収公債権も同様です）。

　例えば、他自治体に債務者の戸籍を照会するには、「法令の定める事務」として照会することになります。

(1)　住民票（住民基本台帳法12の2①）

(2)　戸籍謄本（戸籍法10の2②）

(3)　登記事項（不動産登記法119）

(4)　商業登記事項（商業登記法10、11）

(5)　自動車登録ファイル（道路運送車両法22　軽自動車を除く）

(6)　訴訟記録（民事訴訟法91、民事執行法20、刑事訴訟法53）

　私債権における財産調査は、債務者の勤務先を調査し、次に、債務者近

辺、土地、建物、自動車登録等で資産状況を判断するしか方法がありません。

　日ごろから債務者との納付交渉をできるだけ詳しく記録し、細かい観察を行い、資産状況、経済状況を引き出しておくことが財産の特定につながります。

　例えば、勤務先又は居住地の近くの銀行には債務者名義の預金があることが推測されますが、私債権の場合には、税と同じような金融機関への照会はできないため、生活実態等をみながら預金の存在を特定するしかありません。土地、家屋について抵当権が設定されているなら、債権者のメインバンクであることも分かります。その点、債務者の勤務先が分かれば給与が特定され確実な執行ができます。ただし、給与は差押えできる範囲が限られます。

　調停、訴訟においては、審理の中で和解の機会が設けられ、債務者の資産状況、経済状況が判明し、その後の納付につながります。

　しかし、支払督促は異議が出されて訴訟に移行したとしても、債務名義を取得するだけですから、債務者の資力状況を尋ねることもできず、また、少額訴訟、調停以外の法的措置は一括弁済を求めることになりますから資力状況は行政の方で把握するしかなく、財産調査には、これといった決め手はありません。

　貸付けの際の審査、分割納付の誓約を行う段階で、個人情報の提供について債務者の同意を得ることも一つの方法です。

　「貸付後は本人の協力を得ることが難しい。貸付申込書や借用書に、不履行が生じた場合には貸付業務を行う他の所管の求めに応じて貸付けに係る個人情報を提供することがある旨記載しておくのが現実的対応である。」(東京弁護士会弁護士業務改革委員会自治体債権管理問題検討チーム編『自治体のための債権管理マニュアル』ぎょうせい、2008年、P 37)

　債務者の財産を知るためには、債務名義取得後の財産開示制度があります。

　財産開示制度は債務名義を取得した債権者が裁判所に申し立てて、債務者を出頭させ、債務者の財産を聴き取る制度ですが、現行では出頭しない、虚偽の申告をするなどその有効性に疑問があり、利用件数も年間1,000件

財産調査

程度と低調でした。

　このような利用に対して、利用しやすく、実効性を確保するため民事執行法が改正されました。

　財産開示手続では支払督促についても認め（改正民事執行法197）、また、従前の30万円以下の過料を6月以下の懲役又は50万円以下の罰金に改めました（改正民事執行法213）。

　また、債権者の申立てにより債務者以外の第三者からの債務者の情報取得として、裁判所から登記所へ土地・建物に関する情報を、市町村、年金機構等の公的団体、金融機関に対して給与債権等の情報提供を命ずることができるようになりました（改正民事執行法205〜207）。

　従来の弁護士法23条の2による金融機関への照会では回答しない、断られるケースが多く、昨今では多くの金融機関では照会に応じるようになりましたが、一部の金融機関は照会に応じていないため、財産開示手続による裁判所からの照会の利用が有効になるものと思われます。

　また、民法改正において財産開示手続の申請で時効6か月の完成猶予とし、手続が認められれば時効の更新になりますので（改正民法148）、今後の活用が期待されます。

121 滞納処分ができない公債権の財産調査

国税徴収法が適用される債権は、住民票や戸籍、納税状況、登記簿照会等の調査ができますが、国税徴収法が適用されない公債権は、どの範囲まで調査できるのでしょうか。

国税徴収法が適用されない公債権の調査範囲は私債権とほぼ同様です。

理由

　国税徴収法の適用を受けない公債権（非強制徴収公債権）についても基本的に私債権と同様の調査範囲です。住民票、戸籍、登記事項証明書等は「法令の定める事務」により官公署に照会ができます。

　入居者の収入状況の調査について、公営住宅法23条の2〔筆者注：現行34条〕は、事業主体の長は、公営住宅入居者の収入の状況について、官公署に必要な書類の閲覧を求めることができ、長の権限を明示したにとどまらず、官公署に対し入居者の収入状況の調査に協力すべき義務を課したものであり、入居者の収入を確定するに必要な限度で地方税の課税台帳を閲覧することは、割増賃料制度の適正な運用のためであり、入居者が割増賃料を徴収される以外に特別の不利益がない場合は、その閲覧行為は適法な行為であり、地方税法22条にいう『事務に関して知り得た秘密をもらし、又は窃用した場合』に該当しないとしました（大阪高判昭45・1・29判タ249号157頁）。

　しかし、公営住宅法34条は国税徴収法141条（質問及び検査）、142条（捜索の権限及び方法）と違って目的の範囲内の照会規定であることに注意しなければなりません。

　また、障害者の日常生活及び社会生活を総合的に支援するための法律12条、児童手当法28条についても同様の規定ですが、内容はいずれも支給対象としての所得照会です。

　国税徴収法の適用を受けない債権の財産調査では、上記のとおり制約があります。

財産調査

122 | 照会権限

非強制徴収公債権や私債権の場合などは、債権債務関係があることが確実である勤務先に給与支払い状況等を照会することができないのでしょうか。

滞納処分ができない債権は、給与支払い状況を照会できる権限はありません。
民事執行法の改正により、債務名義を取得すれば裁判所を通じて給与の照会ができるようになりました。

理由

　税をはじめとする滞納処分ができる債権は、国税徴収法141条で滞納処分のため滞納者の財産を調査する必要があるときは、その必要と認められる範囲内において、質問し、又はその者の財産に関する帳簿書類を検査することができるとされています。

　国税徴収法141条は債務者財産に対するプライバシーを考慮せず徴収のために必要な調査を行う趣旨で、罰則（国税徴収法188で1年以下の懲役又は50万円以下の罰金）まで担保された規定ですから、このように強制的な権限を与えられた債権と他の債権は同一視できません。

　滞納処分ができない債権で勤務先が判明しているようであれば、給与は差押えできますが、国税徴収法が適用されないため、差押え前に事前に給与支払状況まで照会することができません。

　「預金残高を含む預金内容については、差押手続の必要条件ではないことから、回答を拒否することが許されるとの見解もあり、実務上、預金者の同意が得られない場合には金融機関が回答を拒否することが少なくない」(1)とされていることから給与額についても預金内容と同様に差押手続の必要条件とはいえず、弁護士法23条の2により給与照会したとしても回

答を拒否されたとしてもやむを得ないと考えます。

　なお、弁護士法23条の２により転居先を郵便会社に照会したところ、報告義務確認請求は郵便法８条の守秘義務だけでは弁護士法23条の２の照会を拒絶できず、照会事項により報告する不利益と報告を拒絶することで犠牲となる利益の比較衡量を必要とし、当該事例において住所や電話番号は社会生活を営む上で一定の開示が予定される情報であり、動産の差押えに必要な住所の開示は認められました（名古屋高判平29・6・30金融法務事情2078号68頁）。

　個別法律の目的に沿う照会権限がある規定では、例えば、公営住宅法34条は住宅の入居決定、家賃徴収の猶予等に関して目的の範囲内で官公署のみならず雇主に対しても照会できます。

　老人福祉法36条は福祉の措置に関し、官公署のみならず銀行、信託会社、雇主等においても目的の範囲内で報告を求めることが認められています。

　このように、照会権限が与えられている債権であっても目的の範囲内で、しかも照会先まで規定されているかどうかが問題ですから、ご質問の場合、銀行、雇主等に照会できる規定がなければ回答を求めるには無理があると考えます。

　民事執行法の改正により、債務名義を取得すれば、申立てにより裁判所からの公的団体、金融機関への照会により債務者財産を知ることができるようになりました（給与照会については改正民事執行法206条）。

(1)　大阪弁護士会自治体債権管理研究会編『Ｑ＆Ａ自治体の私債権管理・回収マニュアル』（ぎょうせい、2012年）、P173

財産調査

123 | 国税徴収法による調査と応答義務

 転出した滞納者について調査をしていますが、転出先の市町村に照会しても「地方税法22条により回答できません」という場合があります。回答を求めることはできますか。

 滞納処分ができる債権、国税徴収法の手続によることができる債権に関する照会にあっては、照会先において回答に応じることは地方税法22条に反するものではなく、回答を求めることができます。

理由

　該当事例が保育所保育料であれば滞納処分ができる債権であり、国税徴収法が使えます。

　そうすると、国税徴収法141条に基づく調査であれば、地方税法22条の守秘義務は解除されたものと考えられますので照会先の税務部署は答えることができると考えます。

　滞納処分できない債権であっても官公署に対して照会ができる場合（公営住宅法34など）があり、このような照会権限を与えられた債権に対し、答える側は地方税法22条に反しないとされています。

　「公営住宅法第23条の2（現行34条）によれば、(中略) その閲覧行為は（中略) 適法な行為であり、地方税法第22条にいわゆる『事務に関して知り得た秘密をもらし、又は窃用した場合』に該当しない（大阪高判昭45・1・29判タ249号157頁)」とされました。

　公営住宅法34条が目的の範囲内で認められるのに対し、滞納処分に関して国税徴収法141条の質問及び検査、142条の権限及び方法については徴収に関してより広い権限を与え、罰則まで担保された規定ですから、照会先

にとっても回答に応じることができることになります。

　なお、各法律の官公署への照会規定の「できる」という規定ぶりは執行者に権限を与えたものと理解すべきで、任意規定として答えられないとする考え方ではなく、照会の必要性と応じる場合の不利益性を考慮して回答すべきか判断しなければならないものです。

　他の機関からの照会に応じるかどうかについて、弁護士法に基づく照会を受けた照会先は、照会が明白に不必要又は不合理と認めるに足りる特段の事情が認められない限り、報告が情報を開示された者に対して不法行為を構成しないとされています（鳥取地判平28・3・11金融法務事情2040号94頁）。

124 効果的な財産調査の方法

 私債権の調査の方法について、債権発生前、事後での具体例を教えてください。

 契約により債権発生段階ではある程度条件を付けて債務者の状況を知ることができますが、事後は資力も含めて調査することが難しいものですから、納付相談時に丁寧に聴き取りしておくことが必要になります。

理由

　資産調査という点では不動産、自動車、勤務先からの給与などが特定できます。

　預金の特定については、本人の生活状況により主な取引先金融機関に預金があるものと推察することしかできません。勤務先が判明している場合は給与差押えが確実にできます。

　調査は事前と事後に分けられます。

(1) 債務者本人からの情報収集（事前）

　一般的には次のような機会を活用して情報把握に努めることが肝要です。

　ア　貸付時、申込み時

　　不動産の有無、勤務先などはもちろんのこと、債権の発生段階では債務者は協力的であることが多いので、できるだけ、丁寧に情報収集しておくと滞納時点において手がかりがつかめます。

　　事後的な調査手続では資産状況の聴き取り、資料提供に応じてもらうことが困難ですから、債権発生時に後の債権管理に資するような項目である滞納者本人、連帯保証人の資力状況をできるだけ詳細に聴き取っておくことが必要になります。

　イ　督促、催告時の納付相談

　　住所異動、不動産の処分、勤務先の変更など、債権発生時に比べて情報が変わりないか確認します。

(2) 自治体単独での調査方法（事後）

　私債権は税をはじめ強制徴収公債権のように国税徴収法による調査権が使えませんので、督促、催告時に行方不明、反応がない場合、主に住民票、戸籍、登記などの調査を行います。

(3) 納付相談時

　債務者の資産状況を把握するには、納付誓約時の聴き取りにおいて、資料の提出を求めることが有効な方法になります。あらかじめ聴き取り項目を決めておき、連絡先、勤務状況、資力状況を聴き出すことが必要です。ただし、「納付相談において、債務者に対し強制的に資料を提出させることができるわけではありません。担当者は、債務者が資料を持っていかざるを得ないと考えるよう説得をしなければなりません。例えば、資料の提示もなしに分割弁済に応じるわけにはいかないと伝える等です。また、全ての資料を持参させるとなると、準備に時間がかかりますし、債務者が資料の収集をためらう可能性も高まります。担当者は、家計収支表の記載や電話での生活状況の聴き取り、内容を見た上で、最低限必要と考える資料を吟味し、債務者に対しそれらの資料の持参を求めるべきです。もちろん、聴取の後に、追

加で資料を提出してもらうのもよいでしょう。」(1)

　なお、貸付金では、「貸付けをする際に、不履行があった場合には、債務者本人以外の者（保証人を含む。）から与信管理に係る個人情報を入手することについて同意する旨の、そして協力を怠った場合には期限の利益を喪失させることができる旨の条項を設けておくこと」(2)も必要です。

　税情報等の情報の入手に関しては、できれば、国税、県税、他自治体の税情報利用についても同意してもらうようにします。

　また、勤務先が判明しても給与を差し押さえるためには差押金額の確定が必要ですが、給与額は勤務先からは回答してもらえませんので「知りうる情報の範囲で給料債権額の額を確定し、『少なくとも』という記載方法で、特定」(3)するといった工夫も必要です。

(1)　大阪弁護士会自治体債権管理研究会編『Ｑ＆Ａ自治体の私債権管理・回収マニュアル』（ぎょうせい、2012年）、Ｐ149、150
(2)　東京弁護士会弁護士業務改革委員会自治体債権管理検討チーム編『自治体のための債権管理マニュアル』（ぎょうせい、2008年）、Ｐ17
(3)　弁護士瀧康暢『自治体私債権回収のための裁判手続マニュアル』（ぎょうせい、2013年）、Ｐ299

財産調査

情報の共有化 Q&A

125 財産調査に対する同意書

 債務者から私債権の分割納付の誓約書をとるときに、各種財産調査に対する「同意書」の提出を求めることにより、履行遅延が発生した場合、各種照会に対する回答が得られやすくなると考えています。当初の契約時点で「同意書」の提出を求めておけば、事務が効率的に進むと考えています。この「同意書」に有効期限（期間）があるのでしょうか。

 当初の財産調査に対する「同意書」は当該債権に対する同意ですので債権が消滅するまでは有効です。

理由

　財産調査に対する同意書については債権が消滅するまでは有効です。

　行政機関の保有する個人情報の保護に関する法律8条2項1号では、本人同意により目的外利用を可能とします。

　貸付金においては、当初の契約又は申込書に「不履行が生じた場合には、貸付業務を扱う他の所管の求めに応じて貸付に係る個人情報を提供することがある旨記載しておくのが現実的な対応」であり、同意書をとることが有効であるとされます（東京弁護士会弁護士業務改革委員会自治体債権管理問題検討チーム編『自治体のための債権管理マニュアル』ぎょうせい、2008年、P 37）。

　私債権が未納状態になれば、徴収手続としての財産調査が難しいのが実情です。

　照会を法令により位置付けている例としては公営住宅法34条がありますが、収入状況の報告の請求等として、判例では公営住宅入居者の収入状況について、官公署に必要な書類の閲覧を求めることは、適法な行為であり、地方税法22条にいう「事務に関して知り得た秘密をもらし、又は窃用した

場合」に当たらないとされ（大阪高判昭45・1・29判タ249号157頁）、入居者の収入状況の報告の請求については地方税法22条の守秘義務が解除されるという解釈です。

しかし、このような規定は、目的の範囲内であることに留意することが必要です。

このように、私債権では契約後、未納状況での財産調査は難しいものがあります。

126 | 各債権の情報の共有化

 私債権の情報共有、情報照会について、滞納額、住所、氏名、家族構成などの情報だけを収集する部局を設け、他の部局の求めがあれば情報の照会に応じるという条例を制定することができるのでしょうか。

 滞納額、住所、氏名、家族構成などの情報だけを収集する部局を設け、他の部局の情報照会に応じることができるということを条例で定めることは難しいものと考えます。

理由

事務分掌や職務権限を考えると、事務を一つの組織にまとめて扱うことから情報の共有ができ、組織内での利用において地方公務員法34条の守秘義務は解除されると考えます。しかし、同じ部署で職員が同じ目的で業務を行うのだから、情報を共有することができるのであり、情報だけを集める部署を設けたとしても徴収までは実施しないなら情報を集める目的が違うことになり、個人情報保護の観点から不適切であると考えます。

私債権同士、同じ徴収を行うといっても、個人情報保護まで考えなければ情報の共有化は事実上難しいものになります。

情報の共有化

滞納処分できる債権の情報は、国税徴収法という枠内で情報を取得するから守秘義務が解除され、法的に認められるものであり、法律上の根拠が違う私債権にまでその情報を使うことは個人情報保護の観点から無理があるものと考えます。

127 同一の係で行う水道料金・下水道使用料の徴収業務

 公債権の調査権により取得した情報を私債権の徴収に利用することは、守秘義務違反になると考えますが、滞納整理、滞納処分は同一の係でできるのでしょうか。

 基本的に債権の法的根拠が違っても、滞納処分できる債権は共通して国税徴収法が適用されますから、滞納者の情報共有ができますが、水道・下水道で情報を共有するには、職務権限及び委託と受託の関係を明確にした上で、限定した範囲であることを示すことが必要です。

理由

　下水道使用料は、自治法附則6条3号により自治法231の3第3項の滞納処分が認められています。

　滞納処分が認められるということは、国税徴収法141条により債務者の情報について質問、検査ができることになります。

　水道料金と下水道使用料を合わせて通知して徴収している自治体が多いようですが、職務権限上、水道部門が下水道使用料を扱うことが個人情報の目的外利用の届出も含めて明確に規定されていることが必要です。

　そこで、下水道使用料で入手した情報を水道料金に使えるかどうかですが、水道部門が下水道使用料の徴収を受託している例が多く、委託先であ

る下水道部門から受託する上で最小限の情報を得ることは守秘義務を問われることはないと考えます。

　また、通知、督促までは同一部署で扱ってよいとしても、滞納になった時点で分けて扱うことが適切です。

128 下水道使用料の情報

 水道の契約は電話やハガキでの申込みであり、契約時に未納の場合には、税情報を取得できるとする調査同意書をとることは難しく、転居後に滞納が判明し、市内間に転居しても開栓がなく、また、市外転居では給水停止ができないケースが多くあります。調査同意書なしに税情報を開示してもらう方法はないものでしょうか。

 同一部署で水道料金及び下水道使用料を徴収する場合、下水道使用料の調査で得た最小限の情報は、委託と受託の関係もあり、判明した住所などを水道料金に利用することは認められるものと考えます。

理由

　私債権では、滞納処分できる公債権と比べると限定された範囲でしか調査は認められません。

　税情報の開示については、国税徴収法を根拠とするのか、公営住宅法34条のように目的があって開示できるとする根拠法が必要と考えます。

　水道料金の徴収においては、本人の同意がなければ、税情報の開示は難しいと考えます。一方で、多くの自治体の水道部局は、水道料金だけでなく下水道使用料も併せて徴収しており、下水道使用料は滞納処分できる債権ですから国税徴収法が使えます。

情報の共有化

下水道使用料で得た情報を水道料金に利用できるかどうかについては、国税徴収法の例により判明した住所情報は、密接した関連情報、必要最小限の情報として提供することは、委託先（下水道部署）と受託先（水道部署）の関係もあって守秘義務に反するものにはならないと考えます。

　目的外利用は原則できないことを考えますと、例えば、下水道使用料で得た債務者の預金残高等の情報を使って水道料金の強制執行を行うことは行政機関の保有する個人情報の保護に関する法律8条2項2号の目的外利用を許容する「相当な理由」があるものといえず、債務者に不利益を及ぼすものであり、認められないものと考えます。

129 | 滞納者情報の共有化

 滞納者情報の共有化が認められる場合はどのような場合でしょうか。また、認められる根拠を教えてください。

 滞納処分ができる債権は、共通して国税徴収法が適用されますので、情報を共有化できます。

理由

　平成19年3月27日付け、総務省自治税務局企画課長通知では、次のように解説されています。

　地方団体内における各種公金の徴収の連携強化「地方団体の歳入を確実に確保する観点からも、地方団体内部では専門的な徴収ノウハウを有する税務担当部局の活用を図ることは有用と考えられますので、それぞれの債権に関する個人情報保護に十分かつ慎重な配慮を行いつつ、各地方団体の実状等に応じ、検討していただきたい。

　なお、国民健康保険料については、地方税の滞納処分の例により処分す

ることができる（国民健康保険法79の2及び地方自治法231の3③）ことから、国税徴収法141条の規定が適用され、滞納者等に対し財産に関する必要な質問及び検査への応答義務が課されている。このため、当該情報は滞納者との関係においては秘密ではないと考えられ、地方税法22条に定める守秘義務に関し、地方税と国民健康保険料を一元的に徴収するため、滞納者の財産情報を利用することについては差し支えない。保育所保育料など、地方税の滞納処分の例によると規定されているものについても同様と考えられますので、参考としていただきたい。」

　税を含め、滞納処分できる債権は、国税徴収法の規定が共通して適用されますから滞納者の情報が共有化できるとするものです。

　「公課の徴収は、租税についで徴収する点を除き、租税の徴収と同様の考え方による。」こととなります（長坂光弘「地方税当局及び社会保険庁との徴収共助」国税庁ホームページ、P96注釈）。

　法令に基づく場合の情報共有は許され、市の徴税担当職員が、滞納者の財産状況を府の徴税吏員と共有することに違法はないとされ（大阪地判平26・1・23判例自治392号52頁）、滞納処分ができる債権同士は国税徴収法の手続を共通としますので、情報共有は当然認められます。

　しかし、情報の取得については、次の法律の規定を受けた各自治体の条例の規定に注意しなければなりません。

行政機関の保有する個人情報の保護に関する法律（平成15年法律58号）
（利用及び提供の制限）
第8条　行政機関の長は、法令に基づく場合を除き、利用目的以外の目的のために保有個人情報を自ら利用し、又は提供してはならない。
2　前項の規定にかかわらず、行政機関の長は、次の各号のいずれかに該当すると認めるときは、利用目的以外の目的のために保有個人情報を自ら利用し、又は提供することができる。ただし、保有個人情報を利用目的以外の目的のために自ら利用し、又は提供することによって、本人又は第三者の権利利益を不当に侵害するおそれがあると認められるときは、この限りでない。
一　本人の同意があるとき、又は本人に提供するとき。
二　行政機関が法令の定める所掌事務の遂行に必要な限度で保有個人

情報を内部で利用する場合であって、当該保有個人情報を利用する
　　　ことについて相当な理由のあるとき。

<u>　三　他の行政機関、独立行政法人等、地方公共団体又は地方独立行政
　　　法人に保有個人情報を提供する場合において、保有個人情報の提供
　　　を受ける者が、法令の定める事務又は業務の遂行に必要な限度で提
　　　供に係る個人情報を利用し、かつ、当該個人情報を利用することに
　　　ついて相当な理由のあるとき。</u>

（以下省略）

　一般的に情報取得は行政機関の保有する個人情報の保護に関する法律8
条の規定により「相当な理由のあるとき」は個人情報の利用が認められる
とされていますが、「この場合の『相当な理由』の有無は、本人にとって
明らかに利益になる場合などに厳しく限定して解釈すべきで、不利益処分
をするために他の行政機関に対して提供を求めるようなことがあってはな
らない」とされています（今村成和著・畠山武道補訂『行政法入門〔第8版
補訂版〕』有斐閣、2007年、P139）。

　各自治体の個人情報保護条例において、どこまで利用できるのか確認が
必要です。

　また、官公署への調査協力については次のような規定があります。

　地方税法20条の11は国税徴収法146条の2と同様の規定です。

国税徴収法（昭和34年法律147号）
　（官公署等への協力要請）
第146条の2　徴収職員は、滞納処分に関する調査について必要がある
　ときは、官公署又は政府関係機関に、当該調査に関し参考となるべき
　帳簿書類その他の物件の閲覧又は提供その他の協力を求めることがで
　きる。

　税では次のような三税協力がされています。

三税協力
国税庁基本通達
滞納処分と強制執行等との手続の調整に関する法律通達

第2条関係　定義

1　徴収法に規定する滞納処分の例による滞納処分

　　この条第1項（筆者注：滞納処分と強制執行等との手続の調整に関する法律2①）に規定する「その例による滞納処分」とは、地方税その他の公租公課について、「国税徴収法に規定する滞納処分の例」（地方税法48条1項、68条6項等）、「国税滞納処分の例」（行政代執行法6条1項）、「国税徴収の例」（厚生年金保険法89条等）又は「地方税の滞納処分の例」（地方自治法231条の3第3項）等により行う滞納処分をいう。

国税徴収法通達

第146条の2関係　官公署等への協力要請

　官公署等への協力要請をすることができる場合

1　〔国税徴収〕法第146条の2の「滞納処分に関する調査について必要があるとき」とは、滞納者の所在調査等を含め滞納処分に関し調査が必要と認められるときをいい、滞納者の財産調査が必要と認められるときに限られない。

官公署

2　〔国税徴収〕法第146条の2の「官公署」は、国、地方公共団体その他の各種の公の機関の総称であり、国及び地方公共団体の各種の機関はすべて含まれる。

帳簿書類

3　〔国税徴収〕法第146条の2の「帳簿書類」には、その作成又は保存に代えて電磁的記録が作成又は保存されている場合における当該電磁的記録が含まれる（〔国税徴収〕法第141条参照）。

　なお、財産調査において「金融機関職員に滞納額を知らせることは、職務の円滑な執行に資するとしても、職務を遂行上で必要不可欠とは考えられず、伝播の可能性が低いとしても、第三者に開示した以上、秘密漏洩には当たらないとすることはできない（仙台高判平18・9・27判例自治2911号19頁）」とされている例もありますので、守秘義務に注意が必要です。

130 | 徴収一元化の範囲

 Q 徴収の一元化は、どこまで認められるのか、債権の例を示してください。

 A 滞納処分が認められる債権（強制徴収公債権）は共通して国税徴収法が適用されますので、一元化することはできます。ただし、国税徴収法が適用されない債権まで一元化することは各債権の情報共有をどの範囲まで認めるのか、職務権限まで含めて検討する必要があります。

理由

　滞納処分が認められる債権（強制徴収公債権）は共通して国税徴収法141条、142条が適用されますから、その限りにおいては各債権での情報は秘密ではないという通知が総務省から示されたところです（平19・3・27地方税の徴収対策、総務省通知）。

　しかし、強制徴収公債権以外の債権は、滞納処分における国税徴収法のような共通した規定がありません。

　そこで、強制徴収公債権以外の私債権も含めた形で、徴収組織を一元化すれば情報共有ができるのかどうかですが、例えば、事務分掌規程ですべての債権を一つの部署に集めて、権限を持たせたとしても、上記のような国税徴収法を根拠としない以上、税情報を貸付金に利用して、地方税法22条の守秘義務が解除されるかどうかは法律の規定によるものではないことから疑問です。

　現状では、税、保険料（介護保険料）、保育所保育料、下水道使用料などの滞納処分ができる債権のみを集めた形で情報の共有化を図り、徴収を効率化することが望ましいと考えます。

自治体の事例においても、滞納処分ができる債権を集めて管理を行う例は多いようですが、すべての債権を同一部署に集めて管理している例は少ないようです。

　債権の所管課としては複数になりますが、通常、債務者は一人ですから国民健康保険料の資格停止、公営住宅の明渡要件、水道の給水停止など債務者の不利益にならないように庁内で優先順位を決めておくなど調整することも求められます。

その他 Q&A

131 地方公営企業会計と議会の議決

水道や病院などの地方公営企業で、裁判所を通じた少額訴訟、調停などを実施する場合、議会の議決が不要とのことですが、金額を問わず議決が必要ないということでしょうか。

地方公営企業法の適用を受ける事業において、法的措置をとる場合は金額を問わず議会の議決は不要です。

理由

　地方公営企業法40条2項には、訴えの提起、和解、あっせん、調停及び仲裁並びに法律上地方公共団体の義務に属する損害賠償額の決定については、条例で定めるものを除き、自治法96条1項12号は適用しないとされています。法的措置をとっても議決は必要としませんし、金額は問いません。

　水道と病院は、地方公営企業の能率的な経営と自主性を尊重する観点から議会の関与を少なくし、法的措置は自治体の長ではなく、各事業管理者で実施できるようになっています。

　また、地方公営企業以外の自治体の法的措置のあり方は、自治法180条の専決処分の扱いとして、上限額までなら長限りで実施できるとすることを条例ないしは議会との間で取り決めていることが多いようです。

132 | 放置違反金に対する照会

警察から道路交通法51条の５第２項により、放置違反金に関し、水道料金の支払状況、供給停止等の照会がありましたが、刑事訴訟法197条２項の基準で回答してもよいのでしょうか。

放置違反金に関して水道料金への照会は、プライバシーと公益性を比較し、必要性を検討した上で回答すべきと考えます。

理由

　放置違反金は滞納処分ができますが、道路交通法51条の５による照会では、プライバシーと公益性を比較し、他に手段がないことを検討すべきです。

　総務省通知「原動機付自転車に係る所有者情報の取扱いについて」（平17・3・29総税企第70号、平17・7・12）は、「原動機付自転車に関する情報は、市町村の税務当局にしかないデータであり、かつ犯罪捜査上必要が生じた場合には、他の代替手段が難しいという実態から、報告義務に従って市町村は情報の提供に応ずること」とされ、「捜査機関から刑事訴訟法第197条第２項の規定を根拠にして原動機付自転車の所有者等の情報を請求しているものであるが、これについては政府の責任において報告義務を伴うもの」とされ、地方税法22条の守秘義務違反にならない扱いです。しかし、水道料金の口座照会は、滞納処分の必要な範囲を超え、かつプライバシーの侵害の問題があり、「電気・ガス・水道等の（中略）口座情報の照会については、（中略）（国税）徴収法第141条に基づく照会としては、単に調査の必要性から無条件に許容されていると考えることはできない。他に滞納者の財産を発見する手段がない場合であるとか、倒産事案のような緊急性のある場合などに限って行うべき」[1]とされています。

その他

263

刑事訴訟法197条の場合は、次のことを考えて回答することになると考えます。

① 照会事項が事件を解明する上で重要な事項と認められるもの（高度の公益性）

② 直ちに証拠を保全しなければ証拠隠滅などの恐れがある（緊急性）

③ 税務機関に照会する以外にその事実を確認する有効な手段がない（非代替性）

（1） 地方税事務研究会編著『新版　事例解説　地方税とプライバシー』（ぎょうせい、2008年）、P173〜177、P185

133 公営住宅使用料と破産の関係

 公営住宅使用料の未納者が破産免責決定を受けましたが、明渡しには応じようとしません。

破産前の未納の使用料は、不納欠損にして、破産後の賃料を請求すべきでしょうか。

本人が少額でも納付すれば建物明渡しを求めなくてもよいと考えますが、全く納付をしていない状態で破産した場合、明渡しをどのように考えるべきでしょうか。

税等公課は、破産免責決定を受けても免責されませんが、他の債権は破産免責決定された場合は不納欠損ができると聞いていますがいかがでしょうか。

 破産手続開始決定前の住宅使用料は破産免責決定されれば債権放棄の対象とします。

明渡しについては、破産前の公営住宅使用料が破産免責決定されたとしても、破産手続開始決定前からの滞納状況で判断することになります。

理由

　破産と賃料債権の関係は、以前は賃借人の破産によって、賃貸人は賃貸借契約を解除できるという条文（民法622）が規定されていましたが、平成16年の破産法の改正に併せて、破産という理由だけでは、いわゆる賃貸借の「信頼関係の破壊」とはいえず、合理性を欠くという理由から削除されました。ただし、少なくとも破産管財人が付かない同時廃止の場合、破産手続開始決定までの賃料債権は、破産債権として免責対象となります。

　したがって、破産債権であれば債権放棄をして不納欠損の扱いとすることはできると考えます。

　破産手続開始決定後の賃料をどのように扱うのかという問題ですが、すぐに債権放棄をして不納欠損の扱いとせず、通常の債権管理の問題とします。

　破産という事実だけでは建物明渡しを求める理由にはなりません。

　破産者が免責許可決定（破産法252）を受けるまでにどれだけの公営住宅使用料の不払いがあったのかどうかを理由に明渡しの判断をすることになります。

　なお、公営住宅法32条1項2号では、「家賃を3月以上滞納したとき」は事業主体の長は、入居者に明渡しを求めることができるとされていますが、家賃滞納が3月以上に及ぶことと併せて、相当期間にその履行を催告したにもかかわらず、履行しないという事実があって明渡しができるとされています（大阪地判昭34・9・8下級民集10巻9号1916頁）。

　公営住宅の明渡しについても民間賃貸借と同様に「信頼関係の破壊」といえる状況が必要になります（最判昭59・12・13判時770号76頁）。

その他

134 | 限定承認

相続の「限定承認」は、どのように把握し、どのような資料で確認するのでしょうか。

公告はされますが、実務上は家庭裁判所へ照会して確認します。

理由

　限定承認に係る債権の扱いについては、国の債権管理に関する解説に次のような説明があり、自治体債権についても同様の扱いにすればよいでしょう。

　限定承認の場合は家庭裁判所から相続人に受理書が交付されます。

　「『限定承認』とは、相続人が被相続人の債務と遺贈とについて、相続において得た財産を限度として責任を負うことを留保して行う相続の承認であって、相続財産が負債超過のおそれがあるような場合はその清算を行い、その結果債務が残ればそれに対しては責任を負わず、積極財産が残ればそれを相続する制度である（民法922）。

　『相続人が限定承認をした』とは、相続人が自己のために相続の開始があったことを知った時から3か月以内に、財産目録を調整してこれを家庭裁判所に提出し、相続によって得た財産の限度においてのみ被相続人の債務及び遺贈を弁済すべきことを留保して相続を承認する旨の申述をなして家庭裁判所がこれを受理したときからをいう（民法915①、922、924）。

　限定承認者は、限定承認をした後5日以内に、一切の相続債権者に一定の期間内（2か月を下ることはできません。）にその債権の請求の申出をすべき旨を公告することになっており、(中略)

　限定承認者は、弁済期に至らない債権についても弁済しなければならな

いことから（民法930①）、国の債権についてその債務者が死亡し相続人が限定承認した場合には、歳入徴収官等は、時期を失しないよう限定承認者に対して債権申出のための措置をとるべきである。」（大鹿行宏編『債権管理法講義』大蔵財務協会、2011年、P 155）

限定承認は相続人全員の同意が必要であり、限定承認は相続財産が債務超過しているか明らかでない、事業の承継のため相続財産を一部残したいなどの場合に利用されます。

135 議案における守秘義務

 Q 訴えの提起のため議会の議決を得る必要があり、訴状に未納者の氏名や住所を明記し、訴状案を議会に提出することは守秘義務違反にならないのでしょうか。

 A 守秘義務違反にはならないと考えます。

理由

訴えの提起は、自治法96条１項12号により議会の議決が必要です。

職員は、職務上知り得た秘密を守る義務がありますが（地方公務員法34）、法令に基づくものには適用がないとされています。

したがって、議会の議決事項となる訴えの提起を議案として提出することは、法令に基づくものであり、たとえ、未納者の氏名、住所が公表されるとしても、守秘義務の問題はないと解されます。

未収金を徴収するための訴えの提起には自治体債権の確実な徴収を図るという公益性があり、一方、未納者の氏名、住所という秘密は私的利益であるため、法令の規定に基づく訴えの提起が守秘義務に抵触するかどうかは、この両者の比較衡量で決まるものと考えられます。

その他

法令の規定によるものに守秘義務が及ぶとなると、例えば、租税の差押えにおける第三債務者への通知書や利害関係人への差押通知書の発付や公示送達についてもできないことになります。[1]

　議案の住所、氏名を公開する目的は議案審議のためですから、議案審議終了後の扱いについては、後日に個人情報部分については削除する扱いが望ましいと考えます。

　なお、従来は、行政の調査により取得したものでない滞納者情報の漏えいは地方公務員法34条の適用範囲でしたが、地方税法22条により徴収事務の秘密漏えいについても守秘義務規定が適用される解釈に変更され、罰金の額も30万円から100万円に引き上げられています（現下の厳しい経済状況及び雇用情勢に対応して税制の整備を図るための地方税法等の一部を改正する法律（平成23年法律83号））。

　税以外の強制徴収公債権の守秘義務は地方税法22条が地方税の事務に関して知り得た秘密を保護するところから地方公務員法34条の範囲になると考えます。

(1)　日高全海『地方税の徴収実務事例集』（学陽書房、2005年）、P 17

136 債権管理に関して住民監査の対象とされた事例

債権管理に関して「怠る事実」で住民監査の対象とされた事例、損害賠償を請求された事例は、どのようなケースがあるのでしょうか。

「怠る事実」としては、税の賦課・徴収に関する裁判例が多いのですが、とるべき手続と事案を考慮して判断されます。

理由

　怠る事実としては、「公金の賦課・徴収を怠る事実」及び「財産の管理を怠る事実」があります。

　裁判例から自治体の債権管理に関しては、次のようなことがいえます。

(1)　法令により徴収することは自治体として裁量がありません。

(2)　滞納処分、強制執行をしないことは、債務者の担税力等の兼ね合いで場合によっては「公金の賦課・徴収を怠る事実」、「財産の管理を怠る事実」と評価されます。

(3)　放置していたかどうかは、合理的な範囲で調査したかどうかで問われます。

(4)　徴収努力がなされたかどうかは、困難事案、とるべき手続等を考慮して判断されます。

(5)　適正な手続が踏まれていないものは「公金の賦課・徴収を怠る事実」、「財産の管理を怠る事実」と評価されます。

　税徴収での判例が多いようですが、「怠る事実」として損害に当たるかどうか、他の債権にも参考になるものとして次の裁判例を挙げておきます。

ア　過料を科さないことは公金の賦課・徴収を怠る事実でない（徳島地判平2・11・16判時1398号57頁、判タ760号159頁）

　過料については、不正免脱行為の発生の防止等のための行政罰の一種であって、過料を科すことは、財政の維持及び充実を目的とする財務会計上の行為ではないので「公金の賦課・徴収を怠る事実」には該当しない。

イ　市民税の徴収権の時効消滅による怠る事実の認定（浦和地判平12・4・24判例自治210号35頁）

　市民税の徴収権を時効消滅させて市民税の徴収を怠っていたとして自治法242条の2第1項4号に基づき市長個人に対してなされた損害賠償請求755万6900円のうち、44万600円が認められた。

ウ　遅延損害金の徴収を怠ったことに対する損害賠償（神戸地判平14・9・19判例自治243号77頁）

　市長は遅延損害金を請求せず、徴収することもあり得ないとの態度を

とったことにより、事実上、遅延損害金の徴収が不可能になった以上、市には70万円の損害が生じていることが認められた。

エ　自動販売機占用料の損害賠償請求権又は不当利得返還請求権の行使（最判平16・4・23民集58巻4号892頁、判時1857号47頁）

道路にはみ出した自動販売機を1台ごとに債務者を特定して債権額を算定することは多くの労力と多額の費用を要し、「債権金額が少額で、取立てに要する費用に満たない」（自治法施行令171条の5）として行政が認めたことを違法ということはできない。

オ　固定資産税の延滞金徴収に係る怠る事実（津地判平17・2・24判タ1217号224頁）

固定資産税の滞納処分に対する督促状を発してから10日以内に差押えがされないからといって、当然にこれが地方税法に違反するとはいえないが、差押え等滞納処分をとられないために実質的に公金徴収権の確保が図られない場合や、公平を欠き偏頗な徴税行為であるとみられる場合には、地方団体の長はその裁量を逸脱し、徴収金の徴収を違法に怠るものと解するのが相当である。

カ　特別土地保有税の徴収権を時効消滅させたことによる損害賠償（徳島地判平17・5・16判例地方自治273号25頁）

納税義務者の担税力は特段問題がなかったが、市長が自ら本件各保有税を徴収する義務又は市の職員が徴収を怠ることを阻止すべき指導監督上の義務を怠り、本件各保有税の徴収権を時効により消滅させたことは違法であり、市長は、市に対し、違法行為により市が被った損害を賠償する責任を負う。

キ　貸付けについて、償還請求、担保権の実行、強制執行の手続及び連帯保証人に対する履行請求を怠る事実の違法確認請求が認容された事例（奈良地判平19・3・22判例自治295号51頁）

法定の事由がある場合においては、履行期限を延長する特約をすることが許されるし、また、履行期限の繰上げ及びこれを前提とする履行の請求等をしなかったとしても、違法なものということはできない。しかしながら、①被告らの主張する政策性・公益性は、主として貸付けを実施すること自体及びその対象選定や条件設定において考慮されるもので

あって、それらの局面においては、それぞれの根拠規定ないし制度目的に応じた裁量的判断が許されるとしても、貸付けとしていったん設定された条件について後にこれを変更するなどの債権の管理に関する事項については、法定されているのであって、それにもかかわらず、貸付目的の政策性・公益性を理由に履行期限の繰上げや強制執行等を行わないことを認めるとすれば、貸付けと補助金との区別を不明確にするのみならず、法令上、強制執行が功を奏しないと認められる場合に限り徴収停止の措置をとることができ（地方自治法施行令171条の5）、また、債務者が無資力又はこれに近い状態にあること（同施行令171条の6第1項1号）を理由に履行期限を延長した場合に限り、議会の議決を得ることなく債権を免除できる（地方自治法96条1項10号、同施行令171条の7第3項）ものとされていることを無意味にしてしまう点でも相当でない。さらに、②正常な債権回収が到底期待できない状況にありながら、なお、被告組合の経営改善努力を考慮して、履行期限の繰上げや強制執行等を行わないのは失当である。

ク　特別土地保有税の滞納処分をしなかったことによる損害賠償（大阪高判平19・6・29判例自治302号53頁）

　遅くとも、滞納者が税を任意に納付することが期待できない状態になったときには、徴税吏員は、速やかに、納税義務の履行を強制すべく、地方税法及び国税徴収法の規定に則って滞納処分（差押え等）をすべきである。町長、総務部長、税務課長に連帯して4,629万円の損害を支払うよう命じた。

ケ　市税債権を督促、差押え等の時効中断措置をとらずに時効完成したことの是非（水戸地判平19・8・8裁判所ウェブサイト）

　徴税に向けられた相応の努力が払われたが、徴収が著しく困難な案件については、限りある人員及び予算の中で適正かつ効率的に徴税事務又は行政事務を遂行しなければならないという地方行政の実情に照らせば、差押え等の措置が実施されないまま消滅時効が完成するに至ったとしてもやむを得ない。消滅時効が完成したことにより、直ちに徴税事務の監督者が違法にその管理を怠っていたということはできず、不法行為が成立することはない。

その他

271

コ　特別土地保有税の時効を消滅させたことによる損害賠償（高松高判平
20・2・22裁判所ウェブサイト　前出「カ」）

　　市長が特別土地保有税の徴収権を時効消滅させたことが違法であると
して、市長個人に損害賠償の請求をすることにつき、民法147条3号所
定の承認とは、時効の利益を受けるべき者が、時効により権利を失うべ
き者に対して、その権利存在の認識を表示することをいうと解される。
納税義務者による課税対象土地の取得ないし保有が特別土地保有税の課
税要件を充足していることは明らかであり、納税義務者による税務申告
書の提出も課税要件の充足を前提としてされたものと認めるのが相当で
あるところ、納税義務者が税務課長に対して送付した、特別土地保有税
につき地方税法602条1項1号ハ（市などの公的な団体に譲渡した場合の特
例譲渡による免除）の規定が適用されるべきである旨を記載した書面は、
特別土地保有税の納税義務の存在を前提とした上で、その免除を定めた
同条の適用を主張したものといえ、前記書面の送付によって納税義務者
が前記特別土地保有税の徴収権の存在を認識している旨を表示したと評
価することができる。したがって、特別土地保有税の徴収権の時効は、
前記書面が提出された日ころに中断したものというべきであり、市に損
害が生じていない（納期限からみて納税義務者から特例譲渡による免除をす
べき旨の書面を提出したことは債務の承認であるから、時効中断し、さらに、
債務承認と認められる日から5年以内に督促を発したことによる時効中断が
認められ、市側の逆転勝訴になりました。督促状の効力が改めて認められた
判例です）。

　　納税義務者から特例譲渡による免除をすべき旨の書面の提出（承認に
よる時効中断）　平成11年6月24日

　　督促状による時効中断　平成16年6月14日

サ　特別土地保有税の事務引継の懈怠に対する損害賠償（大阪高判平
21・7・17判例集未登載、月刊「税」ぎょうせい・2010年3月号参照）

　　市税の滞納増加が議会で問題になり、全庁を挙げて滞納減に取り組む
中、本税を調定する正規の手続を行うことで高額な滞納が明らかになる
ことから、懸案事項を引き継がず、結果、適切な管理ができず、債権が
時効消滅したことにより、当時の理財局長、税務部長、資産税課長に対

する2,552万円の損害賠償が認められた。

シ　未収債権の不納欠損に対する住民訴訟（福岡地判平26・1・30判例自治
384号27頁）

　下水道使用料及び受益者負担金の不納欠損につき、「地方公共団体の
人員や事務、滞納者の資産状況や債権の徴収に要する費用等に照らし、
徴収のために実施される措置として合理的と認めるに足りる程度の措置
が講じられている限り、地方公共団体の長に不法行為は成立しない」と
した。

ス　住宅新築資金等貸付に関する住民訴訟（高知地判平27・5・15判例
ID28232068）

　住宅新築資金等貸付金の債権管理につき、課長及び市長は、自治法や
施行令の規定に従って、債権を管理すべき財務会計上の義務があるとし
ました。

　「債権等の財産の管理において時効の管理が重要であることはいうま
でもなく、消滅時効の期間の経過が見込まれる場合には、時効中断の措
置の一環として、催告目的での督促や債務の承認を得る措置を執った
り、あるいは、裁判上の請求や仮差押えの手続を検討し、市長にその意
見を上申すべき財務会計上の義務があり、時効中断の措置を何ら執るこ
となく、消滅時効期間を経過させた場合には、財産の管理を違法に怠っ
たものというべきである。」

137 債権管理条例と専決処分

 債権管理条例において、一定額以下の債権は法的措置を自治
体の長限りでできるとする専決処分（自治法180）を規定し
なくてもよいのでしょうか。

 法的措置について、一定額以下の債権は自治体の長限りで専決

処分できることを債権管理条例に規定しなければならないものではなく、議会との取り決め等で規定することもできます。

理由

　訴えの提起、和解等の訴訟手続等の決定について、金額が一定額以下のものを自治法180条1項により自治体の長の専決処分としている例があります（江戸川区の私債権の管理に関する条例8条、金額500万円以下を対象としています）。

　訴訟等の法的手続を自治体がとる場合は、議会の議決が必要です（自治法96①XII）。

　地方公営企業については、このような議決手続は不要です（地方公営企業法40②）。

　このように、あらかじめ法的措置は自治体の長限りで決定できることを規定すると効率的な法的措置が可能です。

　しかし、このような規定は必ずしも（債権管理）条例に規定しなければならないものではなく、議会との取り決め等において規定することも可能です。

138 債務者の破産と連帯保証人への請求

債務者が破産した場合は、連帯保証人への請求は、どのように請求するのでしょうか。

主たる債務について破産債権の届出を行い、通常の債権管理として連帯保証人に請求することになります。

274

理由

次の裁判例が参考になります。

「破産者が免責決定を受けた場合には、右免責決定の効力の及ぶ債務の保証人は、その債権についての消滅時効の援用をすることができないと解するのが相当である。」（最判平11・11・9民集53巻8号1403頁）

上記は自然人の場合であり、法人の場合についても消滅時効を観念する余地はないとして、保証人は主たる債務の消滅時効の援用はできないとしました（最判平15・3・14民集57巻3号286頁）。

「破産免責の対象となった主たる債権について消滅時効を観念する余地はなく、保証債務について独自の時効管理を行えば足りる。」（酒井廣幸『〔新版〕時効の管理』新日本法規、2007年、P531）

結局、主たる債務者が破産した場合は連帯保証人に請求することになり、主たる債務者の免責された債権の時効が援用できない以上、債権者としては主たる債務について破産債権の届出を行い、連帯保証人に通常の債権管理として請求することになります。

139 履行期限の繰上げ

 自治法施行令171条の3に定める履行期限の繰上げはどのような場合に行うのでしょうか。

 自治法施行令171条の3による履行期限の繰上げは、基本的には国の債権の管理等に関する法律16条と同じ扱いであり、契約に期限の利益の喪失条項がなければ法律に定める場合に行うことができます。

理由

　国の債権の管理等に関する法律16条での履行期限を繰り上げる場合は次のとおりであり、自治法施行令171条の3においても同様です。

(1)　法律に定める場合

　ア　債務者が破産手続開始決定を受けたとき（民法137）

　イ　債務者が担保を滅失させ、損傷又は減少させたとき（民法137）

　ウ　債務者が担保提供の義務を怠ったとき（民法137）

　エ　相続における限定承認があったとき（民法930）

　オ　相続財産の分離が行われたとき（民法947）

　カ　相続財産法人が成立し、相続人がいないことが明らかになったとき（民法957）

(2)　契約条項に従わなかったとき

　上記のような理由は法律の要件により適用が限られていますので、当初契約の段階か履行延期特約に基づく分割納付、分割納付誓約書等に納付期限を経過した場合は期限を繰り上げる旨を明記することが必要になります（期限の利益喪失条項）。

大鹿行宏編『債権管理法講義』（大蔵財務協会、2011年）、P144

140 債権の申出

　自治法施行令171条の4に定める債権の申出はどのような場合に行うのでしょうか。

　法令の規定により配当要求ができる場合は債権の申出ができます。

276

理由

　自治法施行令171条の4に定める債権の申出は、基本的には国の債権の管理等に関する法律17条と同じ扱いとすることが適切です。「債権の申出とは債務者が強制執行を受けるなどその責任財産が危うくなったときとか、債務者の総財産について清算が開始されたときなどの場合に債務者の財産の分配にあたって不利益を被ることのないよう（中略）その債権の存在を主張することをいう。」[1]

　国の債権の管理等に関する法律17条に定める債権の申出は、法令の規定により配当要求ができる場合であり、次のような申出規定のある場合は可能です。いずれも官報で公告される事項であり、公知の事実ですから、一つの債権だけでなく自治体全体としての情報共有を行い、漏れのないようにしなければなりません。

(1)　強制執行（民事執行法51）

(2)　抵当権の実行（民事執行法188）

(3)　破産手続開始（破産法111）

(4)　民事再生手続開始（民事再生法94）

(5)　会社更生手続開始（会社更生法138）

(6)　法人の解散（会社法499、660）

(7)　相続における限定承認（民法927）

 [1]　大鹿行宏編『債権管理法講義』（大蔵財務協会、2011年）、P147

その他

141 | 国と自治体の債権管理規定の違い

 国の債権の管理等に関する法律と自治法施行令の違いを教え
てください。

 債権管理の規定である国の債権の管理等に関する法律と自治法
施行令の内容はほぼ同様です。
国の債権の管理等に関する法律の解説は、自治法施行令の解釈
にもなりますので参考にされるとよいでしょう。

理由

　次に掲げるように、国の債権の管理等に関する法律と自治法施行令171
条から171条の7までの債権管理に関する規定はほぼ同様ですので、自治
体の債権管理に関して、国の債権管理に関する扱い方が参考になります。

　また、国も自治体も債権管理に関しては基本的に同じ扱いをすべきこと
から、債権管理条例で規定する場合も自治法施行令を引き写すだけでな
く、内容については十分に考慮しなければなりません。

　国の債権の管理等に関する法律のそれぞれの規定については、大鹿行宏
編『債権管理法講義』（大蔵財務協会、2011年）に詳しく解説されています。

　なお、国の債権の管理等に関する法律25条（履行期限を延長する期間）、
26条（履行延期の特約等に附する条件）、33条（延滞金に関する特則）は自治
法施行令では措置されていません。

国の債権の管理等に関する法律と自治法施行令の比較表

国の債権の管理等に関する法律（昭和31年法律114号）	地方自治法施行令（昭和22年政令16号）
13条（納入の告知及び督促）	171条（督促）
15条（強制履行の請求等）	171条の2（強制執行等）
16条（履行期限の繰上）	171条の3（履行期限の繰上げ）
17条（債権の申出）	171条の4（債権の申出等）
21条（徴収停止）	171条の5（徴収停止）
24条（履行延期の特約等をすることができる場合）	171条の6（履行延期の特約等）
32条（免除）	171条の7（免除）

142 | 徴収吏員証

税を除く、国民健康保険料、介護保険料などにおいて徴収吏員証がなければ、滞納処分ができないのでしょうか。徴収吏員証を提示せず、身分証明書だけで滞納処分ができるのでしょうか。

徴収吏員証を提示せず、滞納処分を行っても無効ではありませんが、質問、検査及び捜索を行う上からも徴収吏員証を発行することが適切です。

理由

滞納処分は自治体の代表者たる長名で行います。

通常、事務吏員は長に代って事務を行う以上、事務吏員が行った滞納処分の効果は長に帰することになります。吏員証がなく、身分証明書の提示

だけで滞納処分を行ったとしても法的な効果には影響ありません。

　大審院刑事判決（大正14・5・7大審院刑事判例集4巻276頁）では「国税徴収法第11条ハ訓示的規定ニシテ市吏員カ県税市税ノ滞納処分トシテ財産ノ差押ヲ為スニ際シ其ノ資格ヲ証明スヘキ証票ヲ示ササルモ之ニ因リ其ノ処分ヲ無効ナラシムルモノニ非ス」としており、差押えに際し、吏員証がなくても滞納処分は無効にはならないとしています。

　しかし、国税徴収法による調査権限等を考えますと、相手方に対して権限が明示することも必要になりますから各公課の吏員証を規則で定めることが適切です。

　地方税による公課の滞納処分手続には、次の大田区の規定例のように、各債権において滞納処分吏員を定めることが適切です。

> 　大田区保育の実施等に関する条例施行規則（平成10年大田区規則74号）
> 第13条　条例第7条第3項に規定する滞納処分に関する事務は、区長が任命する職員（以下「滞納処分職員」という。）が行う。
> 2　滞納処分職員は、滞納処分のため財産を差し押え、又は財産の差押えに関する調査のため質問し、若しくは検査を行う場合は、滞納処分職員証を携行しなければならない。

　浜松市の例では滞納処分ができる債権において税外収入徴収職員証票などを定めています。

> 　浜松市債権管理条例施行規則（平成19年浜松市規則第133号）
> （徴収職員証等）
> 第6条　徴収職員は、公課の徴収に関する調査のために質問し、又は検査を行う場合においては当該徴収職員の身分を証明する徴収職員証（第1号様式）を、公課の徴収金に関して財産差押えを行う場合においてはその命令を受けた徴収職員であることを証明する滞納者財産差押職員証（第2号様式）を携帯しなければならない。

　なお、吏員証に関する規定は職員の身分に関するものであるため、条例ではなく規則で定めても差し支えありません。

143 公営住宅の連帯保証債務、相続人確認のための戸籍請求

 公営住宅の連帯保証人が平成28年に亡くなり、そのままになっていました。公営住宅の入居者は平成26年頃から滞納が始まり、平成30年の2月に自己破産しました。免責決定は2月であり、官報に掲載されたのは3月です。

本人は破産したので連帯保証人から徴収しますが、連帯保証は相続されるのでしょうか。

まず、相続人を当然確認しなくてはなりませんが、この場合、公営住宅法34条で各市町村に戸籍の公用請求が可能でしょうか。

 連帯保証債務についても相続の対象になります。また、戸籍の請求は、「法令の定める事務を遂行するため」として戸籍法10条の2第2項により請求することになります。

理由

　連帯保証（保証債務）は相続人に相続されることになり、相続される割合は法定相続の範囲になります。

　公営住宅法34条での照会の範囲は、「家賃の決定、家賃若しくは金銭の減免、敷金の減免、家賃、敷金若しくは金銭の徴収の猶予、明渡しの請求、あつせん等又は公営住宅への入居の措置に関し必要があると認めるときは、公営住宅の入居者の収入の状況について」認められるものですから、相続における戸籍照会の根拠ではありません。

　戸籍法10条の2第2項により「国又は地方公共団体の機関は、法令の定める事務を遂行するために必要がある場合には、戸籍謄本等の交付の請求をすることができる。この場合において、当該請求の任に当たる権限を有

その他

する職員は、その官職、当該事務の種類及び根拠となる法令の条項並びに戸籍の記載事項の利用の目的を明らかにしてこれをしなければならない」としていますので法令の定める事務として目的の範囲内で照会すべきです。

なお、破産と住宅明渡しの関係は、破産に関係なく、賃料滞納を理由に明渡しを行うことになります。

また、主たる債務者が破産の場合は、破産申立ての際、債権届出を行い、認められたら確定判決によるものと同様に時効は10年に延長されます（改正前民法174の２、改正民法169）。

さらに、主たる債務者への時効中断は、保証債務の「付従性」から連帯保証人に及ぶことになります（最判昭43・10・17判時540号34頁）。

民法改正後は保証人への請求は主たる債務者には及びませんので（相対効）、保証人にも督促、催告が必要になります。

このように、連帯保証人のある債権管理については時効中断（更新）を含め、通常の債権管理よりも複雑なため、一層の注意が必要です。

(1) 財団法人地方自治研究機構『自治体法務研究　2009年増刊号自治体法務実例・判例集』（ぎょうせい）、P254

144　滞納処分規定のない公債権（非強制徴収公債権）と改正前民法174条の２（改正民法169）との関係

Q　滞納処分規定のない公債権は、裁判所を通じての徴収になりますが、勝訴した場合は、改正前民法174条の２（改正民法169）の規定により時効期間は10年に延長されるのでしょうか。また、勝訴した後の債権は、時効の援用が必要になるのでしょうか。

判例及び行政実例はありませんので、私見ですが、10年に延長され、時効の援用は不要と考えます。

理由

(1) 滞納処分規定のない公債権について

ア　福祉関係各種負担金

　　保育所保育料と同様、措置があって、市町村が代りに支払い、所得に応じて費用を徴収するが、滞納処分の規定がないものが該当します。

　例　身体障害者福祉施設入所者等自己負担金

　　　根拠　（改正前）身体障害者福祉法18条4項3号（介護及び施設等）、35条2号（市町村の支弁）、38条1項、3項（費用の徴収）、身体障害者福祉法による更正援護施設入所措置等に関する規則10条

イ　返還金関係

　　性質的に行政の判断で支出するもの、不正等により返還を求める。滞納処分の規定がないもの

　　アと同様に、民法の不当利得の時効である10年を適用せず、自治法236条の時効5年を適用されるとするものが該当します。

　(ア)　生活保護費返還金

　　　生活保護法63条（費用返還義務）、78条（費用等の徴収）

　　　生活保護費の不正受給の場合は、不正利得の返還として徴収できますが、平成26年7月1日改正法施行前の債権は滞納処分ができる規定がありませんので裁判所を通じた民事徴収によります。

　(イ)　児童扶養手当返還金

　　　過誤払いの返還金

　　　児童扶養手当の不正利得の場合は児童扶養手当法23条により国税徴収の例により滞納処分できます。

⑵　確定判決により時効は10年に変わるとする考え

確定判決等の効果	一部弁済及び承認の効果	時効の援用
確定判決により改正前民法174条の２（改正民法169）が適用される。 　自治法236条１項は「時効に関し他の法律に定めがあるものを除くほか」という「他の法律」に民法が含まれる（最判昭46・11・30民集25巻８号1389頁）。	確定判決により10年の時効期間が進行する。 弁済等による時効中断でもさらに10年の時効が進行する（大阪地判平10・9・24　金融法務事情1534号72頁）。	債権の性質は変わらず、時効の援用は必要ない。

⑶　確定判決によっても性質は変わらないとする考え

確定判決等の効果	一部弁済及び承認の効果	時効の援用
改正前民法174条の２（改正民法169）の範囲は民法上であり、行政が決定した債権は性質が変わらず、当初の自治法236条が適用される。 確定判決は回収手段のみとする。	確定判決により権利の性質が変わらない以上、現時効の５年の範囲内で延長する。	⑵に同じ

　改正前民法174条の２（改正民法169）は法的手段により債権回収を実行したのだから改正前の短期消滅時効を繰り返し認めるというものでなく、訴訟手間を考え、一律に一般債権の時効である10年を保証しようとするものです。私見になりますが、同条の適用範囲は適用する場面として行政処分で成立した債権であっても延長される効果を否定する理由はないものと考えます。

　判例及び行政実例はありませんので、現在のところ、確定したお答えではありません。

145 | 納付誓約書の法的意味

Q　滞納者との納付指導において、納付誓約書を徴する場合があ
りますが、納付誓約書は法的にどのような意味があるので
しょうか。契約を締結したことになるのでしょうか。

A　納付誓約書は債務承認に該当しますが、債務者の一方的なお願
いであって、法令に基づくものではないため、債権者を拘束す
るものではないと考えます。

理由

　納付誓約書は、法的意味としては債務承認（改正前民法147Ⅲ、改正民法
152）に該当し、当事者の一方である債務者が分割して納付を、又は納付
の猶予を約束するときに作成し、債権者に差し入れるものであり、片務契
約とされ、債務者だけが履行義務を負うものと考えられます。

　納付期限後に履行延期の特約（自治法施行令171の６）をするには、既に
発生した遅延損害金を徴収するなどの措置が必要ですが、分割納付誓約書
は、事実上、履行延期の特約と同様の措置は行っていないことが多いよう
です。

　利用しにくい履行延期の特約に代えて「債務者の返済能力等に応じた柔
軟な解決を図るため、実務上、債務者が分割で納付するという旨の分割納
付誓約書を差し入れ、自治体が、事実上その内容に従って支払を猶予する
ということ」(1)になります。

　同様に、「分割納付誓約書は、履行期限を延長するものではなく、あく
まで、弁済計画に則った弁済の継続を条件として、自治体が事実上法的手
続を猶予するために債務者に対して差入れを求める書面ですので、自治令
に定める、履行延期の特約には該当しない」(2)ことから分割納付誓約中に
債権者まで拘束することにはならないと考えます。

その他

「分納誓約は滞納者からの一方的なお願いであり、自治令171条の6の『履行期限延長の特約』に該当しません。自治体側としては、分割誓約書の提出があったことから、債務の履行に誠意が窺われるとして、事実上、一括請求せずに分割納付による債務の履行完了を待っているに過ぎません。したがって、分納誓約書の提出は、債務者に期限の利益を与えたものではないので、いつでも一括払いの請求および、訴訟手続による履行の請求ができ」(3)るとされますが、分割納付誓約書を実効性のあるものとするためには、分割納付の不履行は法的措置をとり、期限の利益を喪失させて一括弁済を求めても債務者として異議がないなどの文言を分割納付誓約書に記しておくことも必要です。しかし、債務者の申出に対して自治体として承認したのであれば履行延期特約との差がないとする見解もあります。

(1) 大阪弁護士会自治体債権管理研究会編『Q&A自治体の私債権管理・回収マニュアル』（ぎょうせい、2012年）、P 414

(2) 大阪弁護士会自治体債権管理研究会編『Q&A自治体の私債権管理・回収マニュアル』（ぎょうせい、2012年）、P 154

(3) 弁護士瀧康暢『自治体私債権回収のための裁判手続マニュアル』（ぎょうせい、2013年）、P 266、267

146　相続財産に関する代執行費用の性質

相続により共有財産となった空地の雑草除去を市が行政代執行した場合、各相続人に請求する行政代執行の費用は分割債務、不可分債務、連帯債務のいずれとすべきでしょうか。

不可分債務として扱ってよいと考えます。

　連帯債務については私債権では契約により成立する場合がありますが、公債権では法律に規定がなければ連帯債務になりません（地方税法10の２。税における共有物の納税義務者）。

　代執行に要した費用は滞納処分ができます（行政代執行法６）ですが、「代執行に要した費用の徴収については、実際に要した費用の額（行政代執行法５）」とされています。

　民法253条１項では「各共有者は、その持分に応じ、管理の費用を支払い、その他共有物に関する負担を負う」とされ、相続により共有財産となった後に生じた管理費用であれば、性質と分けることができないところから不可分債務になると考えます。

　空地の雑草の除去費用については、行政代執行に係る費用としても内容的には共有物に対する管理費用と考えられます。

　行政代執行を行う上で保管した費用は、民事上の事務管理費用であって滞納処分できないとされています（福岡高判平29・12・20判例自治439号103頁）。

　「行政代執行は、明渡裁決に係る義務者の上記義務を執行する作用であり、代執行庁において、起業者に対象土地を引き渡し、又は移転すべき物件を対象土地から除去することをもってその執行行為は終了し、都道府県知事がその除去された物件の保管義務を負うものではないと解すべきである。このことは、法上も、代執行庁において、代執行により除去された物件を保管すべき旨を定めた規定が置かれていないことからも裏付けられる。」

　事例として、山林の監守については、山林という土地を維持するための共有物の管理の費用として、各共有者が負担する義務を負うことから、料金の債務は、性質上不可分と解釈され（大判昭７・６・８判例ID27541551）、共有者全員が全額の請求を受けることになります。

　共有者のうち１名が全額支払えば、他の共有者の支払義務も消滅します。

　同様に、マンションの１室をＡとＢとで共有し、管理組合から管理費の請求については、共有持分割合で管理費を分担することになりますが、マ

その他

287

ンション管理費に対応するサービスは分断できず、管理費についても分担できないという解釈がなされ（東京高判平20・5・28、東京地判平22・11・30。いずれも判例集未登載）、AにもBにも全額請求ができることになります。

もちろん、いずれかが全額を支払えば、他方の支払義務も消滅します。

また、相続放棄しても、民法940条では「相続の放棄をした者は、その放棄によって相続人となった者が相続財産の管理を始めることができるまで、自己の財産におけるのと同一の注意をもって、その財産の管理を継続しなければならない」としており、自分の財産ではないものの、一定の管理をしなければならないことになっています。

連帯債務は各自の意思により成立しますが、不可分債務は性質上分けられるものではなく、相続により共有財産となったあき地の除草に係る行政代執行の費用は、不可分債務になるものと考えます。

なお、民法改正前の連帯債務者の1人への請求は他の連帯債務者の時効を中断しましたが、改正後は更新（中断）されません（絶対的効力から相対的効力への改正）。

147 | 配当要求（債権の申出）

 非強制徴収公債権や私債権の場合、裁判所の強制執行に対しては配当要求（債権申出）をすることはできても、税のように滞納処分ができないため配当要求（債権申出）はできないのでしょうか。

 債権申出ができる場合は自治法施行令171条の4のとおりです。

理由

自治法施行令171条の4の債権の申出ができる場合とは、「債務者が強制

執行又は破産手続開始の決定を受けたこと等を知つた場合」になりますが、滞納処分と違って債務名義を有する場合です。

　(1)　債務者が強制執行を受けたこと。

　(2)　債務者が租税その他の公課について滞納処分を受けたこと。

　(3)　債務者の財産について競売の開始があったこと。

　(4)　債務者が破産手続開始の決定を受けたこと。

　(5)　債務者の財産について企業担保権の実行手続の開始があったこと。

　(6)　債務者である法人が解散したこと。

　(7)　債務者について相続の開始があった場合において、相続人が限定承認をしたこと。

　(8)　第4号から前号までに定める場合のほか、債務者の総財産についての清算が開始されたこと。

　　自治法施行令171条の4の債権の申出ができる場合

区分	申出手続	備考
(1)　強制執行（裁判所の強制競売）	交付要求（滞納処分できる債権）	競売申立てした時点で差押えが可能
	配当要求（担保権、債務名義のある債権）	
(2)　滞納処分	交付要求（滞納処分できる債権）	差押え、抵当権設定の場合は債権現在額申立書
	債権申立（担保権、債務名義のある債権）	
(3)　競売開始（任意競売）	交付要求（滞納処分できる債権）	任意競売は抵当権、差押えの解除が必要、(1)に準じる
	配当要求（担保権、債務名義のある債権）	
(4)　破産手続開始	交付要求（滞納処分できる債権）	未届債権は配当から除外
	債権届出（担保権、債務名義のある債権）	

(5) 企業担保権実行手続開始	交付要求（滞納処分できる債権） 配当要求（担保権、債務名義のある債権）	民事執行法の強制執行手続が準用
(6) 法人解散	債権申出	申出なければ配当から除外
(7) 限定承認	債権申出	申出なければ配当から除外
(8) 清算開始	債権申出	会社更生、民事再生、特別清算、相続の財産分離請求

　(1)の強制執行を受けたことは、自力執行権のある行政機関（滞納処分できる債権）は交付要求を行い、納期が到来した滞納処分できない公債権や私債権は担保権を有するか、債務名義がある場合に配当要求を行うことになります。

　(2)の租税その他の公課について滞納処分を受けたことは、自力執行権のある行政機関（滞納処分できる債権）及び差押財産の上に担保権を有する債権者に限られ、自力執行権のある行政機関は交付要求を行い、担保権を有する債権者は債権の申立てを行うとしていますので、(1)と同様に担保権を有すか、債務名義がなければ申出できないと考えます。

　(3)の競売の開始は、配当要求として担保権者及び債務名義のある債権者に限られ、(4)の破産は、税等の滞納処分できる債権は交付要求、他の債権は破産債権の届出として、それぞれ財団債権、優先債権、一般債権、劣後債権という優劣、順位はあっても公債権、私債権に限らず申出ができます。

　以上のように、債権の申出ができる場合は、国の規定の解説になりますが、大鹿行宏編『債権管理法講義』（大蔵財務協会、2011年）、Ｐ147〜161に詳述されています。

148 | 破産者等への請求の可否

Q 主たる債務者本人が破産した場合、連帯保証人へ請求できるのでしょうか。連帯保証人の債務は消滅しないのでしょうか。連帯保証人が死亡したときは、誰に請求すればよいのでしょうか。

A 主たる債務者が破産免責決定された場合、免責の効果は連帯保証人には及ばないため、連帯保証人へ請求をすることができます。また、連帯保証債務は相続されます。

理由

　主たる債務者が破産免責決定されたら、債権者としては任意の納付を求めるしかありません。

　破産時における主たる債務と保証債務の関係ですが、免責許可の決定は、破産債権者が破産者の保証人その他破産者と共に債務を負担する者に対して有する権利に影響を及ぼさないことから（連帯）保証債務は免責されません（破産法253②）。

　主たる債務者の免責決定が確認できたら、「保証人がいる場合には、単純保証でも連帯保証でも主債務者の破産は、主債務の期限の利益喪失事由に該当しますので（民法137条1号）、保証人に対して残債務の一括弁済の履行を請求することになります」[1]ので注意してください。

　また、主たる債務者の破産手続において破産債権を裁判所に届けると、履行の請求をしたものとして扱われ、主たる債務が時効中断することに伴い、連帯保証人の債務についても時効中断されます（改正前民法457、改正民法457は相殺等により拒むことができる旨も規定しました。）。

　さらに、主たる債務者の破産に対して債権届出をすることにより、破産債権者表に記載され、確定判決と同様の効果になり、時効は10年に延長さ

れます（改正前民法174の2、改正民法169）。

　したがって、連帯保証人に対しては主たる債務者の破産手続終了後10年間は請求できることになります。ただし、主たる債務者に財産がなく、配当手続が行われず破産終結した場合は、債権者表は作成されませんので時効の延長はされません。

　主たる債務者の破産と連帯保証人の関係は、①自然人の場合、主たる債務者が免責決定を受ければ、権利行使ができず、時効の観念がないため、連帯保証人は主たる債務者の時効援用はできないとしています（最判平11・11・9民集53巻8号1403頁）。

　②法人についても破産終結により法人格が消滅した場合、債務も消滅するから保証人は主たる債務について時効の援用をなし得ない（最判平15・3・14民集57巻3号286頁）とし、その結果、保証人のみの単独管理を行うことになります。

　次に、連帯保証人が分割で支払っているとした場合、当該連帯保証人が死亡したときには、連帯保証人の相続人がその債務を負担しなければなりません。

（1）　大阪弁護士会自治体債権管理研究会編『Q&A自治体の私債権管理・回収マニュアル』（ぎょうせい、2012年）、P 149、150

149 国民健康保険料他の債権との相殺

　国民健康保険料滞納者に対する債権差押処分に基づき、被差押債権が滞納額を上回り、国税徴収法129条3項により滞納者に残余金を交付する場合、滞納者に貸付金の未納があるとき、貸付金を自働債権、残余金を受働債権として相殺できるでしょうか。

相殺はできないものと考えます。

理由

　事例の場合、国民健康保険料を滞納処分し、残余金が生じたもので、国税徴収法129条によれば配当の残余金は債務者に返還すべきものです。

　この場合、配当機関と執行機関としての地位が法的に違うものと解釈すれば、民法505条にいう同一当事者間に債権の対立がないこととなります。

　したがって、配当機関としての地位として受働債権の債務者とはなり得ないこととなり、相殺ができないことになります。

　相殺は債権回収において有効な手段の一つではありますが、このような相殺を認めることは、滞納処分により実質的に私債権の回収を図ることができることにもなり、法律の予定しないところです。

　なお、国に対する損害賠償債権を自働債権として、国税と相殺することは許されるとした例（東京地判昭30・10・18最高裁民集14巻14号3184頁）、国税の差押えについて民法の相殺として扱うことができるとした例（最判昭45・6・24民集24巻6号587頁）もありますが、地方税においては相殺禁止規定（地方税法20条の9）があり、国民健康保険料についても同様の扱いになるものと考えます。

　しかし、債務者の同意により、配当の残余金を私債権の未納分に充てることはできるものと考えます。

150 | 入居者死亡後の住宅使用料

 公営住宅において、本人が死亡し、死亡した月内に親族が家財道具を撤去しましたが、その後退去届の提出が1年半後になりました。次年度は本人死亡のまま使用料を通知しましたが、有効でしょうか。

入居者が死亡してそのまま使用料を通知しても、有効にはならないと考えます。

理由

民間賃貸借においては、「一般には、賃借人（公営住宅の場合は入居者）の死亡は、使用貸借におけるのと（民法第599条）異なり、賃貸借の終了をもたらさないとされています。つまり、財産権としての賃借権は相続される。」[1]という解釈です。

しかし、公営住宅の使用関係については「『公営住宅法の規定の趣旨にかんがみれば、入居者が死亡した場合には、その相続人が公営住宅を使用する権利を当然に承継すると解する余地はないというべきである』とされています（最判平2・10・18民集44巻7号1021頁）。したがって、公営住宅においては、入居者が死亡した場合には、公営住宅の使用許可は失効し、契約関係は消滅すると解されます」[2]ので、そのままでの使用料請求はできず、使用料相当の損害金として請求できるものと考えます。

同様に、「公営住宅の入居者は、法定された入居者資格を有する者の中から厳正に選考・決定されるものであるから、入居者が死亡又は退去した場合に、同居者や相続人がその使用権を当然に承継することは、公平を害し、ひいては公営住宅の目的にも反する」[3]という説明もあります。

退去届を待って使用料を請求するのでなく、単身者の死亡の場合は日割りか月額か自治体によって扱いの差はありますが、直ちに使用料の調定を停止する必要があります。ただし、同居者がいれば入居承継の手続が必要です。

以上のような観点からすると、実務上は、死亡後、入居者の残置物は一定の期間保管義務が生じますので残置物引取りの間、本来使用権限のないところでの損害金相当として使用料を徴収することはできますが、事例のように残置物撤去後に退去届を出し、死亡者名義のままの使用料請求を有効とするには無理があるものと考えます。

（1）（2） 大場民男編集代表『Ｑ＆Ａ地方公務員のための公営住宅運

営相談』（ぎょうせい、加除式）、P 2118

(3) 国土交通省、住本靖ほか『逐条解説公営住宅法改訂版』（ぎょうせい、2012年）、P 122

151 債務者及び連帯保証人が死亡した場合の対応

 本人や連帯保証人に支払能力がないと判断された場合、債権放棄の対象になると思いますが、その両方又は一方が死亡した場合の相続人に対して、どのように行うべきでしょうか。

 債務は相続人に引き継がれ、債務者、連帯保証人とその相続人の両方に徴収停止が該当するか、徴収見込みのない、財産価値のない債権として評価できてはじめて債権放棄を検討することになります。債権放棄する前に徴収停止についても検討しておくことになります。

理由

　債務者本人や連帯保証人に支払能力がないと判断された場合、まず、徴収停止（自治法施行令171の5）か履行延期の特約（自治法施行令171の6）の措置を検討することになります。

　債務者本人が死亡し相続人が存在するとしても、相続人より先に連帯保証人に対して請求は可能です。債務者及び連帯保証人の両方が死亡している場合は、どちらか相続人を探して、請求することになるでしょう。

　連帯保証人であっても死亡したら、その債務は相続人に引き継がれますが、民法の規定に従い戸籍を調べても相続人の把握には困難な場合も多く、相続人の確定までに至らず、時効を迎えることもあります。

　相続人の確定が困難な事案については、債務者の所在が不明であり、目

その他

ぼしい財産がなければ徴収停止（自治法施行令171の5Ⅱ）を行い、時効完成後に債権放棄することも必要と考えます。

　債務者、連帯保証人ともに徴収見込みがない、財産価値のない債権として評価できるのであれば債権放棄の対象とすることができるものと考えます。

152 破産者に対する債権届出

 破産管財人より、破産債権届出書と交付要求書の提出依頼がありますが、いつ時点のどの債権をどちらの書類で提出すればいいのでしょうか。水道料金、下水道料金及び個人、法人の両方で教えてください。

 私債権及び滞納処分できない公債権は債権届出書により、滞納処分ができる公債権（公課）は交付要求書により提出し、債権の性質、期限により財団債権、優先的破産債権等に分けられます。

理由

　公租公課の財団債権、優先的破産債権、一般破産債権、劣後的破産債権として債権の種類や配当の順位等が違いますので別に扱われます。

　破産手続開始日より以前の未納分の請求は、水道料金は破産債権届出書に、下水道使用料は交付要求書により破産管財人に提出することになります。

　債務者が個人の場合、水道、電気、ガスは、日用品の供給（民法306Ⅳ、310）に該当し、破産手続開始前6箇月間のこれらの使用料債権は、一般の先取特権（民法310）として優先的破産債権となり、それ以外は、一般破産債権となります。ただし、破産申立時の月分は財団債権扱いになりま

す（破産法55②）。

　下水道使用料は、公課として租税等の請求権と同様の取扱いとされ、破産手続開始当時、納期限の到来してないもの又は納期限から１年を経過していないものは財団債権（破産法148①Ⅲ）となり、それ以外は優先的破産債権となります。

　破産手続開始後の水道・電気・ガスの使用料債権は、通常は、日常生活のために必要なことから財団債権にならずに、破産者の自由財産上の法律関係に基づくものとして破産者自身が負担することになります。法人の場合は優先的破産債権には扱われません。

　水道料金は継続的な供給契約ですから、個人、法人ともに破産申立て後の使用継続の意思について確認しなければなりません。

　継続供給の意思確認の結果、破産手続開始日後の納付状態で、給水停止するかどうか判断する必要があります。

　なお、法人が解散した場合は法人格を失いますから債権債務が成立しないことになりますので、債権放棄をしなくとも不納欠損ができることになります。

　清算した法人であっても財産が残る場合は、法人権は存続しますから直ちに不納欠損できるものではありません。

　また、破産事案が個人の場合、破産手続開始日前の水道料金は免責されますが、下水道使用料は税と同じ公課等に当たるため免責はされません（破産法253①Ⅰ）。

　免責後の扱いですが、破産処理により債権としては消滅しませんが、請求ができず、実質的に経済的価値がないため、水道料金は任意の納付がなければ債権放棄の対象とします。

　下水道使用料は、執行停止の上で免除するか、時効により消滅を待つことになります。

　免責決定は債権者には送付されませんので、官報で確認します。

その他

153 給水停止の扱い

水道法15条3項には、「水道事業者は、当該水道により給水を受ける者が料金を支払わないとき、正当な理由なしに給水装置の検査を拒んだとき、その他正当な理由があるときは、前項本文の規定にかかわらず、その理由が継続する間、供給規程の定めるところにより、その者に対する給水を停止することができる。」としています。

そこで、未納の水道料金は既に使用していない水道であり、別の水道を使用中の場合は、使用していない水道の未納の水道料金を理由に給水停止ができるのでしょうか。

既に使用していない従前の水道料金の未納を理由として、新たな給水を給水停止の対象にすることはできないものと考えます。

理由

給水停止は同時履行の抗弁権として水道法15条3項により原則として一個の双務契約によって生じた対価的関係として認められたものです（甲府地決平11・8・10判例自治212号62頁）。

同時履行の抗弁権の趣旨は次のとおりです。

「民法第533条の規定は、双務契約にあつては当事者双方の負担する債務は互に対価的牽連関係を有するが故に、各当事者は相手方が反対給付の提供をするまで自己の債務の履行を拒みうるものとすることが、契約当事者の公平を図る所以である（東京高判昭24・7・14最判民集7巻6号641頁）」

同時履行の抗弁権の要件としては次のとおりです。

「①双務契約から生じた債務があること、②相手方が履行の提供をしていないこと、③相手方の債務の弁済期が到来していること、の三つが必要

である。同時履行の抗弁は、履行のレベルで双務契約の相互依存性が現れたものであるので（中略）『履行上の牽連性』と呼ばれる（大村敦志「基本民法Ⅱ債権各論（第2版）」有斐閣、2005年、41頁、下線は筆者記す）。」

　同時履行の抗弁権（民法533条）の要件として、一つの契約から生じた対価的債務でなければならず、別の水道を使用している場合と既に使用していない水道料金は履行上の牽連性が認められないため、既に使用していない従前の未納を理由に新たな給水を停止の対象にできないものと考えます。

　給水契約においては、事業者が水を供給する義務を負い、需要者がそれに対価を支払う義務を負うものであり、事業者の契約解除は水の供給義務を消滅させることになります。

　水道法は事業者から給水契約の解除は認めていませんが、未払いの後、新たな給水契約を結ぶことは、水道法15条1項の「正当の理由」により契約拒否できるかどうかですが、物理的な供給不能など公共目的に沿った契約拒否以外は難しいものと考えます。

　給水拒否が認められる場合は物理的に供給ができない場合などに限られます（厚生省環境衛生局水道課長の環水第5018号、昭和41年3月9日付け、大阪府衛生部長あて回答）。

　「水道法第15条の規定は、水道事業者にその給水区域内の一般の需要に応じて水を供給すべき義務を課することによって水道事業の公共性を確保しようとするものであり、正当の理由によって同条第1項の給水契約の申込みに応ずる義務または同条第2項の常時給水する義務が解除されるのは、水の供給が困難または不可能な場合にかぎられるべきであり、また、正当の理由によって同条第3項の給水の停止が認められるのは、水道事業の適正な運営が阻害される場合にかぎられるべきである。（下線は筆者記す）」

　不法占拠者であっても給水義務は免れないとしています（大阪地判昭42・2・28判時475号28頁）。

　「水道法は、清浄にして豊富低廉な水の供給を図り、もって公衆衛生の向上と生活環境の改善とに寄与すること等を目的とする（同法第1条）給付行政に関する法規である。同法第15条にいう給水を拒否できる正当な理

その他

299

由が何であるかも、前記公共目的にのみしたがって解釈されるべきもので
あって、たとえ給水申込者がその占有する土地につき土地所有者に対する
関係で正当な占有権原を有しないとしても、それは、給水申込者と土地所
有者との間の私法上の法律関係の紛争として処理されるべきものであり局
外者である水道事業者がそれを理由に給水を中止して拒むことは許されな
い。」

　既に使用していない従前の未納を理由に新たな給水を停止の対象にでき
ないことから、ご質問のような未納については、支払督促等の法的措置に
より対処する方がよいでしょう。

　拙著「改訂版自治体のための債権回収Q＆A現場からの質問」第一法規、
2015年、№155、268頁では同様の問題について給水停止が認められるとし
ていましたが、同時履行の抗弁権として正しい理解とはいえませんので本
説明により改めます。

154 | 還付加算金

 下水道使用料は漏水があった場合に漏水分の流量を認定して
差額を還付していますが、還付加算金を付さなければならな
いのでしょうか。

 下水道使用料の還付については、条例に規定されていなくても
税のとおり還付加算金を付することができます。

理由

　下水道使用料は滞納処分ができ、その還付は自治法231条の3第4項に
より地方税の例により行うことになりますが、還付には還付加算金の扱い
も含まれます。滞納処分ができる債権の還付は同様の手続になります。メー
ターは個人の管理としても漏水の原因が自治体にあるなら下水道使用料を

還付する際に加算金を付することになると考えます。

　加算金は地方税の過誤納金を参考に納付の翌日から支出決定した日まで算定すればよいでしょう。

　督促手数料及び延滞金は、個別条例又は自治法231の３第２項を受けた税外徴収金の督促手数料及び延滞金条例などに規定していなければ徴収できないのに対し、還付は条例に規定していなくても自治法231条の３第４項により直接に地方税の例のとおり加算金を付することができます。

155 補助金の差押えの可否

本市が交付している補助金に対し、他の執行機関から差押えしたい旨の申入れがありましたが、取立てに応じる義務はあるでしょうか。

自治体の補助金は一般的に贈与契約とみなされ、国税徴収法の差押禁止財産に補助金の記載がないことから申し入れした執行機関は差押可能との見解です。補助金等に係る予算の執行の適正化に関する法律11条には、「補助事業者等は、（中略）いやしくも補助金等の他の用途への使用（中略）をしてはならない。」と規定されています。

自治体の補助金は同法の適用外ですが、同法にならって要綱等を制定している自治体は多く、補助金は事業者に目的外使用してはならないとしながら、他方でそれを差し押さえるのは整合性がとれません。

差押禁止債権に該当しなければ差押えができますが、場合によっては、補助金の趣旨により差押えを控えてもらうよう要請することも必要です。

理由

　自治法232条の２に基づく補助は、行政処分を付与する特段の規制がない限り、贈与契約とされており（名古屋地判昭59・12・26判時1178号64頁）、自治体の場合は国と違って負担付贈与契約に該当するものがあり、贈与する代わりに相手に一定の作為、不作為を求めること、一定の条件のもとに使用されることとされています。

　自治体の補助金の多くは法律によるものではなく、手続的に条例が要綱により、予算措置して交付され、法律で差押禁止とされている年金等と違って、差押禁止財産としての根拠がありません。

　補助金等に係る予算の執行の適正化に関する法律11条は補助金を受ける相手方が他の目的に使う場合をいうのであって、補助金は差押禁止財産に該当しないため、請求権として発生したら執行機関の判断により差押えは可能です。

　「差押禁止物は、債務者の最低限度の生活に不可欠な財産に限られ、具体的には、衣服や寝具など一定範囲の差押禁止動産の場合（民執法131条参照）と、給与にかかる債権などの一定範囲の差押禁止債権（民執法152条参照）の二つの場合がありその範囲を私人が勝手に変更することは許されない（債権管理・回収研究会編「自治体職員のための事例解説　債権管理・回収の手引き」第一法規、加除式、2737頁）。」

　しかし、補助金は差押禁止債権でなくても、その補助金により生計を維持するものかどうかについても差押えを留保する判断の基準になるものと考えます。

　ご質問の補助金はどのような内容か判別できませんが、福祉的な補助金の条例中に「この権利（筆者注：例えば、医療費の補助を受ける権利など）は、譲渡し、担保に供し、又は差押えすることはできない。」ということを規定されている例があります。

　法律に規定がない場合、差押禁止の規定を条例により定め得るとする考えもありますが、補助金によっては差押禁止債権に当たらなくても社会的弱者の生活を安定させ、生計を維持する補助金に該当するのであれば、設けられた趣旨から差押えを控えてもらうよう要請するしかありません。

　生計を維持する補助金でなくても、差押えをする執行機関が同じ役所の中では補助金を差し押さえることは、結局、補助金の目的を達しないこと

にもつながり、他に差押財産を求めるか、交付した後に目的を達成できるかどうかも含めて調整する方がよいでしょう。

　なお、補助金ではありませんが、義援金を生活再建という視点から、東日本大震災関連義援金に係る差押禁止等に関する法律（平成23年法律第103号）2項では「東日本大震災関連義援金として交付を受けた金銭は、差し押さえることができない」としている例があります。

156 公営住宅使用料の差額徴収

公営住宅法が改正され、使用料の算定方法が変更されましたが、誤って改正前のまま使用料を算定していることが判明しました。正しい算定額との差額を徴収することを検討しています。
公営住宅の使用関係は民間の賃貸借関係と同じとされていますが、使用料に誤りがあった場合、過少請求した使用料と正しく算定した使用料との差額を当然に徴収できるのでしょうか。
正しい使用料との差額について、減免も含めて追加徴収できない場合、自治法96条1項10号の権利放棄に該当しないのでしょうか。

公営住宅使用料の差額は不当利得と考えると、返還請求権として10年の時効になります。

理由

　論点は次のとおりです。

　1点目は徴収できる根拠ですが、正しい額で算定すれば、入居者は法律上原因なく利得を得たことになりますから、不当利得（民法703）として自治体に返還（請求）する義務が生じます。

2点目はどこまで請求できるかですが、不当利得の一般時効として10年間請求できると考えます（商行為が原因でない返還請求権は不当利得として10年である、最判昭55・1・24民集34巻1号61頁）。ただし、これは請求権の行使期間ですから、一方で支払った期限の翌日から、正誤の知、不知にかかわらず時効としては進行しています。

　3点目は請求しないことは免除（民法519）と同じことになりますから、請求できる権利を債権放棄することになり、自治体財産の放棄という点から議決が必要になります（自治法96条①X）。

　民法703条は「その利益の存する限度において」返還する義務を負うとされていますが、「現存する利益」とは生活費で消費したとしても現存利益はあると評価されます。

　障害年金の不当利得返還の場合、受益的処分の取消しは制限されるが、相手方権利利益の保護を比較考量することなく取消しを放置することは許されず、民法703条の現存する利益は本来得られない年金の受給により生活費の支出をしなくて済んだのだから現存する利益はあるとしています（東京高判平16・9・7判時1905号68頁）。

　また、現存利益に関して「職権取消制限の法理」は受益的行政処分に働く法理であり、公営住宅利用の対価として公営住宅使用料を請求するものですからこの法理は該当しないものと考えます。

　公営住宅使用料の時効5年（改正前民法169）と不当利得10年の関係ですが、「法律上原因のない」ことが不当利得ですから、不当利得が優先されます（前記判例最判昭55・1・24民集34巻1号61頁参照）。

　もっとも、令和2年4月1日以降に発生した債権は民法改正により「権利を行使できることを知った時から」5年に短縮されることになります。

　以上から整理しますと、生じた差額を不当利得と考えると返還請求権として10年の時効になり、反対に還付する場合も10年にわたって遅延損害金発生時点が施行日以後とすると、3％（民法419、404）を加算する必要があります。

　不当利得の時効の起算は支払った時から10年間権利行使できることから時効は進行しており、判明した時点で納付のあった日から10年間の分を返還請求として計算することになります。

また、端数処理は、条例又は規則で端数処理について規定されていないときは、国等の債権債務等の金額の端数計算に関する法律により1円未満の切捨とするしかありません（越智恒温監修、会計事務研究会編「会計事務質疑応答集」学陽書房、1994年、68頁）。

　従来の公営住宅使用料は既に成立していますから、差額を求めることになり、一括返還が基本ですが、資力のない者には分割納付を求めるしかありません。

　減免は適用要件に当たらず、調定後に債権放棄するのは理由がないので難しいものと考えます。

　資力のない者は履行延期特約により猶予又は分割する措置しかありません（自治法施行令171の6）。

157 | 公営住宅明渡後の使用料の扱い

 市営住宅を明渡請求する上で、明渡後の使用料は近傍同種家賃（その住宅の最高分位の家賃）を徴収することから「賃料相当損害金」として取り扱い、歳入科目を「使用料及び手数料」から「弁償金」に切り替えています。
　また、承継する同居者がいない入居者が死亡した場合も同様に、死亡者から徴収できないため、死亡月の翌月から「弁償金」に切り替えているのですが、誤りではないでしょうか。

 明渡後の使用料相当額は、賃料相当損害金として扱うことが適切です。

理由

　公営住宅明渡後の使用料については、従前と変わらず公営住宅使用料として受け入れる方法、賃料相当損害金として諸収入、雑入、弁償金とする

その他

305

方法があります。

　明渡事由が発生した後の使用料は、実質的に公営住宅使用料と変わりないとしても、公営住宅使用料として収入するのではなく、近傍同種家賃となり、賃料相当損害金として扱うことが適切です。

　また、貴市の市営住宅条例では「毎月、近傍同種の住宅の家賃の額の２倍に相当する額以下の金銭を徴収することができる」とされ、これは使用料ではなく別の徴収金として扱うこととされていますので、賃料相当損害金として扱うことが整合すると考えます。

　賃料相当損害金は不法行為によるものですから時効の扱いにも違いが出てきます。

　なお、民法改正により法定利率が改正され、民法の一部を改正する法律の施行に伴う関係法律の整備等に関する法律（平成29年法律第45号）により、公営住宅法32条３項中「年５分の割合」を「法定利率」に改められていますので、個々の条例中、明渡後の賃料相当損害金の請求に当たり「年５パーセントの割合」は「民法の法定利率」によるといった改正になります。

158 | 破産債権について

介護保険法22条３項（不正利得の徴収等）及び障害者の日常生活及び社会生活を総合的に支援するための法律８条２項では、それぞれの返還額に100分の40を乗じた加算金を課すことができます。この加算金は、破産債権に含まれる請求権（破産法97Ⅴ）に該当するのでしょうか。

介護保険の不正による加算金は、破産債権の劣後債権として扱われるものと考えます。

　破産債権に含まれる請求権として破産法97条5号は国税、地方税の加算金、加算税は限定列挙事項であり、介護保険法22条3項及び障害者の日常生活及び社会生活を総合的に支援するための法律8条2項の100分の40の加算金は、どちらかといえば、破産法97条6号の「罰金、科料、刑事訴訟費用、追徴金又は過料の請求権」等に該当するものと考えます。

　介護保険法22条の不正行為による加算金は罰金等の性質に類似し、破産者本人に対する制裁であり、破産者の負担を破産債権者の負担に転嫁する結果となり、一般の破産債権と同様に扱うことはできないものと考えます。

　「罰金、科料、刑事訴訟費用、追徴金または過料の請求権の本来的性質は、破産者本人に対する制裁であり、これを一般の破産債権と同列に扱うことは、破産者の負担を破産債権者の負担に転嫁する結果となる。このような結果を避けるために、法は、これらの債権を劣後的としたものである。ただし、本号の債権は、その制裁としての性質から免責の対象からも除外されている（253Ⅰ⑦、筆者注：現行は6号）（伊藤眞「破産法［第4版補訂版］」有斐閣、2006年、200頁）。」

　「罰金等は、破産者に対する制裁であり、本来他の債権者に迷惑を掛けてまで取り立てる性質のものではないので、劣後扱いにしていますが、免責の対象とはならず（破253条1項7号、筆者注：現行は破産法253条6号）。手続き終了後に改めて取り立てることが想定されています（山本和彦「倒産処理法入門第2版補訂版」2006年、60頁）。」

　介護保険法22条3項の返還金は滞納処分ができる徴収金ですから、税と同様に破産開始決定から1年内のものは財団債権として扱うことができますが、返還金の加算金（100分の40の徴収金）は破産債権のうち、劣後債権になるものと考えます

　該当債権を届ける場合は破産管財人弁護士又は裁判所に確認することも必要です。

その他

159 公示送達の要件

 介護保険料の還付発生時に納付義務者は国外転出しており、義務者本人の家族・親族等も不明であり、郵送先は国外転出前の住所しか分からない状態ですが、還付通知を旧住所へ郵送すべきでしょうか。それとも、宛先不明の返戻をされた上で公示送達すべきでしょうか。

 一回限りの郵送の返戻だけでなく、住民票、戸籍の調査はもとより、可能な限りでの現地調査等を実施した上でなければ公示送達は認められません。

理由

　介護保険法の督促は時効を中断し、督促手数料及び延滞金の徴収を可能とし、介護保険料、督促手数料及び延滞金について滞納処分を可能とする法的効果を有します（東京地判平25・6・25判例自治373号91頁、国税につき同趣旨として最判平5・10・8集民170号1頁）。

　介護保険料の還付についても、介護保険法の規定にはなくても一般法である自治法231条の3第4項により地方税の例による公示送達が認められます。

　公示送達が認められるには次のような調査を必要としています（東京地判昭44・3・5判時558号45頁）

「書類を送達すべき場所が不明のため、書類を送達することができないときは、徴収金の賦課徴収又は還付についての手続の進行が不能になり、地方団体の徴収金の確保および納税者の権利の保護を全うしえないから公示送達という特別の送達手段を認めたものである。（中略）調査をすれば、住所又は居所が判明すべきであったにもかかわらず、単に一回限りの郵便送達による書類が、あて先人不明で戻されてきたことのみを理由として直

ちに受送達者の住所又は居所が明らかでない場合と認めて、公示送達をするときは、相手方は不測の損害を蒙むるおそれがある。従って、地方団体の長が故意又は過失によって、所要の調査もせずに書類の受送達者の住所が明らかでないと判断して、書類を公示送達にした場合には、右送達によって生じた損害について地方団体の長が名宛人に対しこれを賠償しなければならないことはいうまでもないところである。而して、右にいわゆる所要の調査とは、いかなる範囲・程度のものをいうかについては、直接法の明示するところではないけれども、当該地方団体が管掌する受送達者の住民票関係の書面調査、租税賦課関係帳簿書類の調査、実地調査をなす等、当該事情に応じて具体的にその必要性を判断すべきものと解する（下線は筆者記す。）」

このように、督促、通知と同様に還付についても送達できなければ、義務者、債務者に意思表示できませんので債権として成立しません。

介護保険料の場合、還付請求権は時効2年であり、居所不明の場合は公示送達することになります（介護保険法200①）。

ご質問の場合、市に対する還付請求権を発生させるため、公示送達が必要になりますので、一回の郵送の返戻で公示送達することなく、上記参考判例のような所要の調査をした上で公示送達の手続をとることが求められます。

160 支払督促後に異議があった場合の専決処分の日

Q 支払督促後に債務者が異議を申し立てた場合、訴えの提起があったものとみなされ（民事訴訟法395）、議会の議決が必要になります（自治法96①XII）。
裁判所における督促異議申立書の受付日をもって専決処分の決裁を起案し、同日付けで決裁の修了日、専決処分の日とす

ることを考えていますが、実務上、１日で決裁できないの
で遡った日付になります。

また、議会には専決処分後に報告が必要であることから、専
決処分と別に報告として決裁する考えですが、問題ないで
しょうか。

 決裁日は権限者の意思決定が終了した日ですから、専決処分の
日も意思決定、手続終了の日に合わせることになるものと考え
ます。

理由

　専決処分（自治法179）は、「（筆者注：地方自治）法が重要な事項を議会
の議決事件と定める（法96条）一方で、必要な議決又は決定が得られない
場合の補充的手段として、普通地方公共団体の長に議会の権限に属する事
項を代わって決定する権限を与え、議会と長との関係の調整を図り、地方
行政の渋滞を防止する制度と解される。上記趣旨に鑑みれば、長は、議会
の権限に属する事項については議会の意思決定に従うのが本来であり、専
決処分は、議会の意思決定を得ようとしても得られない場合に例外的に認
められる手段である」とされています（東京高判平25・8・29判例自治384号11
頁）。

　専決処分の日は具体的にいつの時点かというと、長としての意思決定を
した決裁の日になり、条例については公布手続の終了をもって専決処分の
日としています（奈良地判昭57・3・31判タ476号145頁）。

　「条例改正を内容とする専決処分は、長の署名が行なわれることによっ
て内部的に成立し、公布によつてはじめて外部的効力を取得するものと解
される」

　実際に訴えがあった日、訴えがあったとみなされる日をもって専決処分
の日とすることは現実的ではなく、事例のように裁判所の受付日に合わせ
る必要はありません。

　とはいえ、速やかに意思決定すべきものとして、できるだけ、実際に訴

えがあった日、訴えがあったとみなされる日に近い日に決裁する方がよい
ものです。

　議会への報告書の日付は専決処分の日とは別の日でも差し支えなく、報
告書には、報告の日、裁判所の受付日（異議のあった日）、専決処分の日を
記すことになります。

　なお、自治法179条の専決処分は、次期議会に報告し、承認が必要ですが、
自治法180条の専決処分は行政の効率性の観点からあらかじめ議会との取
決めにより長限りで行うことができ、後日に諸般報告を行い、承認までは
不要とされています（「別冊法学セミナー新基本法コンメンタール地方自治法」
日本評論社、2011年、202頁）。

161 | 遅延損害金の上限

　債務の不履行による損害賠償を民法419条に基づき、遅延損
害金として徴収する場合、法定利率は、同法404条より年5
分（改正民法404条は3パーセント）と定められていますが、
約定利率に上限はあるのでしょうか。

　遅延損害金の率は特約によりますが、金銭消費貸借契約におけ
る遅延損害金の率の上限は、利息制限法1条の利率の1.46倍
までとされています（利息制限法4条）。

理由

　遅延損害金の率は特約（契約）によりますが、特約がない場合でも、金
銭債務の場合、民事法定利率で遅延損害金を請求できます（改正前民法
419、404は年5％、改正前商法514により商事法定利率は年6％）。

　民法改正では、法定利率5％を3％とし、その時々の経済状態に合わせ
た変動制の導入により商事法定利率の6％は廃止され、特約がなければ遅

その他

311

延損害金は民法の率が適用されます（改正419、404）。

　反対に特約がない場合、損害額を算定しても法定利率以上の遅延損害金は請求できないとしています（最判昭48・10・11集民110号231頁）。

　「民法419条によれば、金銭を目的とする債務の履行遅滞による損害賠償の額は、法律に別段の定めがある場合を除き、約定または法定の利率により、債権者はその損害の証明をする必要がないとされているが、その反面として、たとえそれ以上の損害が生じたことを立証しても、その賠償を請求することはできない」

　遅延損害金が契約にない場合、法定利率によるのは、期限までに支払う利息より遅延から発生する損害金が低い利率で済むことは矛盾することになり、少なくとも法定利率の損害は発生するということからきています。

　「金銭債務の履行遅滞については、少なくとも法定利率の損害が発生するとされ（419条1項）、また、債権者は損害の発生について一切の立証責任を免れる（同条2項）。これは金銭は常に利得を伴うという、金銭債務の特殊性にもとづくものである。なお、遅延損害金に関してこれと異なる特約があれば、それによる（野村豊弘ほか「民法Ⅲ債権総論［第3版補訂］」有斐閣、2012年、65頁）。」

　遅延損害金の率は法律の上限を超えない限り、あらかじめ自由に利率を定めることができます（民法419①ただし書）。

　金銭消費貸借契約における遅延損害金の率の上限は、利息制限法1条の利率の1.46倍までとされています（利息制限法4）。ただし、貸金業者が行う営利的金銭消費貸借の場合は一律に年率20％が上限になります（利息制限法7及び出資の受入れ、預り金及び金利等の取締りに関する法律）。

　もちろん、このような特約は契約書で定めなければ効力はありません。

　なお、政府契約の支払遅延防止等に関する法律による遅延損害金は、現行では民法の法定利率より低いものですが、自治体側（発注者）の支払遅延に適用されます。

　受注者に対して自治体が支払う遅延損害金は、特約がなければ政府契約の支払遅延防止等に関する法律によらずに民法の法定利率によることになります。

162 | 送達の効力

Q 通知、督促、催告など到達しなければ効力がないとされていますが、送達の効力についてどのような場合に無効とされるのでしょうか。

A 送達の効力は原則として送達を受けるべき者の支配下に入ったと認められるときに認められますが、送達先、相手方の受領能力によっては効力がないとされる場合があり、代理人、後見人等に送達することになります。

理由

　通知、督促、催告などの送達が無効とされると、後の処分、手続を無効とされるおそれがありますので、送達の効力については注意したいところです。

　送達先、送達の効力、相続人等の場合の送付先、公示送達の要件は次のとおりです。

(1) **送達先（原則）**

　送達先ですが、地方税の送達は送達を受けるべき者の住所、居所、事務所又は事業所の場所を原則としていますが、民事債権では「送達を受けるべき者に送達すべき書類を交付してする」とされ、人に対する送達を原則としています（民事訴訟法101）。

　複数の住所がある場合は、生活の本拠を送達先としています。

　固定資産税の送達について、介護老人保健施設や特別養護老人ホームなど短期間に転居し、生活の本拠といえるものではないとしても、成年後見審判時の住所は住民票とし、債務者本人から送達先の届がなかった事実から、住民票を置く住所に督促状を送達したのは合理性があるとしています（東京高判平30・12・19判例自治448号17頁）。

(2) 送達の効力

送達が効力を有するのは、送達を受けるべき者の支配下に入ったと認められるときとされています（最判昭29・8・24刑集8巻8号1372頁）。

また、税務職員から受け取った後、書類が返戻されても送達は有効としています（広島地判昭25・6・3行裁例集1巻追録192頁）。

さらには、書類の内容を知ったかどうか問わず、本人が書類を入手できなかったとしても、送達を受けるべき者が了知可能な状態に置かれた場合は有効としています（最判昭36・4・20民集15巻4号774頁）。

発送に関しては行政側に立証責任あり、受領に関しては債務者に立証責任があるとされています。

(3) 死亡者、相続人

死亡者への送達は無効であり、知れたる相続人、住民票・戸籍で確認することが必要です。

地方税は相続人の全てが明らかでないとき、相続人の一人を代表者として指定できます（地方税法9の2②）。

滞納になれば、督促も含めて各相続人に通知して相続分で滞納処分するしかありませんが、死亡を知らないで、被相続人名義で通知した場合に相続人の一人に通知されたときは、全ての相続人に対して通知されたものとみなされます（地方税法9の2④）。

この規定は地方税法特有の規定であり、他の債権には及びません。

「死亡を知らないで」とは戸籍、住民基本台帳の所管が知らない場合であり、同一市町村の住民である場合は該当しないものと考えます。

(4) 無能力者、未成年者・成年被後見人

ア　法定代理人、成年後見人に送達します。

相続税の送達につき、被保佐人は意思表示の受領能力がある（民法98の2）から被保佐人に送達すべきとしており（広島地判平23・8・31税務訴訟資料261号154頁）、他の債権にも該当します。

イ　意思無能力者

意思無能力者は法定代理人又は後見人の有無にかかわらず、申告義務は発生し、被相続人が死亡した日の翌日から6か月を経過すれば税務署長は相続税額を決定でき、法定代理人又は後見人がないときは、

その期限が到来しないというにすぎないとしており（最判平18・7・14
民集220号855頁）、これは税特有のものと考えます。

　なお、訴訟では無能力者に対する送達を特別に定めていますが（民
事訴訟法102）、このような規定がない場合は法定代理人、後見人等に
送達すべきものと考えます。

(5)　破産者

　破産手続開始決定後の送達先は、管財事案であれば管財人宛とするこ
とは共通しています。

(6)　在監者

　在監者については、在監者中でもその者の住所等（拘置所、刑務所長宛）
に送達できます（福岡高判昭50・7・17民集30巻3号393頁）。

　迅速性が要請される税務関係書類の送達は、留守家族の住所地を在監
者の生活関係の中心的場所、住所とみてもさしつかえないとしています
が（東京高判昭53・3・14行裁例集29巻3号275頁）、税以外の債権でこのよ
うな考え方をとることができるかどうかは疑問です。

(7)　法人

　法人の場合、解散、清算し、所在不明の法人は代表取締役、清算人宛
に送達します。

　法人が解散したとしても財産が残る場合は清算の範囲で法人格は存続
するとされ、納税義務は消滅しないとされています（行判昭6・11・4行政
裁判所判決録42輯1011頁）。このことは税以外の債権にも該当するものと
考えます。

(8)　公示送達の要件

　行政限りの公示送達の要件として、課税庁による通常期待しうる方法
による調査によっても居者が知れない場合をいうとされていますが（東
京地判昭46・5・24判時647号42頁）、他の債権にも通用する考え方であっ
て、裁判所による公示送達においても要件は同じものと考えてよいで
しょう。

　郵便物の返戻だけでは公示送達の要件でなく（行判昭7・12・23行政裁判
所判決録43輯1154頁）、納税管理人が選任されていないことは公示送達の
要件でないとされています（東京高判平28・4・21判例集未搭載）。

公債権と私債権の管理・回収方法の違い

項目	公債権（滞納処分によるもの）	私債権
債権成立	決定（法律の要件）による（不服申立ては通知、督促、滞納処分の各段階）	契約（意思の合致）、サービス・利用の対価性があり、不服申立てできない
時効進行	納期限後、権利行使（請求）できる時から	納期限後、権利行使（請求）できる時から
中断、停止	時効中断（更新）、停止（完成猶予）は民法。承認、一部納付は時効中断（更新）	時効中断（更新）、停止（完成猶予）は民法。承認、一部納付は時効中断（更新）
督促	履行の請求＋期限 最初の督促（自治法231の3）に時効中断。滞納処分、延滞金の前提	履行の請求＋期限 最初の督促（自治法施行令171）に時効中断。裁判所の強制執行、遅延損害金の前提でない
催告	履行の請求　本来の時効前の最終催告により6か月時効が延長される	履行の請求　本来の時効前の最終催告により6か月時効が延長される
回収方法	滞納処分（自力執行力を付与）債務名義、執行文は不要	裁判所による強制執行（自力執行力はない）。債務名義、執行文必要（少額訴訟、支払督促不要）
財産調査	国税徴収法による財産調査	財産調査は限られ、当初契約、納付相談時の聴取項目を工夫する。債務名義を取得したら民事執行法の改正により、裁判所に申し立て、債務者の給与等の照会が可能
延滞金、遅延損害金	延滞金は罰金的。督促により納期限後から発生。減免は債権放棄と同様であり、条例必要	遅延損害金は損失の補填。督促は関係なく納期限後から延滞金より義務的とはいえない。
送達	行政限りの公示送達	裁判所による公示送達
還付	還付加算金（条例不要、延滞金の率）	遅延損害金による加算金
相殺、充当	行政側から充当可能（不服申立て可能）	債権者、債務者どちらからでも相殺可能

項目	公債権（滞納処分によるもの）	私債権
端数処理	税のとおりの端数処理可能（条例必要）	1円まで算出（国等の債権債務等の金額の端数計算に関する法律）
破産等	免責されない	免責される（個人の場合）
債権届出	交付要求	債権申出
徴収緩和	税手続による猶予、執行停止 分割納付誓約は事実上の措置	履行延期特約 分割納付誓約は事実上の措置
停止、免除	執行停止により免除	徴収停止後に時効完成を経て債権放棄。履行延期特約により免除（債権放棄不要）
不納欠損	時効完成により債権消滅、時効援用は不要、時効利益は放棄できない。債権放棄は必要とされない	時効完成して援用が必要、時効の利益を放棄して支払うことができる。時効を知らずに承認、支払は援用権を喪失援用、承認の意思不明の場合は債権放棄
時効後の扱い	債務者支払いは受領不可（寄附可能）	債務者の支払いは受領可能
議決	議決は不要	法的措置、和解は議決必要。債権放棄は議決必要（条例により不要とする）
債権放棄	不要	必要（法人解散の場合は不要）
人的担保	原則保証人は不要	保証人により債権の効力を高めることが可能
日常家事債務	適用はないと考えられる	光熱水費、住宅家賃、授業料などに適用される。貸付金は否定される例が多い

＊　私債権の管理手続が原則であり、公債権は法律で特別に規定され、早期の回収・収束を図るもの

＊　滞納処分できない公債権では、項目により一部違いがある（財産調査権、執行停止できない等）。

＊　裁判例は場面ごとに法律を適用し、公債権、私債権を判断している訳ではない。

用語説明

五十音順に並べており、説明の終わりに→があるのは本用語説明における関連用語です。

▶延滞金（えんたいきん）

遅延損害金は使用できなかった利益に対する損害の発生に根拠が求められますが、延滞金は罰金的な性質として、負担の公平を図り、期限内納付を促すことにあり（最判平26・12・12訟月61巻5号1073頁）、延滞金は遅延損害金に比べて義務的です。

延滞金は督促が必要ですが、遅延損害金は督促の有無を問わず納期限を経過すれば請求できます。

「公の施設の使用料」が利用の対価である場合は督促手数料及び延滞金は適用されないものと考えます。

<u>「公の施設の使用料の支払いが対等な当事者間の合意である契約に基づくものである場合に、当該支払いが遅延したということだけで、債権者が優越的な地位を取得し、契約に定めのない不利益を債務者に及ぼすことができるというのは、利用関係の設定が契約によるものであることと矛盾する。また、私法上の債権については、弁済期の到来によって当然に法定の遅延損害金が発生する（民法404条・412条・415条・419条1項本文）のであるから、督促によって延滞金の支払い義務を発生させる債権は、私法上のものではあり得ない</u>（橋本勇「自治体財務の実務と理論─違法・不当といわれないために」ぎょうせい、2015年、164頁、下線は筆者記す）。」

国民健康保険料、介護保険料、後期高齢者医療保険料の延滞金は自治法236条により5年とする見解もありますが、保険料と同一性を有し、保険料が時効になれば延滞金を請求できませんので延滞金は保険料と同じ時効2年と考えます。

→遅延損害金、端数処理

▶公の施設の使用料（おおやけのしせつのしようりょう）

使用料は税等公課と違って、一般的に役務の提供の反対給付とされます。

318

「公の施設」は住民の福祉を増進する目的により設置され、水道施設及び公立病院は「公の施設」ですが、その料金、診療費の時効を争った判決では、時効は「公の施設の使用料」では自治法の適用は認められず、性質として民間債権と変わりなく民法が適用されるとしました。

時効と別に「公の施設の使用料」を認めた裁判例もありますが、「公の施設の使用料」に使用料等の規制、過料に関する自治法228条が適用されるとしました（市営ガス料金につき最判昭60・7・16判時1174号58頁、町営簡易水道の料金につき最判平18・7・14民集60巻6号2369頁）。

自治体債権では、時効の適用と公の施設の使用料に関する規律は適用範囲が違うことになります。

▶仮執行宣言の申立て（かりしっこうせんげんのもうしたて）

債務者の財産を強制執行するには債務名義と執行文が必要ですが、支払督促は仮執行宣言申立てにより執行力が付与され、執行文は必要ありません（民事執行法22条4号）。

→強制執行、債務名義、執行文、支払督促

▶期限の利益（きげんのりえき）

「債務者は、期限が到来するまでは債務を履行する必要がない（民法135条1項参照）という、債務者が有する法律上の利益のことをいう（債権管理・回収研究会編「自治体職員のための事例解説債権管理・回収の手引き」第一法規、加除式、2708頁）。」

債務者の利益である期限の利益は、法定された状況（破産、強制執行等）又は契約書の特約として不履行があった場合の定めにより喪失させることができます（履行期限の繰上げ、自治法施行令171条の3）。

→繰上請求

▶強制執行（きょうせいしっこう）

債権者のために国家により債権の強制的な実現を図る制度です。

債権の存否を判断する裁判所と執行する裁判所は別の機関であり、執行できるかどうかを書記官が審査することから執行文が必要になります。

滞納処分は行政限りで執行できますが、裁判所による強制執行は債務名義、執行文を必要とします。

少額訴訟、支払督促については、執行文は必要ありません。

→債務名義、執行文、滞納処分

▶繰上請求（くりあげせいきゅう）

繰上請求（履行期限の繰上げ）の意味は、債務者の状況、財産等によって債権回収の可能性の減少を防ぎ、債務者の利益である「期限の利益」を喪失させて直ちに回収できることにあります。

履行期限の繰上げ（自治法施行令171条の3）は限定されていませんので、税以外の全債権に共通し、「（地方税の）繰上徴収は、納税者の利益のために定められている<u>期限の利益を、債権者たる課税庁の都合により、一方的に喪失させる性質を持つもの</u>であるので、次のような客観的事態の発生がなければ（他の債権者において強制換価手続が開始されたとき、相続の限定承認等）、繰上徴収はできない（地方税法総則研究会編「新訂逐条問答地方税法総則入門」ぎょうせい、1994年、190頁）。」とされています。

また、地方税法13条の2では強制換価手続が開始されたとき等に該当しても、債務者の財産状況が担保されるのに十分であり、散逸するおそれがない場合、繰上徴収は認められません。

→期限の利益、滞納処分

▶限定承認（げんていしょうにん）

限定承認は、相続財産の範囲内で被相続人の債務を弁済することを留保して相続を承認することです（民法922条）。

「相続放棄が相続を全面的に拒否して、プラス財産、マイナス財産のいずれも拒絶し、完全に相続関係から離脱するのに対して、限定承認は、一応承認はするが、債務支払の限度はプラスの範囲でしか負わず、マイナスが出れば引受けない（高橋朋子ほか「有斐閣アルマ民法7親族・相続〔第2版〕」有斐閣、2007年、329頁）」

限定承認は相続財産が債務超過になっているか明らかでない場合、事業の承継のため相続財産の一部を残したい、先祖伝来の家宝を残したいとい

う場合に利用されます。

　限定承認の残債務は消滅になりませんが、納付責任を負わないという点では「自然債務」(自発的な弁済であって強制できない債務) になり、このような債権は、財産価値、徴収見込みのない債権として債権放棄の事由になります。

　相続人が相続財産の全部又は一部を処分した場合は、単純承認したものとみなされます (民法921条)。

　→自然債務、相続放棄、免責制度

▶権利の濫用 (けんりのらんよう)

　信義則 (信義誠実の原則) と並び、一定の法律関係において妥当な結果を導くため権利の行使を制約する理論です。

　「権利濫用は、いかに法律上認められた権利であってもその行使が濫りに (みだりに) なされることを禁じるもの (池田真朗「スタートライン民法総論」日本評論社、2006年、28頁)」

　公営住宅使用料の長期の未納分を一度に保証人に請求することは権利の濫用として請求を認めなかった例があります (広島地福山支部判平20・2・21裁判所ウェブサイト、東京高判平25・4・24判時2198号67頁)。

　→信義則

▶公債権・私債権 (こうさいけん・しさいけん)

　「債権を『公債権』と『私債権』に分け、さらに公債権を『強制徴収公債権』と『非強制徴収公債権』に分類することが広く行われている。(中略) 徴収の根拠が個別の法律に定められており、当該債権に係る地方公共団体の行為が行政不服審査法1条2項の『処分』に該当するもの (中略) を『公債権』と、公債権のうち督促で指定した期限までに納付されないときに地方税 (国税) の滞納処分の例により処分することができるものを『強制徴収公債権』と、公債権であっても督促で指定した期限までに納付されないときには民事手続により取り立てるしかないものを『非強制徴収公債権』と、公債権に該当しないもの (私法上の債権) を『私債権』としているのが一般的なようである (前掲、橋本勇「自治体財務の実務と理論─違法・不

当といわれないために」、285頁)。」

　裁判例では問題となる法律関係について、法律の適用を判断しているだけで、分類により適用を判断しているものではありません。

▶交付要求（こうふようきゅう）

　税等公課において、先に債務者の財産に滞納処分、強制執行を受けた場合に配当を受けるために行う手続であり、参加差押も交付要求の一種です。民事手続の配当要求と同じですが、公課等と棲み分けるためのものです。

　　→債権申出、配当要求

▶債権放棄（さいけんほうき）

　債権放棄は債務の免除（民法519条）であり、条例による免除（例えば、奨学金返済の免除、減免）も同様です。

　国において財産価値、徴収見込みのない債権は債権放棄でなく、「みなし消滅」扱いですが、その事由は自治体の債権放棄と共通します。

　「債権が<u>法律的にはまだ消滅したものとはいえないが、その債権について特別な事由が生じているため請求権の行使が著しく困難となっている等、実質的にはその債権としての価値が完全に消滅していると認められる場合</u>においては、事の経過を明らかにした書類を作成し、当該債権の全部又は一部が消滅したものとみなして、債権の消滅と同様の処理をすることが認められている。これを債権の『みなし消滅』の整理という（前掲、大鹿行宏編「債権管理法講義」大蔵財務協会、2011年、193頁、下線は筆者記す）。」

　　→不納欠損

▶債権申出（届出）（さいけんもうしで、とどけで）

　債権の保全手段の一つで、債務者が強制執行を受けるなど財産が減少する場合に債権の主張を行い、強制執行以外、債務者が滞納処分を受けたとき、破産手続開始決定されたときなどに行います。

　配当要求は債務名義等を要しますが、債権申出は債務名義等を要せず、交付要求は税等公課の場合の手続です。

「債権の申出とは、債務者が強制執行を受けるなどその責任財産が危うくなったときとか、債務者の総財産について清算が開始されたときなどの場合に、債務者の財産の分配にあたって不利益を被ることのないよう、国が債権者として、その債権の存在を主張することをいう（前掲、大鹿行宏編「債権管理法講義」、147頁）。」

破産の場合の債権届出は破産手続参加として時効中断の効力があり、届出しておくべきものです。

→交付要求、時効の中断、配当要求

▶催告（さいこく）

催告は履行の請求ですが、督促と違って指定期限は要件ではなく、催告は暫定的に時効が6か月延長され、その間に訴訟等を提起するか、債務者の承認がなければ時効中断しません（改正前民法153条）。

6か月の時効延長を考えると、時効完成間際の催告に意味があり、それ以前の催告には意味がありません。

民法改正による催告の扱いは、「催告があったときは、その時から6箇月を経過するまでの間は、時効は、完成しない」としていますので、催告だけで訴え等行使せず、承認もない場合は時効完成前の最終の催告から6か月加算して時効を計算すればよく、改正前の催告は「暫定的猶予」であり、改正法の催告は「確定的猶予」とされています。

「改正民法は、（裁判外の）催告に、催告時から6カ月を経過するまでの間、時効の完成を猶予する効力を与えた（法150条1項）。<u>改正前民法では、6カ月以内に他の強力な中断措置を執らなければ中断効はないとの規律（そのため、暫定的中断効と呼ばれることがあった）であったが（改正前民法153条）、改正民法は、確定的な完成猶予事由としている</u>（債権法研究会編「詳説改正債権法」（財）金融財政事情研究会、2017年、43頁、下線は筆者記す）。」

→督促、時効の中断

▶債務名義（さいむめいぎ）

債務名義とは、債権者と債務者のかかわりを通じて作成され、確定した判決等をいい、債務についての権限を示す証書のことで、確定判決、仮執

行宣言付判決、執行証書、和解調書、調停調書などがあり、債務名義によって執行できることを正当化します。

　　→強制執行、執行文、滞納処分

▶時効（じこう）

　時効制度は、一定の事実状態が長期間続く場合に真実を問わず、そのまま権利関係として認めることです。

　「消滅時効とは、権利の不行使という事実状態の継続によって、権利自体が消滅する制度である。およそ、所有権以外の権利は、すべて消滅時効にかかる。この消滅時効の基礎（要件）は、①権利の不行使と、②一定の事実状態の継続（時効期間の経過）、である（近江幸治「民法講義Ⅰ民法総則第3版」成文堂、2001年、327頁）。」

　　→時効の援用、時効の援用権の喪失、時効の中断、時効の停止、時効の
　　　利益の放棄、除斥期間

▶時効の援用（じこうのえんよう）

　時効の利益を得るのは債務者であり、裁判所が時効により消滅したとするには債務者から時効の援用を必要とし、援用があって時効の効果は確定的に生じます（最判昭61・3・17民集40巻2号420頁）。

　時効の援用は裁判外でもでき（大判昭10・12・24民集14巻2096頁）、援用は自身の債務の主張が必要ですが、原因、権利を行使する事実の主張だけでよく、時効期間の明示は不要です（大判昭14・12・12民集18巻1505頁）。

　判例は時効の援用により確定的に効果が生じること（消滅）から、撤回できないとしています。

　地方税法、自治法では大量処理、早期の収束という点から、時効完成すると、①債権は消滅し、②時効の援用は不要であり、③時効利益の放棄はできません（地方税法18条、自治法236条）。

　　→時効、時効の援用権の喪失、時効の利益の放棄

▶時効の中断、更新（じこうのちゅうだん、こうしん）

　「消滅時効の要件は、単に時間が経つことだけではない。権利の不行使

という事実状態が続くということが必要であり、これは時効の存在理由についてどのような立場をとろうと同じである。ということは、逆に言えば、権利が行使されてしまえば時効は完成しないということになる。そこで民法は、債権者が、権利を行使したときには、それまでに進行した時効の期間はゼロになるという制度を設けた。これが中断である。中断とはいっても、時効の進行が単に中断するのではなく（それは後述の停止である）、双六で『振出に戻れ』が出るのと同じゼロになる。たとえば、100万円の債権の債権者が履行期が来ても放っておいて、9年11カ月経ったところで突如訴訟を起こして支払を請求した場合、債務者には残念であるがその時点で時効の進行はゼロに戻る（前掲、内田貴「民法Ⅰ第2版補訂版総則・物権総論」、310頁）。」

　一部弁済（納付）は債務の承認になりますが、残りの債務全体に時効中断が及ぶかどうかは、特定の債務に充てられ、承認したのであれば他の債務に時効中断の効力は及びません（東京地判平17・2・18未公刊）。

　改正で「中断」を「更新」に、「停止」を「完成猶予」に改められましたが、意味合いは変わりません。

　→時効、時効の援用、時効の援用権の喪失

▶**時効の停止（じこうのていし）**

　時効の中断と停止の違いは次のとおりです。

　「似ている点　ともに時効の完成をさまたげることをいう。

　ちがう点　『中断』は、すでに経過した時効期間の効力を消滅させるが、『停止』は、その事由がつづくあいだ時効の完成を猶予するだけで、すでに経過した時効期間の効力には影響を及ぼさない（前掲「似たもの法律用語のちがい〔三訂補訂第二版〕」、158頁）。」

　→時効、時効の中断

▶**時効の援用権の喪失（じこうのえんようけんのそうしつ）**

　「時効の利益の放棄」は債務者の意思表示であり、「援用権の喪失」は信義則により援用（権利行使）が許されません。

　債務者が時効を知らずに承認した場合、債権者から見て信義則上、債務

者の時効の援用権は喪失したものとされます（最判昭41・4・20民集20巻4号702頁）。

「時効完成後は通常それを知っているものだという推定は、全く非現実的だし、まして、知っていれば通常（時効の利益の）放棄などしないものである。そこで、最高裁は判例を変更し、『時効が完成したのちに債務の承認をする場合には、その時効完成の事実を知っているのはむしろ異例で、知らないのが通常であるといえるから、（中略）承認は時効が完成したことを知ってされたものであると推定することは許されない』と述べた。しかし、そのうえで、時効完成後に債務を承認する行為があった場合は、相手方も債務者はもはや時効を援用しないとの期待を抱くから、信義則上、その債務について時効を援用することは許されないとした。時効完成後の自認行為は、完成前における中断事由としての『承認』と同様な性質の行為であり、債権者の観点からすれば、同様に扱うことが妥当であろう（前掲、内田貴「民法Ⅰ第2版補訂版総則・物権総論」、326頁、下線は筆者記す）。」

時効の援用権を失うとしても、その後は新たな時効が進行します（最判昭45・5・21民集24巻5号393頁）。

→時効、時効の援用、時効の利益の放棄、信義則

▶時効の利益の放棄（じこうのりえきのほうき）

「完成した時効の効力を受けるのを積極的にやめることもできる。これを『時効の利益の放棄』と呼んでいる。民法146条は、時効の利益の放棄を事前にすることはできないとしているが（たとえば、売買契約で、代金債権については消滅時効を主張しないと決めても放棄の効力は生じない）。この規定は事後（時効完成後）には放棄できるということを含んでいる（前掲、大村敦志「基本民法Ⅰ　総則・物権総論（第3版）」、121頁）。」

公債権（地方税法18条、自治法236条などが適用される債権）は「時効の利益の放棄」はできません。

→時効、時効の援用、時効の援用権の喪失

▶持参債務（じさんさいむ）

「弁済をなすべき場所については、特約のないかぎり、弁済の時点での債権者の住所である（持参債務の原則）。ただし、特定物の引渡しが給付の目的となっている場合には、債権発生の当時（たとえば契約の時点）のその物の存在した場所が弁済地となる（484条）（野村豊弘ほか「民法Ⅲ債権総論［第3版補訂］」有斐閣、2012年、212頁）。」

支払督促は債務者の住所地管轄の簡易裁判所に申し立てますが、訴訟、少額訴訟は金銭の弁済が持参債務であることから債権者（自治体）の住所地管轄の裁判所で争うことができます。

▶**自然債務**（しぜんさいむ）

「自然債務とは、（債務者が）履行すれば相手方（債権者）はそれを債務の履行として受け取ってよいが、自分から積極的に訴訟に訴えて請求することはできない債務であるとされている（日本では『徳義上の債務』などとも呼ばれる）（大村敦志「基本民法Ⅱ　債権各論（第2版）」有斐閣、2005年、170頁）。」

「責任なき債務」とも呼ばれます。

　→限定承認、免責制度

▶**執行停止**（しっこうていし）

地方税では、財産もなく、債務者の生活を窮迫させ、滞納処分の実益がない場合は、滞納処分の執行を停止し、一定の期間を経て又は即時に納付義務の免除ができ（地方税法15条の7）、地方税以外の滞納処分できる公課に準用できます。

「自力執行権のある債権については、その賦課徴収の目的に即した別個の徴収緩和制度によるべきである（中略）。これらの公課が滞納となった場合には、原則として督促状を発した日から起算して10日を経過した日までに完納されなければ、滞納処分が執行されることとなっているが（国税徴収法47）、一定の事由に該当する場合には、滞納処分の執行が停止される（国税徴収法153）（前掲、大鹿行宏編「債権管理法講義」、178頁）。」

執行停止は免除になりますが、徴収停止は免除にならないため、時効完成して債権放棄することになります。

なお、執行停止は時効の進行を妨げませんので、執行停止による免除か時効のどちらか早い方が優先されます。

　　→徴収停止

▶執行文（しっこうぶん）

　「（強制）執行は債務名義の存在を手がかりに開始されるが、債務名義が存在するとしても、その執行力が現存するかが問題となる。そこでこれをあらかじめ調査し、執行力の存在を執行文というかたちで公証させる。この執行文のついた債務名義（＝執行正本）の存在によって執行が開始される（前掲、井上治典編「ブリッジブック民事訴訟法〔第2版〕」、264頁）。」

　　→強制執行、債務名義、支払督促、少額訴訟、滞納処分

▶支払督促（しはらいとくそく）

　支払督促は、簡易裁判所書記官宛に債権者の申立てのみで債務者に督促を発します。

　債務者は支払督促が送達されてから2週間内に異議を申し立てると、支払督促申立時に遡って「訴えの提起」があったものとみなされ（民事訴訟法395条）、議会の議決を必要とします（最判昭59・5・31民集38巻7号1021頁）。

　異議のない支払督促は「訴えの提起」には該当しないので議会の議決は不要です。

　仮執行宣言を付した支払督促に異議がない場合は、確定判決と同一の効力を有しますが（民事訴訟法396条）、既判力がないため確定後も争う余地があります。

　支払督促は債務者の住所地管轄の簡易裁判所に申し立てますが、債務者の住所が不明な場合は異議の機会がないため利用できません。

　　→執行文、少額訴訟、専決処分、調停

▶充当（じゅうとう）

　相殺と似た機能として税の充当がありますが（国税通則法57条、地方税法17条の2）、相殺は履行期にあることが要件であり、債権者、債務者のどちらからも行使できますが、充当は行政側からのみ認められ、行政処分と

して不服申立てできます（最判平6・4・19集民172号363頁）。

　充当は法定納期限を経過していることが要件であり（地方税法施行令6条の14）、普通徴収（市県民税、固定資産税等）の法定納期限は各納期限とされています。

　例えば、1期に重複納付があっても、2期以降の納期限が未到来であれば2期以降の分に充当ができません。

　2期以降に債務者の納付意思があれば充当でき、期限前納付すれば返還請求は認められません（民法706条）。

　地方税法17条の3第1項では申出により①納付が確定して納期限が到来していないか、②納入すべき額が確実であると認められるときは期限前納付が認められ、同条は民法706条を受け、税特有の規定としたものです。

　地方税以外の公課は、自治法231条の3第4項により還付は加算金も含め地方税の例によることができ、充当についても諸収入の相互間において同様に扱うことができます。

　下水道使用料の還付金を未納の下水道使用料に充当できますが、下水道使用料を地方税に充当できないと解されています（前掲「地方財務実務提要」、2453頁）。

　充当は通知が必要ですが、行政からの一方的行為から到達まで必要とされていません（「市町村事務要覧税務編（1）総則」ぎょうせい、加除式、4138頁）ので公示送達は不要です。

　→相殺

▶少額訴訟（しょうがくそしょう）

　「少額訴訟の審理には次のような特徴がある。

　第一に、少額訴訟では、原則として最初に開かれる口頭弁論期日において審理が完了することが求められている。これを一期日審理の原則と言う（（筆者注・民事訴訟法）370条）。（中略）第二に、少額訴訟では、素人である当事者による本人訴訟がおもに予定されている。（中略）証拠調べ手続では、証人の宣誓を省略でき、尋問の順序も裁判官が柔軟に調整できるというように定められている（372条1項・2項）。

　第三に、裁判所は、口頭弁論が終わると、ただちに判決をすることを原

則とする（374条１項）。（中略）請求認容判決には、職権で仮執行宣言が付される（376条１項）（前掲、井上治典編「ブリッジブック民事訴訟法〔第２版〕」、23頁）。」

　　→支払督促、即決和解、調停

▶除斥期間（じょせききかん）

　時効期間と似ていますが、除斥期間は中断、停止がなく、援用を必要としません。

　「（除斥期間）は、時効に似ているが、キズ物を買わされた場合の損害賠償の請求などで、紛争の早期解決のために、たとえば『賠償請求は１年以内にしなければいけない』というような定めのある場合の期間をいう（（民法）566条③など）。この期間は、中断による引き延ばしがないこと、裁判所の判断に当事者の援用を必要としないところなどが時効と異なる（前掲、池田真朗「スタートライン民法総論」、193頁）。」

　地方税は賦課決定できる期間として除斥期間を規定していますが（地方税法17条の５）、税以外の公課ではこのような規定がなく、自治法236条は消滅時効だけでなく除斥期間も含むと解され、除斥期間は権利発生時、徴収すべき額を知ってから５年の請求期間ということになります。

　改正民法は、除斥期間としていた不法行為の賠償請求権20年を消滅時効期間としました（改正民法724条本文）。

　　→時効

▶信義則（しんぎそく）

　「信義則（の適用）とは、真の権利者の権利行使を否定する論理である（前掲、近江幸治「民法講義Ⅰ民法総則［第３版］」、16頁。）

　公法上の法律関係であっても、信義則上から民法の規範が適用される場合もあります。

　「民法に定められた法規範が、行政上の法律関係に適用されたケースとして、課税処分が違法・無効でなくても、一定の場合には法律上の原因を欠く不当利得として救済される可能性を認めた判例（最判昭和49・3・8民集28巻２号186頁）がある。この判例では、事案につき救済のないことが『正

義公平の原則にもとる』と述べられており、信義則的構成によって不当利得の成立を認める解釈が示されている（櫻井敬子、橋本博之「行政法［第3版］」弘文堂、2011年、35頁）。」

　→権利の濫用、時効の援用権の喪失

▶専決処分（せんけつしょぶん）

　「一定の場合において普通地方公共団体の長が議会の権限を行使することを専決処分という（塩野宏『行政法Ⅲ〔第4版〕』（有斐閣、2012年）206頁）。地方自治法（中略）179条は、議会が成立しないとき、会議を開くことができないとき、特に緊急を要するため議会を招集する時間的余裕がないことが明らかであると認めるとき、議会において議決すべき事件を議決しないときにおいて、長が議会が議決すべき事件を処分することができるとしている。長はこの専決処分をした場合には次の会議において議会に報告し、承認を求めなければならない。また、180条は、議会の権限に属する軽易な事項で、議会の議決により特に指定したものについて長が代わって専決処分することができるとし、やはり専決処分したときは、長はこれを議会に報告しなければならないとしている（前掲「債権管理・回収の手引き」、2745頁、下線は筆者記す）。」

　→支払督促

▶相殺（そうさい）

　相殺は双方の債権を消滅させ、債権者、債務者のどちらかの意思表示により行うことができますが（民法505条）、税では常時大量に発生し、会計技術的にみて解決が困難な問題があるため、現行法上は税債権と国又は地方公共団体に対する金銭債権との間の相殺を禁止しています。

　「①無用の手続を省略して、現実の弁済に代えて簡易迅速に双方の債権を消滅させる機能（簡易決済的機能）、②双方の債権を一挙に清算することによって一方の資産状況が悪化したときの不公平を除去し、当事者間の信頼と公平を保持する機能（当事者間の公平保持機能）、③自己の債権の弁済を確保するために、相手方の債権を引当てにできる機能（担保的機能）がある（磯村哲編「注釈民法（12）」有斐閣、1970年、375～377頁、384頁）」

相殺と同様の機能として充当がありますが、行政側からのみ認められます。

地方税は大量発生、会計技術上の問題から相殺が禁止され（地方税法20条の9）、下水道使用料は税と同様の性質であることから相殺を許さないとしています（大阪高判平20・10・1判例自治322号43頁）。

　→充当

▶**相続放棄**（そうぞくほうき）

相続放棄は、相続の帰属をはじめから相続人としない効果が生じます（民法939条）。

限定承認として相続人全員が同意することは少なく、実際は各相続人で負債を免れるため、特定の相続人に財産を取得させるために相続放棄が行われることが多いようです。

相続放棄は受理しただけでは効力は確定せず、後日、債権者は相続放棄の無効を主張できます（最判昭29・12・24民集8巻12号2310頁）。

相続人全員が相続放棄した場合は相続財産法人となり（民法951条）、相続財産からの返済には、債権者は利害関係人として家庭裁判所に相続財産管理人の選任を請求することになります（民法952条1項）。

相続財産法人は無主物となることを避けるため法人（財団）としたものですが、戸籍上の相続人が行方不明の場合は該当しません。

相続財産管理人は破産管財人と同様に相続財産の管理、処分を行い、債権者に配分し、清算する事務を行います。

相続財産管理人の任務には知れたる相続人以外に相続人がいないか調査され、事案にもよりますが、家庭裁判所に清算手続費用として数十万円から100万円ほどの予納金が必要とされます。

相続財産管理人の選任申立ては、債権額と予納金が費用として見合わなければ徴収停止の上、時効完成して債権放棄することになります。

　→限定承認、単純承認

▶**滞納処分**（たいのうしょぶん）

裁判所の手続を経ずに行政限りで債務者（納付義務者）の財産を処分、

換価できる制度であり、滞納処分が認められるのは法律に規定されているものに限られ、滞納処分手続は強制徴収と称され、「徴収金」という表現もみられます。

　強制徴収の手続は一般法にありませんが、国税徴収法による税と同様の手続が認められています。

　例えば、介護保険の不正利得による返還金は徴収金であり（介護保険法22条）、滞納処分ができ（同法144条）、滞納処分手続は地方税法、国税徴収法により、督促、延滞金は自治法231条の３によります。

　税以外の公課について、滞納処分等の手続は個別法に規定されていない場合が多く、滞納処分以外で地方税と同様に規定されているものは、①督促、延滞金手続（延滞金の率は個別法により違います）、②還付金, 加算金、③書類の送達（公示送達）の手続です。

　滞納処分の効果については、「訴訟手続を省略して地方公共団体の賦課処分を直ちに執行力ある債務名義とすること、及びその債務名義によって自らの執行機関をもって自力執行できることの二つの効果が含まれ（前掲「地方財務実務提要」、2908頁、下線は筆者記す）」るとされています。

　→強制執行、督促

▶単純承認（たんじゅんしょうにん）

　相続人であることを認めることで、法定単純承認の３か月経過（民法921条２号）以外に次の２つがあります。

　「第一に、相続人が相続財産の全部または一部を、死亡の事実を知りながら『処分』した時に、単純承認したものと扱われる（921条１号）。『処分』の判断は困難な場合がある。一般に軽微な形見分けなどは、処分に含まれないと解されている。これに対して、経済的価値の高い形見分けは処分にあたる（大判昭和３年７月３日新聞2881号６頁）。保存行為や、短期賃貸借契約（602条）を締結しても法定単純承認にならない（921条１号）。（中略）

　第二に隠匿、消費、悪意で財産目録に記載しなかったなど背信的行為がある場合、たとえ限定承認、放棄をした後といえども、承認をしたものとみなされる（921条３号）。（中略）限定承認は、相続人全員でなすが、その中の一人に法定単純承認事由がある場合には、その者は相続財産をもって

弁済できなかった債権額について、相続分の範囲で責任を負う（937条）。これがためになされた限定承認が無効となることはない（前掲「有斐閣アルマ民法親族・相続（第2版）」、260頁）。」

　　→限定承認、相続放棄

▶遅延損害金（ちえんそんがいきん）

　延滞金とは違って、遅延損害金は使用できなかった利益に対する損害の発生に根拠が求められます。

　「金銭の場合、たとえ金庫に保管していても、それがあることによって一定の利益をもたらしているともいえる。つまり、『利用しなかった』と証明すること自体困難である。そこで民法は、とくに金銭の場合について規定を置き、『返還すべき金銭にはその受領の時より利息を付することを要す』るものとした（民法545条2項）。（中略）その結果、使用利益があったという証明を要せずして、当然に、使用利益に相当する利息の返還の義務を負う（内田貴「民法Ⅱ債権各論」東京大学出版会、1997年、94頁）。」

　改正により商法514条（商事利息6％）は削除され、商事債権も含め遅延損害金は3％とされ、変動制をとり、履行遅滞の時点での率が適用されます（改正民法419条、404条）。

　なお、利息は期限前の請求であり、遅延損害金は期限後に対する請求になります。

　　→延滞金

▶徴収停止（ちょうしゅうていし）

　徴収停止は執行停止と同様に行政内部の措置であり、債務者との関係ではともに時効中断の効果は生じません。

　「徴収停止とは、直接債権者・債務者間の法律関係そのものに影響を及ぼすものではなく、あくまでも債権者である普通地方公共団体の内部において、積極的に債権の実現を図るべき普通地方公共団体の長の義務を一時的に免除するという規定です。したがって、直接的に債務者との関係を何も生じない以上、徴収停止には債権の消滅時効を中断する効力はない（前掲「地方財務実務提要」、6455頁）。」

執行停止が免除を生じさせるのに対し、徴収停止は免除の効果がありませんので時効完成後に債権放棄します。

　　→債権放棄、時効の中断、執行停止

▶調定（ちょうてい）

　調査決定の略であり、確定している権利について事前に収入金額を内部的に意思決定することであり、延滞金、遅延損害金は事後にできます。

　「調定とは、地方公共団体の歳入を徴収しようとする場合において、長が自治法第231条の規定に基づきその歳入の内容を調査して収入金額を決定する行為、すなわち、徴収に関する地方公共団体の内部的意思決定の行為をいうものであり、調定をするのは長の権限ということになります（前掲「地方財務実務提要」、2679頁）」

　履行延期特約での分割の調定は、納入通知を発した前後で考え方が違い、納入通知前に履行延期特約した場合は分割額ごとの調定を行い、納入通知後に履行延期特約する場合は調定を変更せず、分割した分だけ納付書を発行することになります（越智恒温監修、会計事務研究会編著「会計事務質疑応答集」学陽書房、1994年、67頁）。

　調定後の分割延納とした場合は、期限を変更するだけであり、再度調定を行う必要はありません。

　　→納入の通知、履行延期特約

▶調停（ちょうてい）

　第三者が当事者の話し合い、交渉を通じて調整案を示し、合意に至るとその場で調停条項（＝和解条項）を確認して調停調書を作成し、合意に反した場合の不利益（差押え、退去等）を説明します。

　合意、和解を前提としていますので、申立てを含めて議会の承認が必要になります（自治法96条1項12号）。

　　→支払督促、少額訴訟

▶督促（とくそく）

　自治体債権では公債権、私債権に限らず、督促（公債権では自治法231条

の３、私債権では自治法施行令171条）により、時効中断します（自治法236条４項）。

　督促は最初に限り時効中断を生じ、督促を繰り返しても催告として扱われます。

　自治法231条の３による督促は滞納処分及び延滞金徴収の前提ですが、自治法施行令171条の督促は遅延損害金の前提ではありません。

　要件として「履行の請求」と「履行（指定）期限」があれば、督促状という記載がなくても督促とみなされます。

　督促による時効中断は送達された時であって、督促状の指定期限は時効の進行に関係ありません。

　「督促において指定された期限は、当初の納期限（履行期限）を変更するものではなく、早期の支払いを促し、その期限が経過するまでは法的手続に移行しないという意思を表示したものにすぎない（前掲、橋本勇「自治体財務の実務と理論—違法・不当といわれないために」、304頁）。」

　→期限の利益、催告、時効の中断

▶日常家事債務 （にちじょうかじさいむ）

　日常家事債務（民法761条）は、婚姻による共同生活のための行為（日常家事）から生じた債務について夫婦は連帯責任を負うものであり、自治体債権では光熱水費の水道料金、教育費の公立学校授業料（幼稚園保育料）、公営住宅使用料などが該当することになります。貸付金（金額の多寡にもよりますが生活のための貸付金は認められる余地はあります。）、取引関係の安定を図る規定ですから賦課決定による債権は該当しないものと考えます。

　日常家事債務では夫が契約者であっても、配偶者である妻にも連帯責務として未納分の全額を請求できます。

▶納入の通知 （のうにゅうのつうち）

　調定が内部的な意思決定行為ですが、納入の通知は対外的な効力を有します。

　「納入の通知には、既に発生している債権を請求するもの（土地の払い下げ代金、建物や自動車等が損傷を受けたことによる損害賠償等）と、それによっ

て具体的な債権を発生させるものがある（この場合の納入通知は賦課処分と同じ意味をもつ。介護保険法131条等参照）。全ての納入通知は、時効を中断する効力を有するが（自治法236条4項）、後者の納入通知に係る債権は、当該通知によって納期限が定められ（納期限が法定されているもの（地方税法320条1項本文等参照）もある。）、消滅時効は当該納期限まで進行しない（民法166条1項参照）ので、当該債権について納入通知による時効中断が問題になる余地はない。また、この納入通知には行政不服審査法が適用される（自治法229条参照）（前掲、橋本勇「自治体財務の実務と理論─違法・不当といわれないために」、279頁）。」

　→調定

▶配当要求（はいとうようきゅう）
　執行力のある債務名義を有する債権者、仮差押権者、一般先取特権を有する債権者が先行する他の債権者が申し立てた競売手続に参加することです。
　民事での差押え、仮差押え、配当要求は、一般の私債権での裁判所に申し立て、滞納処分、交付要求は県、市町村や税務署が滞納税、公課を回収するために行う制度です。
　不動産競売手続において債務名義を有する債権者の配当要求は、差押えに準ずるものとして時効中断の効力を生じます（最判平11・4・27民集53巻4号840頁）。
　交付要求は税等公課で用いられ、配当要求と同じ機能を持ち、債務名義が不要であるため、債権として成立していたら交付要求ができます。
　→交付要求、債権の申出、滞納処分

▶破産手続（はさんてつづき）
　破産法の手続に従って財産を債権者に分配して清算する手続です。
　破産手続によらずに随時弁済される財団債権（破産法2条7項）と破産手続開始前の債権で財団債権に該当しない破産債権（破産法2条5項）があり、破産債権は優先度合に応じて優先、一般、劣後債権に分類され配当されます。

法人の場合は破産手続が終了したら法人格は消滅しますが、個人は清算後の残債務に免責制度があります。ただし、法人の場合、例えば、破産管財人が不動産の換価を困難として放棄した場合、破産手続が終了しても財産が残りますので清算の範囲内で法人格は存続します。

　　→免責制度

▶端数処理（はすうしょり）

　地方税では債権額全体で千円未満を切捨て、また、確定金額に百円未満の端数があるとき、又はその全額が百円未満であるときは、その端数金額又はその全額を切り捨てる等がありますが（地方税法20条の4の2）、自治法には端数処理は規定されていません。

　地方税は定型的な大量の債権を簡易、迅速に処理することから端数処理が定められ、税以外の債権において法律の根拠なしに条例だけで端数処理を定めることは適切ではありません。

　国等の債権債務等の金額の端数計算に関する法律では、「地方団体の徴収金並びに地方団体の徴収金に係る過誤納金及び還付金（これらに加算すべき還付加算金を含む。）」は適用されないとし（同法7条4号）、地方税以外の公課（保育所保育料等）は除かれ、同法は私債権に適用されます。

▶不納欠損（ふのうけっそん）

　調定を次年度に繰り越さない会計上の措置であり、法的効果はなく、原則、債権が消滅して不納欠損します。

　私債権では時効完成後に債権放棄して不納欠損することになりますが、企業会計では必ずしも不納欠損を行う時期は時効完成に合わせる必要はありません。

　　→債権放棄

▶保証債務（ほしょうさいむ）

　保証債務は債権者と保証人が主債務者の債務を保証する契約であり、主債務者と保証人の間では特に委託受託の契約関係は必要ありません。

　保証債務には次のような性質があります。

①独立債務性…債権者と保証人との間で契約

②付従性…主たる債務に付き従う、主たる債務が消滅すれば保証債務も消滅する。

③随伴性…債権担保であるから債権者が代わっても新しい債権者のところに移る。

④補充性…主たる債務者が履行しないときに履行の責めがある。

「保証債務は、多数当事者の債務関係の一つといっても、当事者が複数になった関係を整序するというより、もっぱら債権担保のために当事者を増やした制度である（前掲、池田真朗「スタートライン債権法」、236頁）。」

連帯保証は単純保証と違って、主債務者と同じ地位に立つことから先に連帯保証人に請求できます。

→**連帯保証**

▶**民事再生手続**（みんじさいせいてつづき）

「民事再生手続というのは、多額の債務を負い、債務の弁済ができない場合に、将来の収入によって債務の一部を分割して返済する計画（再生計画）案を立て、債権者の頭数の過半数及び債権額の過半数の同意を得て、再生計画案を裁判所が認めれば、再生計画案に従った返済をすることによって、残りの債務が免除される手続です（自治体債権研究会編、橋本勇監修「自治体の債権回収」公職研、2010年、19頁）。」

→**債権申出（届出）、免責制度**

▶**免責制度**（めんせきせいど）

「（破産）免責制度は、破産者に対して、破産手続によって配当を受けることができなかった残余の債務について、破産者の責任を免除させる（有力説は債務を消滅させると解しています。）ことによって破産者の経済的更生を図ろうという制度です（法曹会「例題解説新破産法」、2009年、362頁）。」

「この責任を免れるとされた債務の性質については、破産債権はその責任が消滅し、自然債務になると解するのが通説的立場ですが、債務自体が消滅するという立場（中略）も有力です。通説的立場によると、免責許可決定が確定すると、破産債権が有する訴求力と執行力が失われ、破産債権

者は任意の弁済を求めることができるにとどまることになります（前掲「例題解説新破産法」、382頁）。」

　免責手続中は差押えの強制執行、仮差押えは禁止され、免責決定されたら強制執行等の手続は効力を失います。

　　→限定承認、自然債務

▶履行延期特約（りこうえんきとくやく）

　資力のない者には税等公課では徴収猶予（地方税法15条）、執行停止（地方税法15条の7）をとることになり、他の債権では履行延期特約等（自治法施行令171条の6）において管理します。

　破産免責債権は権利行使の実効性がなく、国では「みなし消滅」とされ（債権管理事務取扱規則30条4号）、破産免責債権は法的に処理されることから履行延期特約の要件ではなく、自治体の場合も同様に解されます。

　履行延期特約は納入通知前後で調定の扱いが違い、納入通知前に調定変更した場合、当該年度の分割総額を調定しますが、残額は決算、財産に関する調書に将来債権として記入します。

　調定後に分割延納した場合は、再度調定を行う必要はありません。

　「履行延期の特約又は処分は、相手方の承諾を得て、又は相手方の申請に基づいて（地税法15条1項前段）なされることになるから、それがなされた時点で債務の承認があったことになり、時効は中断し（民法147条3号）、延長された履行期限から進行を始めることになる。また、分割納付とされた場合は、分割納付された納付額について、それぞれの納付期限から時効が進行する（同法166条1項）（前掲「債権管理・回収の手引き」、670頁）。」

　履行延期特約後は免除できますが（自治法施行令171条の7）、管理期間が長く、使い勝手が悪いとされています。

　民法改正前の一般債権の時効10年を考慮したもので、国における履行延期特約（国の債権の管理等に関する法律32条1項）は自治法施行令171条の7と同様の扱いと考えられます。

　　→執行停止、徴収停止、調定

▶連帯債務（れんたいさいむ）

「連帯債務とは、数人の債務者が同一内容の給付について各自独立に全部の給付をすべき債務を負い、しかもそのうちの一人が給付をすれば、他の債務者も債務を免れる多数当事者の債務関係をいう。（中略）したがって連帯債務の場合には、債務者同士の間に、お互いに協力して債務を弁済する（各人の負担すべき割合〔これを『負担部分』という（中略）。〕は内部の約束では決まっていても、債権者との関係では、他の者の負担部分まで弁済しあう）関係があることになる。これは、連帯債務者相互にそういう意思（連帯の意思）があることを前提にして考えられていることである（前掲、池田真朗「スタートライン債権法」、225頁）。」

　→連帯保証

▶**連帯保証（れんたいほしょう）**

　主債務と保証債務は主従関係にあり、単純保証が催告の抗弁権（先に主債務者に請求せよ、民法452条）、検索の抗弁権（先に主債務者の財産に執行せよ、民法453条）がありますが、連帯保証にはありません（民法454条）。

　「連帯保証とは、保証人が主債務者と連帯して債務を負担する特約のある保証である。（中略）複数の保証人同士が連帯するのではなくて、保証人が主たる債務者と連帯するのである（前掲「スタートライン債権法」、242頁）。」

　時効との関連でいえば、例えば、主債務の時効完成後に連帯保証人が主債務の時効を援用することにより、主債務は消滅し、付従性から保証債務も消滅することになります（大判昭8・10・13民集12巻2520頁）。

　主債務者が時効利益を放棄して支払っていても、保証人に対してその効力（時効中断）は生じませんので（大判大5・12・25民録22輯2494頁）、保証人は依然として主債務の時効を援用できます。

　主債務者が破産した場合の債権届出は、付従性から保証人に時効中断の効力が及び、配当の有無にかかわらず届出すべきであり、主債務者が支払っていても、連帯保証人の破産は破産開始時の連帯保証債務としての残額を債権届出できます。

　→時効の援用、保証債務、連帯債務

事 項 索 引

著者紹介

青田　悟朗　（あおた　ごろう）

立命館大学法学部卒業。1982年芦屋市に入庁。固定資産税係、諸税、病院総務課、収税係、行政担当（法規担当）、行政経営担当課長、総務部参事（行政経営担当部長）、上下水道部長、会計管理者を経て2019年3月に退職する。

監修者紹介

前川　拓郎　（まえかわ　たくろう）

北海道大学法学部卒業。2003年11月司法試験合格。2005年10月大阪弁護士会弁護士登録。
あさひパートナーズ法律事務所パートナー弁護士、行政問題委員会、憲法問題特別委員会、刑事弁護委員会所属。多数の自治体の債権管理に関与。

サービス・インフォメーション

―――――― 通話無料 ――――――

①商品に関するご照会・お申込みのご依頼
　　　　　TEL 0120 (203) 694／FAX 0120 (302) 640
②ご住所・ご名義等各種変更のご連絡
　　　　　TEL 0120 (203) 696／FAX 0120 (202) 974
③請求・お支払いに関するご照会・ご要望
　　　　　TEL 0120 (203) 695／FAX 0120 (202) 973

●フリーダイヤル（TEL）の受付時間は、土・日・祝日を除く
　9:00～17:30です。
●FAXは24時間受け付けておりますので、あわせてご利用ください。

改正民法対応 自治体のための債権回収Ｑ＆Ａ
現場からの質問【第2次改訂版】

2020年1月20日　初版発行
2022年7月20日　初版第2刷発行

著　者　青　田　悟　朗

監　修　前　川　拓　郎

発行者　田　中　英　弥

発行所　第一法規株式会社
　　　　〒107-8560　東京都港区南青山2-11-17
　　　　ホームページ　https://www.daiichihoki.co.jp/

債権回収ＱＡ2改　ISBN978-4-474-06899-5　C2032 （9）